경복궁
실록으로 읽다

초판발행: 2017년 4월 20일
지은이: 최동군 • **펴낸이**: 서경원 • **디자인**: 이철주 • **편집**: 나진연
펴낸곳: 도서출판 담디 • **등록일**: 2002년 9월 16일 • **등록번호**: 제9-00102호
주소: 01036 서울특별시 강북구 삼각산로79 2층 • **전화**: 02)900-0652 • **팩스**: 02)900-0657
이메일: damdi_book@naver.com • **홈페이지**: www.damdi.co.kr

ⓒ 2017 최동군, 도서출판 담디
지은이와 출판사의 허락 없이 책 내용 및 사진, 드로잉 등의 무단 복제와 전재를 금합니다.

정가: 16,000원

ISBN: 978-89-6801-059-0 • **Printed in Korea**
이 도서의 국립중앙도서관 출판예정도서목록(CIP)은 서지정보유통지원시스템
홈페이지(http://seoji.nl.go.kr)와 국가자료공동목록시스템(http://www.nl.go.kr/kolisnet)
에서 이용하실 수 있습니다. (CIP제어번호: CIP2017008614)

경복궁 실록으로 읽다

담디
DAMDI

머릿말

    몇 년 전 중국 북경으로 여행을 다녀온 적이 있었습니다. 그리고 그 다음해에는 캄보디아의 앙코르와트 유적지에 여행을 다녀왔습니다. 제 성격상 북경의 자금성과 캄보디아의 앙코르 유적에 대한 꼼꼼한 공부를 미리 해 두었음에도 불구하고, 실제로 현장에 가서 보니, 북경에서는 자금성의 거대한 규모에 내심 놀랐고, 앙코르와트 유적지에서도 마찬가지였습니다. 그러나 무엇인가 2% 부족하다는 느낌을 지울 수가 없었습니다. 그것이 무엇이었을까요?
    제가 북경과 캄보디아에서 보고온 유적과 문화재들은 '하드웨어'

였습니다. 컴퓨터가 '소프트웨어' 없이 '하드웨어'로만 작동할 수 없듯이, '역사'라는 '소프트웨어'가 없는 문화재는 그 가치가 반감될 수 밖에 없습니다.

사람들은 눈에 보이는 것에는 익숙해도, 눈에 보이지 않는 것에 대해서는 불편해 합니다. 그러나 보이지 않는 부분을 제대로 이해하지 못하면, 눈에 보이는 부분마저도 사실로부터 왜곡됩니다. 눈에 보이는 것이 다가 아니라는 뜻입니다.

한가지 예를 들어 보겠습니다. 유네스코 세계문화유산인 캄보디아의 앙코르 유적은 세계적인 문화관광지입니다. 모든 건축물이 크메르 제국에 의해 9세기부터 15세기 사이에 만들어졌는데, 모든 것이 거대한 돌로 이루어져 있으며, 각종 조각과 장식들이 매우 아름답습니다. 그런데 상식적으로 생각해 볼 때, 사람이 100% 돌로만 만들어진 구조물에서 살 수 있을까요?

저는 그 점에 착안해서 앙코르 유적을 답사할 때, 거기에 살았던 옛 사람들의 흔적을 찾아 보았습니다. 그랬더니 기록상 남아있는 최초의 피라미드형 사원인 '바콩 사원'에서는 5층 마당바닥에 기둥을 세운 것으로 추정되는 사각의 구멍이 여기저기에 산재해 있었고, 각 층의 난간부분 바닥면에서도 기둥을 세우기 위한 구멍이 규칙적으로 뚫려 있는 것을 확인할 수 있었습니다. 석재는 오랜기간 남아 있지만, 목재는 시간이 지나면 썩어 없어지기 때문에, 지금은 바닥의 구멍만이 남아 있는 것입니다.

그것은 또한 앙코르 유적이 현재는 석조 구조물만 남아있지만, 옛날 크메르 제국의 영광이 있던 시기에는 분명 화려한 목조 구조물과 함께 존재했음을 증명해 주는 것이었습니다. 또한 그런 흔적은 '앙코르와트 사원'에서도 똑같이 발견되었고, 또 다른 사원에서는 돌로 된 출입문에 목재 문짝을 설치했던, 돌쩌귀(경첩, hinge)가 설치된 것도 확인했었습니다.

비단 외국의 사례뿐만이 아니라, 우리 문화재도 마찬가지 입니다. 조선왕릉에 가면 봉분의 바로 앞쪽에 제사를 지내던 건물(정자각)이 있는데, 동쪽 편에는 건물로 올라가기 위한 계단이 두 개가 마련되어 있습니다. 하나는 신을 위한 계단인 신계이고, 나머지 하나는 임금을 위한 계단인 어계입니다. 그렇다면 신하들은 어느 계단으로 올라갔을까요?

숙종왕릉(명릉)을 조성할 때의 기록물인 명릉지에 그 답이 나와 있습니다. 바로 제신목계(諸臣木階)인데 신하들을 위해 임시로 만든 나무계단입니다. 그렇지만 나무계단은 시간이 흐르면서 모두 썩어서 없어지고, 현재는 돌로 만든 두 계단만이 남아 있습니다. 이렇듯 문화재는 눈에 보이지 않는 부분까지도 종합적으로 이해해야만 전체 그림을 완성할 수 있습니다.

2016년에 우리 5대 조선궁궐에는 드디어 1,000만 명이 넘는 관람객이 입장했다고 합니다. 그러나 그 많은 사람들이 보고간 것은 '하드웨어'였습니다. 우리 궁궐을 제대로 이해하려면 '하드웨어'만으로는 부족합니다. 조선궁궐이 가지는 의미를 제대로 찾으려면 '소프트웨어' 즉, 궁궐 속에서 생활했던 옛 사람들의 생생한 흔적과 이야기를 따라가야 합니다.

지금 조선궁궐에는 사람이 살고 있지 않습니다. 따라서 궁궐 속에서의 삶을 직접 우리 눈으로 볼 수는 없습니다. 하지만 우리에게는 조선왕조실록이 있습니다. 518년이라는 긴 조선왕조의 기간 동안, 이 땅에 일어났던 모든 일들을 빠짐없이 기록한, 귀중한 우리의 문화재이자 재산입니다. 게다가 온 국민이 직접 볼 수 있도록, 인터넷 상에 한글로 풀이 되어 올라가 있습니다. 그러나 조선왕조실록은 무려 888권이나 되는 엄청난 분량의 빅데이터이기 때문에, 누군가는 의미있는 정보를 가공하기 위한 노력을 해야만 합니다.

이에 저는 그것이 저의 소명이라고 생각하고, 조선왕조실록 속에서 경복궁과 관련된 기록만을 선별해서 '경복궁 만의 소프트웨어'를 만들고, 이것을 경복궁이라는 '하드웨어'와 접목시키고자 이 책을 집필하였습니다. 따라서 이 책을 잘 활용하시면, 경복궁은 오늘 이 순간 새로운 모습으로 여러분께 다가갈 것입니다.

끝으로 이 책이 세상의 빛을 볼 수 있도록 지원해주신 담디 출판사의 서경원 사장님과 직원분들께 감사드리고, 아울러 집필활동이 잘 될 수 있도록 모든 것을 챙겨주면서 원고까지 꼼꼼히 검토해 준, 내 인생의 절반인 아내 원지연에게 고마움을 전합니다.

2017. 1. 16 새벽, 파주 운정 자택에서
저자 최동군

•• 차례

머릿말 _4

궁성과 사대문 _12
경복궁의 입지선정 - 동전던지기로 결정하다 _13
궁성 - 연산군의 궁성밖 민가철거는 적법했다 _32
광화문〔南門〕- 제1차 왕자의 난의 분수령 _51
건춘문〔東門〕- 간신의 대명사가 된 파수꾼 _64
영추문〔西門〕- 청일전쟁의 서막을 열다 _74
신무문〔北門〕- 조광조의 몰락을 지켜보다 _81
동십자각〔闕의 흔적〕- 서십자각은 어디로 갔을까? _88

외조 일원 _94
홍례문〔中門〕- 원래 이름은 홍례문 _95
영제교〔禁川橋〕- 풍수지리의 상징물 _104
유화문과 기별청 - 수많은 관청들의 조화를 상징하다 _115

치조 일원 _123
근정문 - 왕의 즉위식이 열리던 장소 _124
근정전〔法殿,正殿〕- 정도전의 숨은 뜻을 담다 _140
사정문과 사정전〔便殿〕- 왕이 일상정치를 하는 곳 _166
만춘전과 천추전〔보조便殿〕- 천체관측활동의 중심지 _193

동궁 일원 _206
자선당 - 왕세자를 노린 저주사건과 방화사건 _207
비현각 - 삼고초려의 원조, 명재상 이윤을 본받아라 _216

대전과 중궁전 일원 _220
향오문과 강녕전〔大殿〕- 세조의 술자리 정치 _221
연생전,경성전,연길당,응지당〔小寢〕- 오행의 상징물 _232
양의문과 교태전〔中宮殿〕- 음양의 상징물 _241

함원전과 흠경각 _251
　　함원전 - 단종의 비극을 간직한 전각 _252
　　흠경각 - 조선의 표준시는 이곳에서부터 _268

경회루와 수정전 _279
　　경회루 - 아무나 볼 수 없었던 비경을 간직한 곳 _280
　　수정전 - 집현전이라 불리웠던 전각 _303

자경전 일원 _312
　　자경전 - 남편보다 더 대접받은 조대비 _313

건청궁 일원 _323
　　향원지와 향원정 - 중국사신마저 감탄한 곳 _324
　　건청궁 - 고종의 독립의지를 상징하다 _329
　　상안당과 곤녕합 - 명성황후 시해사건에 연루된 대원군 _339

집옥재 일원 _348
　　집옥재 - 일본의 뒤집기 한판 _349

태원전 일원 _357
　　태원전 - 묘호가 바뀐 왕들 _358

집경당과 함화당 _369
　　집경당과 함화당 - 외국 사신들과의 접견장소 _370

북악산에서 본 경복궁, 남산, 관악산

궁성과
사대문

경복궁의
입지선정

동전던지기로
결정하다

고려 마지막 왕이 공양왕이 아니라 태조 이성계인 이유

서울(별칭: 한양, 한성, 경성, 남경)은 1919년 임시정부를 통해 건국되고 1948년 정식정부가 수립된 대한민국의 수도다. 대한민국 이전의 과거시대를 서력기원을 전후한 시점까지 거슬러 올라가면, 이 땅에는 많은 나라가 존재했었는데, 역사기록상 조선(대한제국 포함), 고려, 남북조(통일신라와 발해), 후삼국 및 사국(고구려, 백제, 신라, 가야) 등이 등상한다.

그 나라들 중에서 백제와 조선은 오늘날의 '서울' 지역에 수도를 건설하고 왕조를 지속했는데, 그 기간이 무려 각각 5백년씩이다. 백제의 경우, BC 18~AD 475까지 '위례성'을 중심으로 '한성백제'가 존재했었고, 조선은 건국 2년 후인 AD 1394에 이전 고려왕조의 수도였던 송악(송도, 개경, 개성)에서 지금의 서울인 한양으로 천도한 후, '경복궁'을 중심으로 5백년이 넘는 기간 동안 왕조를 유지했다.

그럼 조선왕조실록을 통해 한양천도와 경복궁 입지의 상세과정을 살펴보자. 그런데 일반인들의 생각과는 달리 태조 이성계는 조선을 건국하자마자 국호를 조선으로 한 것도 아니고, 곧바로 한양을 수도로 삼은 것도 아니다. 시각을 조금만 달리한다면 고려의 마지막 왕은 공양왕이 아니라 이성계였다고 하는 것이 더 정확한 표현일지도 모른다. 아니 좀 더 엄격한 의미에서 1392년 7월 17일 즉위식 당일, 이성계는 '조선의 왕'이 아닌, 아직은 '고려의 왕'이었다.

이성계가 새로운 왕에 즉위할 당시, 수도는 '한양'이 아니라 여전히 고려의 왕도였던 '개경'이었고, 즉위식이 열린 곳도 한양의 '경복궁'이 아닌, 개경의 '수창궁'이었다. 다시 말해 이성계의 즉위 당시, 조선의 수도 '한양'과 '경복궁'은 이 땅에 존재하지도 않았다. 더욱이 1392년 11월에 자신이 세운 새나라의 국호를 조선(朝鮮)과 화령(和寧)중에서 어느 것으로 할 지 중국 명(明)나라 황제에게 물어보는 국서를 예문관에서 작성하게 했고, 중국을 다녀온 사신에 의해 이듬해인 1393년 2월 15일에 가서야 '조선'으로 하라는 중국의 재가를 확인하였다. 2014년 이 부분을 소재로 하여 만든 코믹 사극 영화가 '해적'이다.

따라서 즉위 후 약 7개월 동안 이성계는 아직 '고려'라는 국호를 계속 쓸 수 밖에 없었고, 심지어 즉위 날로부터 9일 후에 반포된 즉위 교서에서는 "나라 이름은 그전대로 계속 고려(高麗)라 하고, 의장(儀章)과 법제(法制)는 한결같이 고려의 고사(故事)에 의거하게 한다."라고 분명히 선언하고 있다. 태조실록에 기록된 이성계가 왕으로 즉위할 때의 상황과, 즉위 후에 반포한 즉위교서 내용은 다음과 같다.

태조 1년(1392) 7월 17일
태조가 백관의 추대를 받아 수창궁에서 왕위에 오르다
태조가 개경의 수창궁에서 왕위에 올랐다. …(중략)…
대소신료와 한량, 기로 등이 부축하여 호위하고, 물러가지 않으면서 왕위에 오르기를 권고함이 더욱 간절하니, 이 날에 이르러 태조가 마지못하여 수창궁으로 거둥하게 되었다. 백관들이 궁문 서쪽에서 줄을 지어 영접하니, 태조는 말에서 내려 걸어서 전(殿)으로 들어가 왕위에 오르는데, 어좌를 피하고 기둥 안[楹内]에 서서 여러 신하들의 조하(朝賀)를 받았다. …(후략)…

태조 1년(1392) 7월 28일
태조의 즉위 교서
중외(中外)의 대소신료와 한량, 기로(耆老), 군민들에게 교지를 내리었다.
"왕은 이르노라. …(중략)… 나는 여러 사람의 심성에 굽혀 따라, 마지못하여 왕위에 오르고, 나라 이름은 그전대로 고려(高

麗)라 하고, 의장(儀章)과 법제(法制)는 한결같이 고려의 고사(故事)에 의거하게 한다." …(후략)…

조선 왕조의 천도 제1후보지는 남경(南京)터였다

이성계는 모든 것을 미리 치밀하게 준비한 상태에서 역성혁명에 성공한 것이 아니라, 우발적인 위화도 회군 쿠데타로 집권했기 때문에, 왕에 즉위할 때는 경황이 없어서 우선 고려의 모든 것을 있던 그대로 답습하려고 했다. 하지만 즉위하고 나서 모든 것이 차츰차츰 안정화되자 생각이 달라졌고, 이에 도읍부터 옮기고자 했다. 새 술은 새 부대에 담으려는 것이 동서고금의 인지상정인 모양이다. 굳이 도읍을 옮기고자 한 목적은 개경의 터줏대감이었던 기존 고려 귀족세력의 기득권을 무력화시키는 동시에, 자신과 새 왕조의 든든한 후견자인 신진사대부들의 힘을 키울 수 있는 정치적인 이점도 있었기 때문이다.

그래서 새로운 수도의 후보지를 급히 찾았는데, 고려시대부터 남경(南京)으로 활용되던 한양지역[지금의 서울]을 제1후보로 꼽았다. 그런데 당시 남경지역[지금의 청와대 부근으로 추정]은 건물과 성곽이 미완성인 상태여서 곧바로 도읍을 옮기지는 못했다.

태조 1년(1392) 8월 13일
도당에 한양 천도를 명하다
도평의사사(都評議使司)에 명령을 내려 한양(漢陽)으로 도읍(都邑)을 옮기게 하였다.

태조 1년(1392) 9월 3일

배극렴 등이 한양의 궁궐과 성곽이 완성된 후 신도(新都)로 이전하자고 청하니 윤허하다

시중(侍中) 배극렴, 조준 등이 온천에 나아가서 아뢰었다.

"가만히 보건대, 한양(漢陽)의 궁궐이 이룩되지 못하고 성곽이 완공되지 못하여서, 호종하는 사람이 민가를 빼앗아 들어가게 됩니다. 기후는 점차 추워 오고 백성들은 돌아갈 데가 없사오니, 청하옵건대, 궁실과 성곽을 건축하고 각 관사를 배치하기를 기다려서, 그 후에 도읍을 옮기도록 하소서."

구경성지도 - 18세기후반 [국립중앙박물관]

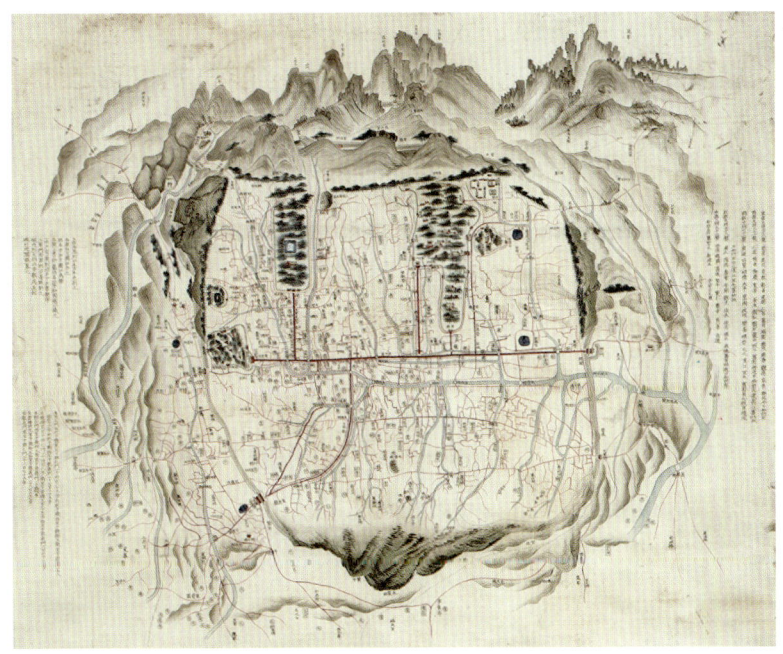

임금이 옳게 여겨 받아들였다.

계룡산 신도안의 급부상

한양의 옛 남경터로 천도를 추진하던 와중에, 이번에는 뜻하지 않게 풍수지리설의 개입으로 계룡산이라는 새로운 도읍 후보지가 급부상하게 되었고, 계룡산의 신도(新都) 조성작업은 급물살을 타고 즉시 시행에 들어가게 되었다. 계룡산은 예로부터 사회의 난리를 피하여 몸을 보전할 수 있고, 거주 환경이 좋은 10여 곳의 장소를 뜻하는 십승지지(十勝之地)의 한 곳으로 유명했는데, 계룡산이라는 이름도 풍수로 풀어보면, 산의 형국이 한편으로는 금계포란형(金鷄抱卵形)이고, 또 한편으로는 비룡승천형(飛龍昇天形)이기 때문에, 두 가지 모양을 모두 따서 계룡산(鷄龍山)이라고 불리게 되었다.

태조 2년(1393) 1월 2일
권중화가 태실의 길지와
양광도 계룡산의 신도 후보지 지도를 바치다

태조 2년(1393) 1월 19일
안종원 등과 계룡산에 가서 신도 후보지를 살펴보려고 하다
임금이 송경(松京, 송도, 개경)을 출발하여 계룡산의 지세를 친히 보고 장차 도읍을 정하려고 하니, 영삼사사 안종원, 우시중 김사형, 참찬문하부사 이지란, 판중추원사 남은 등이 따라갔다.

태조 2년(1393) 2월 10일
권중화가 신도에 들어설 종묘 등의 도면을 바치고, 서운관 관원 등에게 지형을 조사, 측량케 하다
권중화가 새 도읍의 종묘, 사직, 궁전, 조시(朝市)를 만들 지세의 그림을 바치니, 서운관과 풍수학인(風水學人) 이양달, 배상충 등에게 명하여 지면의 형세를 살펴보게 하고, 판내시부사 김사행에게 명하여 먹줄로써 땅을 측량하게 하였다.

태조 2년(1393) 3월 24일
계룡산의 신도를 중심으로 81개의 주, 현, 부곡 등을 확정하다
계룡산에 새 도읍을 정하였는데, 기내(畿內)의 주현(州縣), 부곡(部曲), 향소(鄕所)가 모두 81개소였다.

하지만 계룡산 신도조성 공사가 한창이던 시점에, 신도의 땅이 풍수지리상 흉지에 해당한다는 경기도 관찰사 하륜의 상소로 인해 신도 건설은 급작스럽게 중지되고, 다시 천도할 후보지를 물색하게 되었다. 측량 후 10달 동안이나 진행해 오던 토목공사를 일시에 중단시킬 정도였으니, 당시 풍수지리설의 영향력이 얼마나 컸는지를 짐작케 한다.

태조 2년(1393) 12월 11일
하륜의 상언대로 계룡산의 신도 건설을 중지하고 천도할 곳을 다시 물색케 하다

대장군 심효생을 보내어 계룡산에 가서 새 도읍의 역사(役事)를 그만두게 하였다. 경기 좌, 우도 관찰사 하륜이 상언(上言)하였다.

"도읍은 마땅히 나라의 중앙에 있어야 될 것이온데, 계룡산은 지대가 남쪽에 치우쳐서 동면, 서면, 북면과는 서로 멀리 떨어져 있습니다. 또 신(臣)이 일찍이 신의 아버지를 장사하면서 풍수관계의 여러 서적을 대강 열람했사온데, 지금 듣건대 계룡산의 땅은, 산은 건방(乾方)에서 오고, 물은 손방(巽方)에서 흘러 간다 하오니, 이것은 송(宋)나라 호순신(胡舜臣)이 이른 바, '물이 장생(長生)을 파(破)하여 쇠패(衰敗)가 곧 닥치는 땅'이므로, 도읍을 건설하는 데는 적당하지 못합니다."

임금이 명하여 글을 바치게 하고 판문하부사 권중화, 판삼사사 정도전, 판중추원사 남재 등으로 하여금 하륜과 더불어 참고하게 하고, 또 고려 왕조의 여러 산릉의 길흉을 다시 조사하여 아뢰게 하였다. 이에 봉상시의 제산릉 형지안의 산수가 오고 간 것으로써 상고해 보니 길흉이 모두 맞았으므로, 이에 심효생에게 명하여 새 도읍의 역사(役事)를 그만두게 하니, 중앙과 지방에서 크게 기뻐하였다. 호순신의 글이 이로부터 비로소 반행(頒行, 반포)하게 되었다. 임금이 명하여 고려 왕조의 서운관에 저장된 비록문서(秘錄文書)를 모두 하륜에게 주어서 고열(考閱)하게 하고는 천도(遷都)할 땅을 다시 보아서 아뢰게 하였다.

무악을 둘러싼 치열한 논쟁들

계룡산을 대신해서 다시 신도의 후보지로 거론된 곳은 한양에서 가까운 무악[무악재가 있는 무악산(안산) 아래, 오늘날의 서울 서대문구 연세대학교 및 연희동, 신촌 부근]지역이었다. 특히 계룡산 신도안을 무산시킨 하륜이 풍수를 바탕으로 무악설을 적극 지지하였다. 그러나 무악은 풍수나 물류 등 기타 입지조건은 좋았으나, 결정적으로 한 나라의 도읍이 들어서기에는 땅이 좁은 약점이 있었다.

그래서 무악을 둘러싸고 신하들 간에 치열한 논쟁이 계속되었는데, 이 논쟁을 해결하기 위해 태조 이성계가 직접 무악 땅을 살펴보기까지 했다. 무악에 대한 치열한 논쟁 끝에 하륜은 소수파로 전락했고, 이에 따라 무악도 후보에서 밀려났으며, 결국 예전 남경(南京) 자리 인근의 현 경복궁 자리로 최종 결정이 되었다.

<u>태조 3년(1394) 2월 18일
조준, 권중화 등에게 풍수에 관한 비결책을 가지고 무악의 천도지를 살펴보게 하다</u>

<u>태조 3년(1394) 2월 23일</u>
권중화와 조준이 무악 천도를 반대하고, 하륜 만이 찬성하다
영삼사사 권중화와 좌시중 조준 등이 무악(毋岳)으로부터 돌아와서 아뢰었다.
"무악 남쪽은 땅이 좁아서 도읍을 옮길 수 없습니다."
좌도 도관찰사 하륜 만이 홀로 아뢰기를,

"무악의 명당이 비록 협착한 듯 하지마는, 송도의 강안전과 평양의 장락궁으로써 이를 관찰한다면 조금 넓은 편이 될 것입니다. 또한 고려 왕조의 비록(秘錄)과 중국에서 통행(通行)하는 지리(地理)의 법에도 모두 부합합니다." 하니, 임금이 말하였다. "내가 친히 보고 정하고자 한다."

태조 3년(1394) 6월 27일
서운관 관원이 무악이 수도로 좋지 않다고 하니, 다른 곳을 물색하게 하다

태조 3년(1394) 8월 8일

임금이 직접 천도할 무악 땅을 돌아보다

태조 3년(1394) 9월 1일
신도궁궐 조성도감(新都宮闕造成都監)을 설치하고 담당 관리를 임명하다

태조 3년(1394) 9월 9일
정도전 등에게 한양의 종묘, 사직, 궁궐, 시장 등의 터를 정하게 하다

태조 4년(1395) 9월 29일

무악산(안산)에서 본 서울 전경

대묘와 새 궁궐이 준공되다. 그 규모와 구성 및 배치 상황

이 달에 대묘(大廟, 종묘)와 새 궁궐이 준공되었다.

대묘(大廟)의 대실(大室)은 7간(間)이며 당(堂)은 같게 하고 실(室)은 따로 하였다. …(중략)…

새 궁궐은 연침(燕寢)이 7간이다. …(후략)

그런데 조선의 새로운 궁궐은 어떻게 지어졌을까? 일반적으로 궁궐하면 화려한 곳으로 생각하는 사람들이 많지만, 유교(성리학)를 국시로 하는 조선은 궁궐마저도 유교적 가치를 구현하게끔 소박하게 만들었다. 궁궐조성계획이 착수되기 전에 조정의 신하들은 궁궐이 갖추어야 할 여러가지 점을 상소로 올려 실제 궁궐조영에 반영이 되도록 하였다.

태조 3년(1394) 8월 2일
왕이 구언(求言)하니, 전백영 등이 상소하다

간관 전백영(全伯英) 등이 상소하였다. …(중략)…

"'논어'에 이르기를, '물건을 아껴 쓰고 백성을 사랑하라' 하였고, '주역'에는 '제도를 잘 운용하여 재물도 상하게 하지 말고 백성도 해롭히지 말라' 하였으니, 이 두 가지를 합쳐서 보면, 백성을 사랑하면 재물을 상하는 데 이르지 않고, 재물을 상하게 되면 반드시 백성에게 해를 끼치게 되는 것입니다.

옛날 요임금은 띠(茅)로 집을 잇고 흙으로 축을 쌓았으며, 우임금은 궁궐을 낮게 지었고, 한나라 문제(文帝)는 노대(露臺)를 지으려다가 백금을 아껴서 짓지 아니하여, 천하 고금에서 모두 그 덕을 감복하였습니다. 원컨대, 전하는 이를 본받아서 궁궐의 제도는 될 수 있는 대로 검소하고 간략하게 하고, 쓸 데없이 녹만 먹고 있는 관원은 덜 만한 것은 덜고, 합칠 만한 것은 합쳐서 국가의 재정을 넉넉하게 하소서."

개경으로의 환도 및 한양으로의 재천도

하지만 이렇게 한양에 최초의 궁궐이 만들어지고 난 이후, 제1차 왕자의 난을 겪으면서 제2대 임금인 정종은 피비린내나는 경복궁이 싫어서 다시 도읍을 개경으로 옮겼고, 제3대 임금인 태종까지도 개경의 수창궁에서 즉위하게 된다. 그러나 태종에게는 개경 역시 자신이 직접 제2차 왕자의 난을 치른 곳이기에 만정이 떨어졌고, 때마침 자연재해가 겹친 데다가, 또한 새 왕조의 앞날을 위해서도 다시 도읍을 옮겨야 할 필요성을 느꼈다.

그런데 한양 재천도를 실행에 옮기려는 과정에서, 어쩐 일인지 태종은 예전에 치열한 논쟁을 거쳐 포기했던 무악 땅에 대한 미련을 버리지 못했다. 왜냐하면 초기 경복궁 자리에도 개경과 마찬가지로 자연재해가 발생했을 뿐만 아니라, 무악 땅이 비록 좁기는 했지만 워낙 풍수명당이어서 포기하기가 너무 아까웠던 것 같다. 그래서일까? 태종은 끝내 무악땅에 조그만 신궁을 짓고야 말았다.

세종 2년(1420) 1월 2일
무악 명당에 신궁을 짓도록 명하다

이어소(移御所, 왕이 임시로 옮겨 거처하던 이궁(離宮) 또는 사가(私家))에 문안하였다. 상왕이 편전(便殿)에 나아가 병조 당상관 및 선공제조 박자청 등을 인견하고 이르기를,

"피방(避方)할 곳에는 마땅히 이궁(離宮)을 두는 것이므로 내가 이미 낙천정을 짓고, 또 이궁을 포천과 풍양에 짓고자 하였더니, 지금 생각하니 재액을 피함에는 그 해에 따라 방위가 달라질 것이다. 포천과 풍양은 다 나라의 동쪽에 있는데, 유독 나라 서쪽에는 피방할 궁이 있지 않으니 신궁(新宮)을 무악(毋嶽) 명당(明堂)에 지을 것이나, 크고 사치하게 하지 말고 백 칸을 넘게 하지 말라."고 하였다.

아무튼 태종은 신하들에게 다시 토론을 부쳤는데 3가지 선택지가 있었다. 첫 번째는 무악 땅이고, 두 번째는 한양 남경터에 지은 초기 경복궁이며, 세 번째는 아예 개경에 그냥 눌러 앉는 것까지 포함했다.

태종 4년(1404) 10월 4일
한양과 무악 중에 어느 곳을 도읍으로
정할 만한 것인지를 논의하다

태종 4년(1404) 10월 6일
척전(擲錢, 돈점)을 쳐서 도읍을 한양으로 결정하다
이날 새벽에 임금이 종묘의 문밖에 나아가서 여러 사람에게 포고하여 말하였다.

"내가 송도에 있을 때 여러 번 수재와 한재의 이변이 있었으므로, 하교하여 구언하였더니, 정승 조준 이하 신도(新都, 한양)로 환도하는 것이 마땅하다고 말한 자가 많았다. 그러나 신도도 또한 변고가 많았으므로, 도읍을 정하지 못하여 인심이 안정되지 못하였다. 이제 종묘에 들어가 송도와 신도와 무악(毋岳)을 고(告)하고, 그 길흉을 점쳐 길(吉)한 데 따라 도읍을 정하겠다. 도읍을 정한 뒤에는 비록 재변이 있더라도 이의가 있을 수 없다." 임금이 제학(提學) 김첨에게 묻기를,

"무슨 물건으로 점칠까?" 하니, 대답하기를,

"종묘 안에서 척전(擲錢, 돈점)을 할 수 없으니, 시초(蓍草)로 점치는 것이 좋겠습니다." 하였다.

임금이 말하기를,

"시초(蓍草)가 없고, 또 요사이 세상에는 하지 않는 것이므로 알기가 쉽지 않으니, 길흉을 정하는 것이 어렵지 않을까?" 하니, 김과가 나와서 말하기를,

"점괘의 글은 의심나는 것이 많으므로, 가히 정하기가 어렵겠습니다." 하니, 임금이 말하기를,

"여러 사람이 함께 알 수 있는 것으로 하는 것이 낫다. 또 척전도 또한 속된 일이 아니고, 중국에서도 또한 있었다. 고려 태조가 도읍을 정할 때 무슨 물건으로 하였는가?" 하니, 조준이 말하기를,

"역시 척전을 썼습니다." 하니, 임금이 말하기를,

"그와 같다면, 지금도 또한 척전이 좋겠다." 하고, 여러 신하를 거느리고 예배한 뒤에, 완산군 이천우, 좌정승 조준, 대사헌 김희선, 지신사 박석명, 사간 조휴를 거느리고 묘당에 들어가, 상향(上香)하고 꿇어앉아, 이천우에게 명하여 반중(盤中)에 척전하게 하니, 신도(新都)는 2길(吉) 1흉(凶)이었고, 송경(松京)과 무악(毋岳)은 모두 2흉(凶) 1길(吉)이었다.
임금이 나와 의논이 이에 정해지니, 드디어 향교동 동쪽 가를 상지하여 이궁을 짓도록 명하고, 어가를 돌이켜 광나루에 머물러 호종하는 대신과 더불어 말하였다.
"나는 무악(毋岳)에 도읍하지 아니하였지만, 후세에 반드시 도읍하는 자가 있을 것이다."

돈점으로 결정된 한양 재천도

결론적으로 초기 경복궁 자리로 다시 돌아오기는 했지만, 태종은 무악에 대한 미련을 끝내 버리지 못하고 실록의 맨 마지막 부분에서 다시 한번 아쉬움을 남기고 있다. 그런데 여기서 우리의 눈을 잡아끄는 재미있는 부분은, 최종 후보선정 과정에서 돈점(擲錢, 척전)을 쳐서 결정을 했다는 것이다. 심지어 고려 태조 왕건까지도 도읍을 정할 때 마찬가지로 돈점을 쳤다는 사실은 더욱 놀랍다.

돈점은 엽전을 던져서 드러나는 앞면과 뒷면에 따라 길흉을 판단하는 점인데, 엽전의 앞쪽을 양, 뒤쪽을 음이라고 정한 뒤, 엽전을 던져서 그 결과로 판정을 했다. 일반적으로 양이 많으면 길하고, 음이 많으면 흉하며, 음과 양이 엇비슷하면 평운(平運)이라고 여겨왔다. 그러나 단순히 엽전의 앞, 뒷면이 나온 숫자만으로 길흉을 판단하는 것은 너무 막연하기도 했고, 이해당사자들이 그 결과에 승복하기도 쉽지 않았다. 그래서 결과판독에 있어서 보다 확실한 근거와 규정을 동양철학서의 최고봉인 주역에 의한 것으로 만들었다.

구체적인 방법론에서는 여러가지가 있을 수 있지만, 가장 간단한 것을 예를 들면 다음과 같다. 일단 엽전 여섯 닢을 준비해서 1부터 6까지 미리 표시를 해 둔다. 준비된 엽전이 6개가 없을 때라도 1개를 여섯 번 던져서 순서대로 기록하면, 표시된 엽전 6개를 동시에 던진 것과 같은 결과를 얻을 수 있다. 이렇게 하면 경우의 수가 2x2x2x2x2x2가 되어 총 64개의 결과를 얻을 수 있고, 이를 주역의 64괘에 대입시키면 된다.

한편 앞의 실록 기사 속에서 나온 시초점은, 한 뿌리에서 매우 많은 줄기가 나오는 특이한 풀인 시초(蓍草)라는 식물의 줄기를 이용해서 점을 치는 것인데, 전통적인 '주역'점은 시초점이 원조였다.

돈점과 비슷한 것으로 윷점(擲柶占, 척사점)도 있다. 윷점은 윷을 세 번 던져서 괘를 얻는데 도=1, 개=2, 걸=3, 윷/모=4로 미리 정해둔다. 이렇게 되면 경우의 수는 4x4x4가 되어 돈점과 마찬가지로 총 64개의 결과를 얻을 수 있고, 이를 주역의 64괘에 대입시키면 된다.

충무공 이순신의 난중일기에는 충무공이 17차례 점을 친 것으로 나오는데, 이때 주로 쓴 방법은 척자점(擲字占)이었다. 이 척자점에 대해서는 윷점으로 보는 견해도 있고, 또는 네 변에 각각 1, 2, 3, 4를 새긴 나무 막대(윷목)를 3번 던져 괘를 찾는 별도의 방식이라는 견해도 있는데, 괘를 얻어내는 방식만 약간 다를 뿐, 원리는 동일한 것으로 이해될 수 있다.

난중일기 1594년 7월 13일 기축

"홀로 앉아 아들 면의 병세가 어떤지 척자점(擲字占)을 쳐 '군왕을 만나는 것과 같다는 괘(如見君王卦)'가 나와서 매우 길(吉)하였다. 다시 치니 '어두운 밤에 등불을 얻은 것과 같다는 괘(如夜得燈之卦)'가 나왔다. 두 괘가 모두 길하여 마음이 좀 놓였다."

…(후략)…

뱀의 발

왜 서울은 항상 올라간다고 말할까?

서울로 '올라간다'라는 말은 있어도, 서울로 '내려간다'라는 말은 없다. 고속도로도 서울방향을 무조건 '상행선'이라고 한다. 왜 일까? 서울의 고도가 우리나라에서 가장 높아서일까? 그건 아니다.

우리는 경복궁이라는 궁궐의 이름에서 그 단서를 찾아볼 수 있다. 경복궁의 한자 뜻은 '볕 경(景), 복 복(福)'이다. 그런데 경(景)자는 '볕'이라는 뜻도 있지만, '크다'라는 뜻도 있다. 원래 한자(漢字)는 한 글자에도 뜻이 많다. 한자 사전을 찾아보면 금방 알 수 있다. '경(景)'이라는 글자는 '날 일(日)'자가 '서울 경(京)'자 위에 올라간 모습이다. 그리고 '서울 경(京)'자는 높은 망루(望樓)의 모습에서 나온 글자로, '높다'는 뜻도 가지고 있다. 한자 중에서도 상형문자에 해당한다는 뜻이다.

'높을 고(高)'자도 '서울 경(京)'자와 같은 어원에서 나왔는데, 높은 망루[京]

밑에 짐[口]을 놓아둔 모습이다. 또한 경치가 좋은 산꼭대기에는 어김없이 정자가 들어서 있는데, 정자를 뜻하는 '정(亭)'자 역시, '높을 고(高)'자 아래에다 '고무래 정(丁)'자를 합친 모습이다. 따라서 '볕 경(景)'자는 해[日]가 높이[京] 떠있는 모습이기 때문에 빛, 경치, 밝다라는 뜻이 있고, 또한 해는 크기 때문에 '크다'라는 뜻도 있다.

  처음의 질문으로 돌아가서, 서울 경(京)자는 '높다'라는 뜻이 있기 때문에 누구나 서울로 올라간다고 하지, 내려간다는 말은 하지 않는다. 한자로는 '상경(上京)'이라고 한다.

궁성

연산군의 궁성밖 민가철거는 적법했다

조선 최초의 궁성은 경복궁이다

사전적인 의미에서 궁성(宮城 / 宮: 집 궁, 城: 성 성)은 궁궐을 둘러 싼 성벽을 뜻하지만, 대체로 궁궐(宮闕)이라는 말과 혼용되어 쓰이고 있다. 한편 궁궐은 궁과 궐의 합성어인데, 궁(宮)이란 천자나 제왕, 왕족들이 살던 규모가 큰 건물군(群)을 가리키는 말이고, 궐(闕)은 본래 궁의 출입문 좌우에 설치하였던 망루를 가리키는 말이었는데, 경복궁의 경우, 경복궁 남동쪽 모서리 도로(경복궁사거리 또는 경복궁교차로) 한복판에 섬처럼 고립되어 있는 동십자각이 이에 해당된다.

동십자각

　또한 고대로부터 근세에 이르기까지 한국, 중국, 일본을 포함하는 동아시아 궁성의 일반적인 배치형식은 정사(政事)를 목적으로 한 건축군은 앞쪽에, 그리고 일상생활을 목적으로 한 건축군은 뒤쪽에 배치하는, 이른바 전조후침(前朝後寢) 방식을 따랐다. 조선의 궁성으로는 경복궁, 창덕궁, 창경궁, 덕수궁(경운궁), 경희궁의 5대 궁궐이 현재 부분적으로나마 현존하고 있는데, 그 가운데 경복궁은 모든 궁궐의 으뜸이 되는 정궁(正宮 또는 法宮)의 위치를 차지하고 있으며, 다른 궁궐들과의 상대적인 위치 때문에 북궐(北闕)로도 불린다.

　경복궁의 배치법은 궁궐 주위에 남상을 쌓아서 전체 평면이 남북으로 긴 장방형을 이루고 있으며, 정남향을 하고 있다. 또한 남쪽

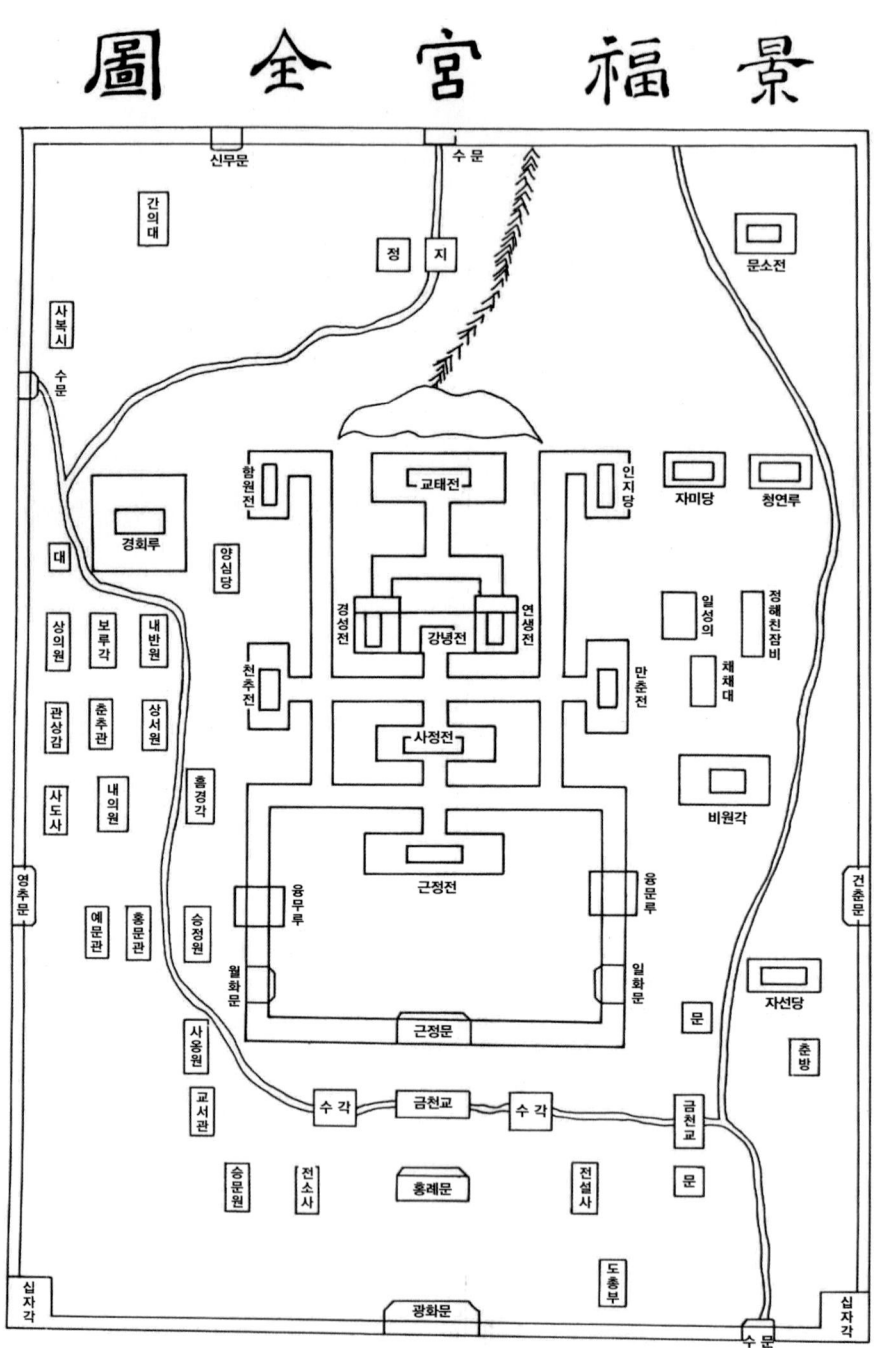

경복궁전도 - 삼성출판박물관 소장[국립문화재연구소]

담장 정중앙에는 정문인 광화문(光化門)을 설치하고, 동쪽 담장에는 건춘문(建春文), 서쪽 담장에는 영추문(迎秋門), 북쪽 담장에는 신무문(神武門)을 배치하여 4대문을 갖추었다.

또한 광화문에서 근정전, 사정전, 강녕전, 교태전까지의 중요 건물들이 남북 중심축 상에 일렬로 배치되고, 그 좌우로 부속 건물들이 대칭적으로 배치되어 있다. 조선 최초의 궁성은 당연히 경복궁인데, 실록 속에 보이는 궁성(宮城)에 대한 최초의 기록은 태조실록에서 찾을 수 있다.

태조 4년(1395) 4월 21일
말을 타고 궁성에 들어와 탄핵 당한 이염을 파직시키다
예문춘추관 태학사 이염(李恬)을 파직하였다. 이염이 말을 타고 궁성에 들어왔으므로 헌사(憲司)에서 탄핵하였기 때문이었다.

그런데 이로부터 약 5개월이 지난 시점에 궁성(宮城)에 대한 두 번째 기록이 보인다.

태조 4년(1395) 9월 29일
대묘(大廟=종묘)와 새 궁궐이 준공되다.
그 규모와 구성 및 배치 상황
이 달에 대묘와 새 궁궐이 준공되었다.
대묘의 대실(大室)은 7간(間)이며 낭(堂)은 같게 하고 실(室)은 따로 하였다. …(중략)… 새 궁궐은 연침(燕寢)이 7간이다. …

(중략)… 정전(正殿)은 5간으로 조회를 받는 곳으로 보평청의 남쪽에 있다. 상하층의 월대(越臺)가 있는데, …(중략)… 무릇 3백 90여 간이다.
뒷날에 궁성을 쌓고 동문은 건춘문(建春門)이라 하고, 서문은 영추문(迎秋門)이라 하며, 남문은 광화문(光化門)이라 했는데 …
(후략)

무단으로 궁성을 넘는 죄는 교대시(絞待時)로 다스렸다

위의 두 실록 기사에서 우리가 알 수 있는 것은 궁성 또는 궁궐은 완공되기 이전이라도 함부로 드나들거나 침범해서는 결코 안 되는 곳이라는 사실이다. 태조때 이염은 궁성을 넘어간 죄로 파직되는 처벌을 받았지만, 이때만 하더라도 궁성은 아직 미완성의 단계였다. 그렇다면 완성된 궁성을 넘어간 죄는 어떤 처벌을 받을까? 성종실록에 그 답이 실려있다.

성종 19년(1488) 6월 29일
중[僧] 일관이 사람을 죽이고,
안중산이 궁성을 넘어간 죄를 범하다. 그 처벌에 관한 논의
(전략)… 김극검이 또 형조(刑曹)의 초복(初覆)한 계본(啓本)을 가지고 아뢰기를,
"전옥(典獄)의 죄수인 안중산이 궁성을 넘어간 죄는, 율(律)이 교대시(絞待時, 때를 기다려 교수형에 처함)에 해당됩니다." 하였는데, 임금이 좌우에게 물으니, 모두 말하기를,

"안중산의 죄는 실로 율(律)이 마땅합니다만, 단지 술에 취해서 범한 것이니, 정상(情狀)이 용서할 만합니다. 또 성(城)을 넘어간 것이 아니고, 그 마음에 울타리〔藩籬〕라고 생각하고 넘어간 것이니, 말감(末減. 감면하여 가장 가벼운 형벌에 처함)으로 논해야 마땅합니다." 하였다. …(후략)

임금이 사는 궁궐의 담장을 넘는 죄는 역시 사형에 해당하는 큰 범죄이지만, 예나 지금이나 술로 인한 실수에는 관대한 것이 우리 민족의 전통이었나 보다.

•• 뱀의 발

경복궁의 좌향(坐向)은
임좌병향, 자좌오향, 계좌정향 중 어느 것이 정답일까?

'좌향'은 풍수지리나 전통건축에서 방위를 나타낼 때 쓰던 용어로, 동서남북 방위를 24개로 잘게 쪼갠 것을 기본으로 한다. 그래서 최상부 12시방향부터 시계방향으로 12개의 정시 방향을 각각 십이지(十二支)인 '자·축·인·묘·진·사·오·미·신·유·술·해'로 배당하고, 정시와 정시 사이의 30분 간격으로 십간(十干)과 팔괘(八卦)에서 뽑아낸 '계·간·갑·을·손·병·정·곤·경·신·건·임'을 배당한다. 패철에서 가장 큰 글자들이 바로 24 방위를 뜻한다.

24방위는 360도를 24개로 쪼개다보니, 한 방위의 각도는 15도가 된다 (24X15=360). 그리고 좌향(坐向)이라 함은 내가 깔고 앉은 자리를 기준으로 내가 등지고 있는 방향이 좌(坐)이고, 내가 바라보는 방향이 향(向)이다. 따라서 좌향은 자좌오향(子坐午向), 묘좌유향(卯坐酉向)처럼 180도 반대방향의 두 방위가

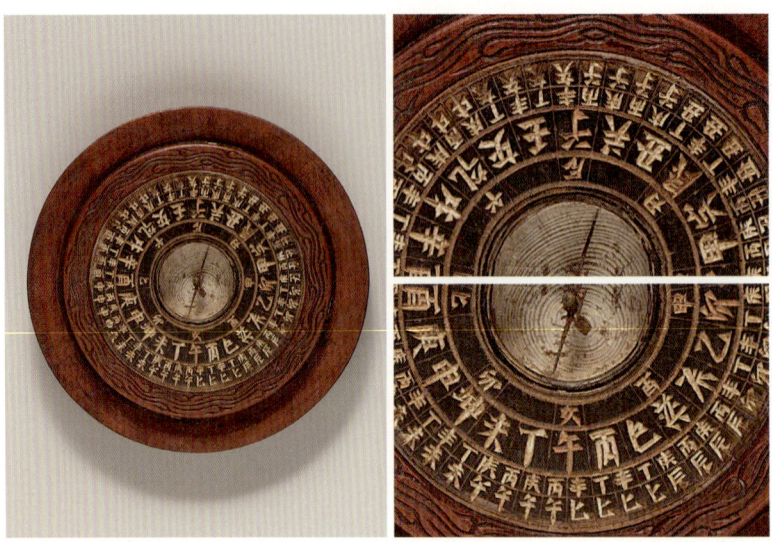

십장생 무늬 나침반[패철]의 확대사진 [국립중앙박물관]

한 세트를 이룬다. 이런 내용을 담고 있는 것이 풍수에서 사용하는 패철(=나경, 뜬쇠)이다.

경복궁의 좌향에 대한 자료를 찾아보면 대체로 세 가지로 압축된다. ①임좌병향(壬坐丙向, 남남동향) ②자좌오향(子坐午向, 정남향) ③계좌정향(癸坐丁向, 남남서향) 세 경우가 모두 관습적으로 남향을 가리키는 용도로 사용되지만, 정밀도에서는 15도씩 차이가 난다. 실록을 찾아보면 경복궁의 좌향에 대해 언급한 구절이 두 군데에 보인다.

태조 3년(1394) 9월 9일

정도전 등에게 한양의 종묘, 사직, 궁궐, 시장 등의 터를 정하게 하다

판문하부사 권중화, 판삼사사 정도전, 청성백 심덕부, 참찬 문하부사 김주, 좌복야 남은, 중추원 학사 이직 등을 한양에 보내서 종묘, 사직, 궁궐, 시장, 도로의 터를 정하게 하였다.

권중화 등은 전조 숙왕(肅王) 시대에 경영했던 궁궐 옛터가 너무 좁다 하고, 다시 그 남쪽에 해방(亥方)의 산을 주맥으로 하고 임좌병향(壬座丙向)이 평탄하고 넓으며, 여러 산맥이 굽어 들어와서 지세가 좋으므로 '여기를 궁궐터로 정하고', 또 그 동편 2리쯤 되는 곳에 감방(坎方)의 산을 주맥으로 하고 임좌병향에 종묘의 터를 정하고서 도면을 그려서 바치었다.

세조 10년(1464) 9월 7일(정사)
풍수학 훈도 최연원이 최양선을 반박하는 상언을 올리다

풍수학 훈도(風水學訓導) 최연원 등이 상언(上言)하기를,

"<u>백악산의 명당은 배임향병(背壬向丙)</u>[임방(壬方: 정북에서 서쪽으로 15도)을 등지고 병방(丙方: 정남에서 동쪽으로 15도)으로 향한 것. 곧 임좌병향(壬坐丙向)]이며 <u>궁궐은 자좌오향(子坐午向)</u> 입니다." …(후략)

태조실록의 기사에는 임좌병향이 지세가 좋아(명당이란 뜻) 궁궐터로 정했다고 한다. 그리고 세조실록의 기사에는 명당(땅)은 임좌병향이지만 궁궐은 자좌오향이라고 한다. 이 두 기록을 종합적으로 살펴보면 궁궐이 들어설 명당인 땅의 지세는 임좌병향이지만, 그 명당 위에 올라간 궁궐은 정작 땅의 지세를 그대로 따르지 않고, 약간 틀어서 정남향인 자좌오향이라는 뜻이다.

그런데 '구글, 네이버, 다음' 등의 위성지도에서 본 경복궁은, 정남향(자좌오향)이 아니라 오른쪽으로 약간 기울어진 계좌정향(癸坐丁向)으로 보이며, 또한 인터넷 상의 각종 자료를 찾아봐도 경복궁의 좌향은 계좌정향이라고 하는 사이

트가 많다. 그럼 실록의 기사(자좌오향)와 현재 인터넷상의 기록(계좌정향)은 왜 차이가 날까?

  방향을 설정하는데 있어서 가장 중요한 것은 기준을 정하는 것인데, 반드시 북쪽이 기준이 된다. 그런데 '북'의 정의가 무엇인가를 알아보면 의외로 답이 쉽지 않다. '북'의 정의에는 진북(眞北), 도북(圖北), 자북(磁北) 이렇게 무려 3가지씩이나 있고, 가리키는 방향도 조금씩 차이가 있다.

  먼저 진북(眞北, True North)은 지구 북극의 방향이며, 궁극적으로는 북극성의 방향이다. 그리고 진북의 방향은 자오선이 모이는 지점이 된다. 하지만 엄밀히 말하자면 지구는 세차운동을 하고 있기 때문에 진북 역시 고정된 값은 아니다.

  한편 자북(磁北, Magnetic North)은 나침반의 N극이 가리키는 북쪽인데, 북반구에 있는 캐나다 북쪽 허드슨만 부근 부샤반도 일대의 천연 자력지대를 가리킨다. 따라서 나침반이 가리키는 자북과 북극성 방향인 진북 사이에는 약간의 차이가 생긴다.

  마지막으로 도북(圖北, Grid North)은 지도상의 북쪽을 말하는데, 지도, 지형도의 직각좌표에서 수직방향, 즉 세로선의 위쪽이 도북에 해당된다. 인터넷의 '구글, 네이버, 다음' 등의 지도 역시 인공위성 사진으로써 도북이 기준이다.

  조선시대 우리 조상들은 당연히 지남철 또는 패철을 사용하여 방향을 정했기 때문에 '자북'을 기준으로 경복궁의 좌향을 표현했을 것이다. 그리고 인터넷 상의 자료는 '도북'이나 '진북'을 사용해서 과학적으로 좌향을 표현했을 것이다. 따라서 경복궁의 좌향을 언급할 때에는 현대의 우리 기준이 아닌, 우리 조상들의 기준을 따르는 것이 합당할 것이다. 왜냐하면 문화재는 문화재를 만든 사람의 시각으로 봐야 하기 때문이다.

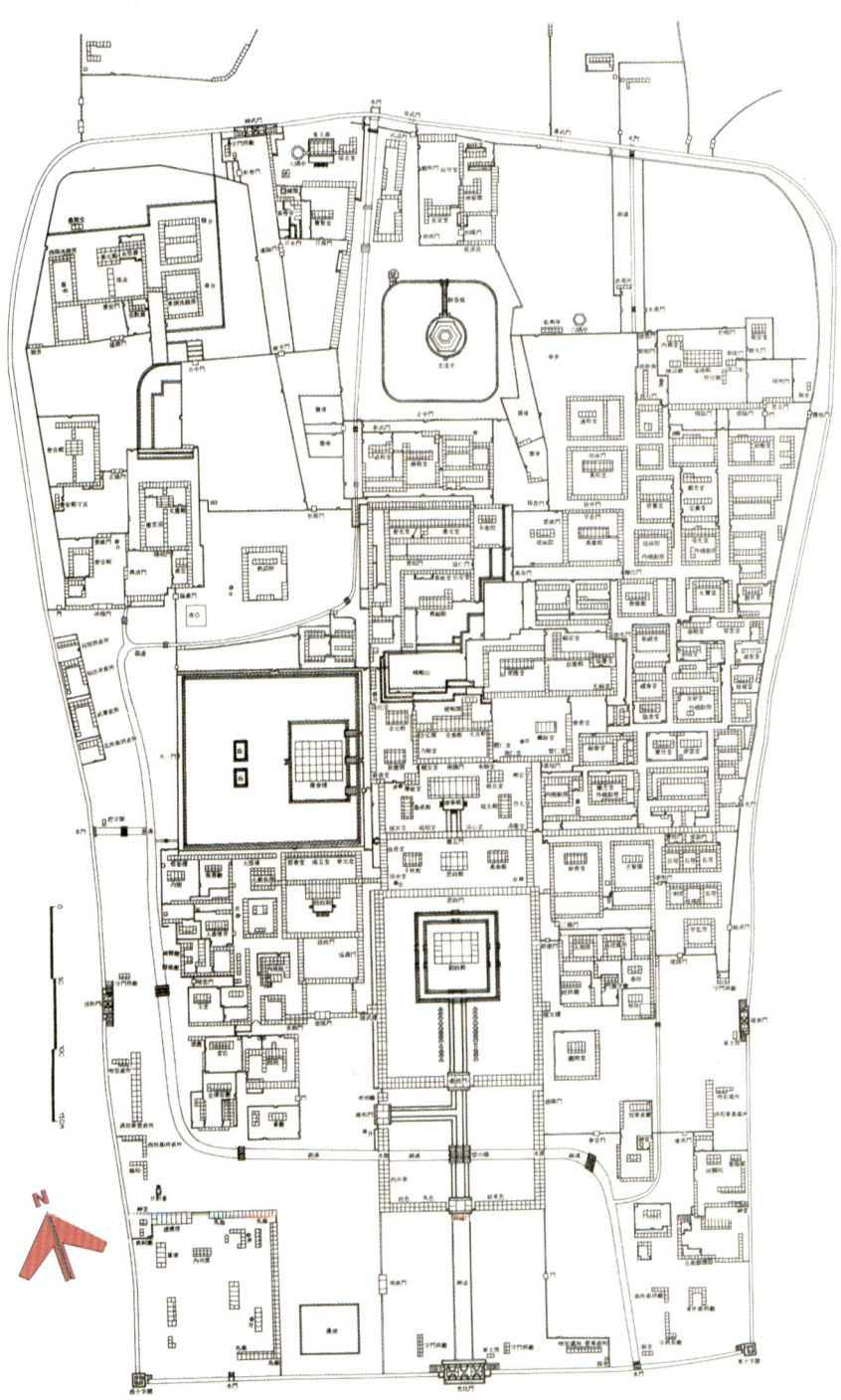

경복궁 북궐도형 [국립문화재연구소]

조선에서는 사망자가 발생하는 투석전을 민간에서도 즐겼다

한편, 궁성에 대한 실록 기사 중 눈길을 끄는 것이 몇 있다. 우선 아래의 태조실록 기사를 보자.

태조 7년(1398) 5월 5일
궁성 남문에 거둥하여 척석놀이를 구경하다. 죽고 상한 사람이 많았다
임금이 궁성(宮城)의 남문에 거둥하여 돌을 던져 싸우는 놀음을 구경하였다. 절제사 조온(趙溫)은 척석군(擲石軍)을 거느리고, 판중추원사 이근(李懃)은 여러 위(衛)의 대부(隊副)를 거느리고 좌우편으로 나누어 서로 쳐서, 해가 질 때까지 하였으니, 죽고 상한 사람이 자못 많았다.

인류에게 있어 돌을 던지는 것은 구석기 시대부터 내려온 본능에 가까운 고전적인 전투기술이다. 특별한 기술이나 장비가 필요한 것도 아닐뿐더러, 적을 위협하거나 공격하는 데 있어서도 상당히 효과적이었기 때문에 조선 후기까지도 투석이 실전에서도 사용되었는데, 척석희(擲石戲)라는 이름으로 불리며 민간에서도 크게 유행했다. 특히 무인출신이었던 태조 이성계는 직접 척석군을 모집할 정도였고, 세종 3년에 상왕으로 있던 태종이 벌였던 척석희에 대한 실록의 기사는 아래와 같다.

세종 3년(1421) 5월 4일
연화방의 신궁(新宮)이 낙성되어 상왕을 모시고 신궁에 들다

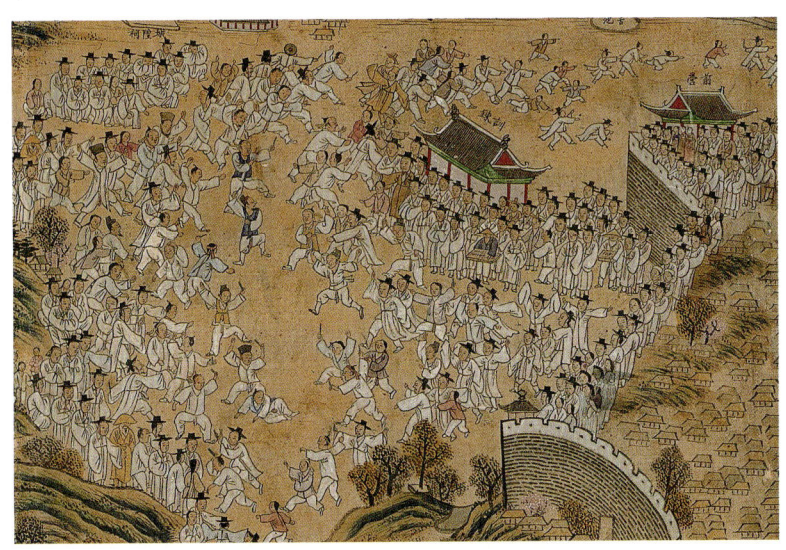
석전 – 19세기의 병풍에 그려진 평양성의 돌싸움 장면 [서울대학교박물관 소장]

임금이 상왕(태종)을 받들어 풍양궁에서 돌아왔다. …(중략)… 상왕이 병조, 대언사에게 이르기를,

"오늘 내가 주상과 같이 석전(石戰)을 보려 하나, 주상이 굳이 사양한다. 내가 생각하기에는 지난 봄에 무예를 연습할 때에 또한 주상과 같이 갔는데, 지금 석전을 보는 것도 놀이하는 것이 아니고, 무재(武才)를 시키는 것이다. 또 내가 혼자 가면 적적하여 이야기할 자도 없으니, 경 등의 의사는 어떠한가."

하니, 병조판서 조말생 등이 계하기를,

"신 등의 의사도 또한 그러합니다. 전하께서 혼자 가시고 주상께서 따라 가시지 아니하시면, 실로 편하지 못합니다." 하였다. 임금이 마지못하여 상왕을 받들어 종루에 행차하여 석

전을 보았다 …(후략)

이와 같은 투석전은 잦은 금지령에도 불구하고 조선 후기까지 이어졌고, 민간에서는 주로 정월대보름, 초파일, 단옷날에 이웃 동네와 편싸움을 벌이는 형태로 발전했는데, 석전에서 이기면 그 해의 재수가 좋고 병에도 걸리지 않는다는 믿음 때문에, 석전은 피를 흘려가면서까지 싸우는 격렬한 싸움으로 비화되곤 했다. 하지만 이를 처음 본 외국인들은 사망자와 부상자가 속출하는 그 격렬한 분위기에 놀라기도 했는데, H.B. 헐버트는 「대한제국 멸망사」에서 다음과 같이 기록하고 있다.

한철에 이러한 접전이 벌어지면 서너 명씩은 죽게 마련이지만, 너무 싸움이 격렬하게 되면 경찰이나 헌병이 개입하는 것 같다. 싸움이 심한 때에는 집이 무너지는 경우도 있지만, 대개의 경우에는 팔에 타박상을 입거나 머리가 깨지고, 욕이나 한없이 퍼붓는 정도로 그친다.

아군끼리의 척석희 뿐만 아니라, 투석이 실전에 사용되었음을 알려주는 실록기사도 있다. 성종때 각 도의 관찰사 및 병마 절도사·수군 절도사에게 내려 보낸 왜구를 막는 일의 목록〔事目〕에서도 '투석' 항목이 들어가 있다.

성종 4년(1473) 10월 15일

제도의 관찰사와 병마·수군 절도사에게 일본 해적을 막는 방비에 힘쓰도록 이르다

경상도·전라도·경기·황해도·충청도의 관찰사와 병마 절도사·수군 절도사에게 유시(諭示)하기를, …(중략)…

하였는데, 그 수군 절도사에게 주는 사목(事目)에 이르기를,

"1. 모든 포구의 병선(兵船)은 모두 띄워서 쓸 만한지의 여부를 시험하게 할 것.

1. 배 위의 전구(戰具)로 포장(布帳)·팽배(彭排, 방패)·목장(木杖)·투석(投石) 등의 물건도 모름지기 친히 살펴서 두루 준비할 것.

1. 수군의 활쏘기 연습은 모름지기 배 위에서 시험할 것. …(중략)… 하고, 그 관찰사·병마 절도사에게 주는 사목에 이르기를, …(중략)…

1. 연변(沿邊) 진(鎭)의 성첩(城堞)을 때때로 갖추고 쌓아서 성을 지키게 하며, 기계(器械)나 투석(投石)·목장(木杖) 등과 같은 물건에 이르기까지 모름지기 친히 살펴서 두루 준비할 것." 하였다.

연산군 다시 보기

한편 연산군일기에도 궁성에 관한 재미있는 기사가 몇 실려 있다.

연산 8년(1502) 2월 16일
궁성 밑의 민가를 철거하도록 하다

전교하기를,

"궁성(宮城) 밑에 있는 민가를 철거하도록 했는데도 지금까지 성균관 서쪽 반수(泮水)와 정업원(淨業院) 동쪽 가의 궁성 근처에는 거주하는 백성들이 꽤 많다. 지금 날씨가 따뜻해지니 빨리 철거해야 할 것이다. 또 대성전 북쪽은 지형이 조금 높으니, 그 언덕에 거주하는 백성들은 모두 기한을 정하여 철거하도록 하라. 만약 기한 안에 철거하지 않는 사람이나 능히 단속하지 못한 관리는 모두 그 죄를 다스리라.

또 가옥을 철거한 사람에게는 도성문 밖과 반수(泮水)가의 거주할 만한 땅을 나누어 주되, 만약 대가를 주어야겠으면 전례를 상고하여 주고, 가옥을 철거한 곳에는 푯말을 세워 그 전에 거주하던 사람의 이름을 써서 다시 그 땅을 점유하지 못하도록 하라." …(후략)

연산 8년(1502) 2월 25일
의정부가 철거령이 백성들을 고통스럽게 함을 아뢰다

의정부가 아뢰기를,

"신 등이 후원의 담 밑에 있는 인가를 철거하라는 명을 들었는데, 이보다 앞서도 도성 안에 인가를 많이 철거했지만, 거주할 만한 땅이 없는 까닭으로 혹은 이곳에 머물러 살고 있습니다. 그러나 원래 거주한 사람은 조종(祖宗) 때에도 또한 철거하지 못하도록 하였으니, 지금 만약 이를 철거한다면 원통함을 어찌 다 말할 수 있겠습니까. …(중략)…

더욱이 지금 백성들은 먹고 살기도 어려우므로 더욱 철거할 수 없습니다. 전일에는 또 도로를 침범한 인가를 철거하자 돌아갈 곳이 없어서 재목을 길 옆에 쌓아 두고 초막을 지은 사람이 많아, 백성들의 원망과 고통스러움이 적지 않습니다." 하니, 전교하기를,

"궁성 밑에 있는 인가는 아직 철거하지 말고, 이미 철거한 인가(人家)의 수효는 상세히 써서 아뢰라." 하였다.

연산 8년(1502) 3월 26일
궁성 밑에 집을 짓는 것을 금하고, 나뭇갓과 어살에 관한 대신들의 말을 좇다

전교하기를,

"궁성 밑에 짓는 집은 원래 거리의 척수(尺數)가 있는 법인데, 법을 맡은 사람들이 게을러 금지할 줄을 모르므로 척수 안에 집을 지은 사람이 얼마가 되는지 모르겠다. …(중략)… 이미 지은 것은 비록 철거할 수 없으나, 입법한 것을 거듭 밝혀 지금부터는 새로 짓지 못하도록 하라. 또 정승들이 아뢴 나뭇갓과 어살(魚箭) 등의 일은 모두 민폐를 들었으니 그 말이 매우 간절하므로 특별히 좇는다. 그러나 어살은 국가에서 가난한 백성에게 주고 차례로 세를 거두는 것이니, 백성을 위한 뜻이 지극한 것이다. 그러나 겉으로는 빈민들에게 준다고 하면서 다른 사람이 몰래 이익을 얻는다면 아뢴 본의에 어긋남이 있지 않겠는가?" …(후략)

여러 역사기록을 종합적으로 판단해 볼 때 연산군이 폭정을 일삼은 것은 부정할 수 없는 사실로 봐야 한다. 하지만 연산군이 재위 기간 내내 폭정을 휘두른 것은 아니며, 또한 일정 부분은 반정세력이 정치적으로 이용하기 위해 의도적으로 과장한 측면도 일부 있는 것 같다. 그 대표적인 예가 위에서 언급된 연산군일기의 기사들이다.

　중종실록에는 연산군이 사냥과 유흥의 목적으로 민가를 무차별 철거하였다는 기록이 있지만, 연산군일기의 이곳저곳을 자세히 들여다보면, 연산군이 민가를 철거한 것은 국법에 따라 궐담 100척 이내에 있는 민가만 철거하라고 명했고, 그것도 소정의 보상금을 지급하고 또한 장차 다시 집을 세울 터까지 제공하라고 했다. 우리는 역사가 승자의 기록이라는 사실에 주목할 필요가 있고, 따라서 객관

경복궁 수문장 교대의식

경복궁 실록으로 읽다
궁성과 사대문

적인 사료를 바탕으로 연산군에 대한 적절한 재평가도 이루어져야 한다는 목소리가 최근 힘을 얻고 있다.

경복궁과 덕수궁의 수문장 교대의식이 다른 이유

한편, 지금 경복궁에는 궁성과 한양도성의 문을 책임지던 수문장의 교대의식과 파수의식이 하루 4차례씩 열리고 있다. 그렇다면 이 의식이 처음 시작된 것은 언제였을까? 그것도 실록 속에 답이 있다.

예종 1년(1469) 5월 18일
궁성의 문마다 수문장을 세우고, 수문장패를 만들게 하다
승정원에 전교하기를,

덕수궁 왕궁 수문장 교대의식

"궁성의 문마다 비록 수문(守門)하는 호군(護軍)일지라도 어찌 파문(把門)하는 갑사(甲士)와 다를 것이 있느냐? 이제부터 별도로 수문장을 세우고, 또 수문장패(守門將牌)를 만들어 날마다 낙점(落點)하여 수문(守門)하게 함이 어떻겠는가?" 하니, 승지 등이 대답하기를,
"성상의 교지(敎旨)가 매우 마땅합니다." 하여, 드디어 그대로 따랐다.

현재 궁궐의 수문장 교대의식은 경복궁과 덕수궁 앞에서 매일 진행되고 있고, 또한 많은 관광객들의 주목을 끌고 있다. 그런데 자세히 보면 두 행사는 내용이 전혀 다른 행사라는 것을 알 수 있다. 일단 군사들의 복식에서 차이가 날 뿐만 아니라, 악기의 편성도 완전히 다르다. 게다가 교대의식을 가리키는 용어도 약간 다른데, 경복궁에서 하는 것은 '수문장 교대의식'이고, 덕수궁에서 하는 것은 '왕궁 수문장 교대의식'이다.

조선은 1392년에 세워진 후 1910년까지 무려 518년이나 존속했던 나라다. 따라서 그 기간동안 각종 예법에도 수많은 변화가 있었으니, 경복궁의 경우 조선전기인 15세기를 기준으로 해서 교대의식을 고증한 반면, 덕수궁은 19세기 구한말을 기준으로 했기 때문에, 400여년의 시간차로 인해 당연히 교대의식 내용에 차이가 날 수 밖에 없다.

광화문 [南門]

제1차 왕자의 난의 분수령

경복궁 창건 당시에는 광화문이 없었다

광화문(光化門 / 光: 빛 광, 化: 될 화, 교화하다, 감화시키다, 門: 문 문)은 정남향하고 있는 경복궁의 정문이다. 1395년(태조 4) 경복궁을 창건할 때 정전(正殿, 또는 법전(法殿))인 근정전과 편전(便殿)인 사정전, 그리고 침전인 강녕전(康寧殿) 등을 지어 궁궐의 기본구조를 갖춘 다음, 1399년에 그 둘레에 장방형의 궁성을 쌓은 뒤 동, 서, 남, 북쪽에 각각 성문을 세웠다.

그리고 동문과 서문은 음양오행을 반영하여 각각 건춘문(建春門),

경복궁 창건 당시에는 광화문이 없었다

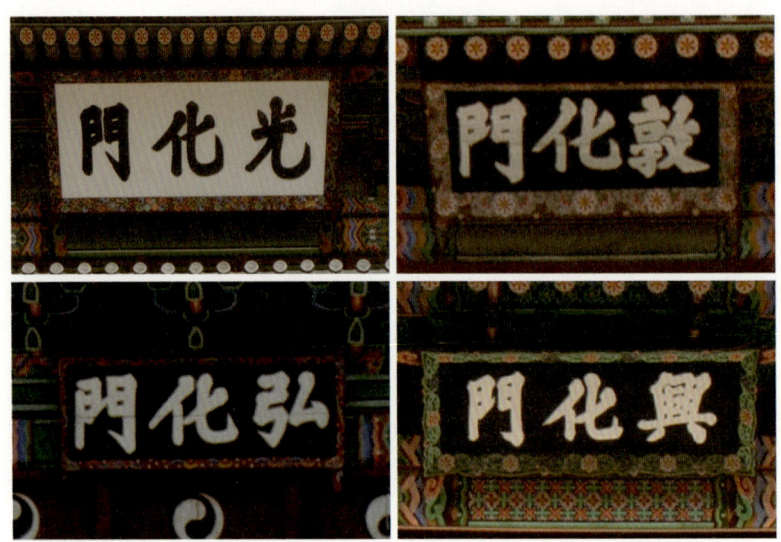

좌측 상단부터 시계방향으로 경복궁-광화문, 창덕궁-돈화문, 경희궁-흥화문, 창경궁-홍화문

영추문(迎秋門)이라 하였고, 남문은 모든 궁궐의 정문이 그렇듯 임금의 교화(敎化)를 의미하는 화(化)를 넣어 광화문이라 이름 지었다. 참고로 창덕궁의 정문은 돈화문(敦化門), 창경궁의 정문은 홍화문(弘化門), 경희궁의 정문은 흥화문(興化門)이고, 경운궁(덕수궁)의 원래 정문(지금은 사라지고 없음)은 인화문(仁化門)이었다.

그런데 광화문이라는 이름은 궁궐이 만들어지고 곧바로 붙여진 것이 아니라, 한참 뒤에 붙여진 이름이다. 게다가 1395년 당시에는 궁궐의 전각만 완성되었을 뿐, 궁궐을 에워싸는 궁성은 아직 공사중이어서 없었으니 당연히 광화문도 없었다. 경복궁의 궁성이 만들어지는 것은 새 궁궐이 지어지고 나서 4년 후인 1399년(정종 1)의 일이었다. 그럼 최초의 광화문이라는 이름이 태조실록 속에 등장하는 이유는 무엇일까?

> **태조 4년(1395) 9월 29일**
> **대묘와 새 궁궐이 준공되다. 그 규모와 구성 및 배치 상황**
> …(전략)… <u>뒤에 궁성을 쌓고 동문은 건춘문(建春門)이라 하고, 서문은 영추문(迎秋門)이라 하며, 남문은 광화문(光化門)이라 했는데</u>, …(후략)…

실록 속에 나오는 '뒤에'라는 말은 '나중에, 더 늦은 시기에'라는 뜻이다. 태조실록을 포함하여 모든 실록은 그날 그날의 기사가 바로 등록되는 것이 아니라, 임금이 사망한 이후 실록청이 만들어지고, 거기서 그동안 작성해 두었던 사초를 모두 모아 종합적으로 편집해서 만들기 때문에 실록의 작성 시기는 임금의 사망 시기보다 훨씬 더 뒤로 미뤄진다.

실제로 광화문이라고 이름이 붙여진 것은 세종 8년인 1426년이었다. 궁성은 이미 1399년에 만들어졌는데 1426년에 와서야 이름이 광화문이라고 붙여졌다면, 아마도 그 사이에는 다른 이름이었다가 광화문으로 개칭되었을 가능성이 많다.

> **세종 8년(1426) 10월 26일**
> **경복궁 각 문과 다리의 이름을 정하게 하다**
> 집현전 수찬(修撰)에게 명하여 경복궁 각 문과 다리의 이름을 정하게 하니, 근정전(勤政殿) 앞 둘째 문을 홍례(弘禮), 세 번째

문을 광화(光化)라 하고, 근정전(勤政殿) 동랑(東廊) 협문(夾門)을 일화(日華), 서쪽 문을 월화(月華)라 하고, 궁성(宮城) 동쪽을 건춘(建春), 서쪽을 영추(迎秋)라 하고, 근정문(勤政門) 앞 석교(石橋)를 영제(永濟)라 하였다.

▸▸ 뱀의 발
경복궁의 출처는 시경이다

    정도전이 새 궁궐의 이름을 경복궁으로 지은 이유는 태조 4년(1395) 10월 7일 기사 속에 들어있다. 일단 한문으로 된 기사원문[誦周雅旣醉以酒旣飽以德君子萬年介爾景福請名新宮曰景福]을 먼저 살펴보고 나서, 이해하기 쉽도록 사이 띄기를 한 다음, 하나씩 해석을 해보자.

    誦周雅(송주아): 주(周)나라의 아(雅)악 부분을 암송[誦]해 보겠습니다.
    旣醉以酒(기취이주): 이미[旣] 술로써[以酒] 취하고[醉]
    旣飽以德(기포이덕): 이미[旣] 덕으로써[以德] 배가 불렀으니[飽]
    君子萬年(군자만년): 군자[君子]는 영원토록[萬年]
    介爾景福(개이경복): 그대[爾]에게 큰[景] 복[福]이 머무르리라[介].
    請名新宮(청명신궁): 청(請)컨데 새[新] 궁궐[宮]의 이름[名]을
    曰景福(왈경복): 경복(景福)이라 부르소서[曰].

    경복(景福)은 「시경」 대아(大雅)편 중 생민지십(生民之什)에 나오는 싯구에서 뽑아낸 말이다. 경복이라는 말의 출전인 「시경(詩經)」은 고대 중국의 시와 노래를 모아 엮은 유교경전 중의 하나로, 본래는 3,000여 편이었다고 전하지만 공자

에 의해 305편으로 간추려졌다. 사마천의「사기」에 의하면 공자가 311편을 가려냈다고 하는데, 이 중 여섯 편은 내용은 없이 제목만 전하고 있다.

공자는 만년에 삼천명의 제자들을 가르칠 때 교과서로 삼은 육경[六經: 시경(詩經), 서경(書經), 예기(禮記), 악기(樂記), 역경(易經), 춘추(春秋)] 중에서도「시경」을 제일 첫머리로 삼았다. 공자시대에는「시경」을 그냥 시라고 불렀다. 시가「시경」이라는 경전의 반열에 오른 것은 공자의 사후 수백 년이 지나고서 였다.

공자의 생각에 시(詩)란 인간의 가장 순수한 감정에서 우러난 것이므로, 정서를 순화하고 다양한 사물을 인식하는 데는 그만한 것이 없다고 생각하였기 때문이다. 논어에서 공자는 "시 300편을 한마디로 말하면 생각에 사악함이 없다."라고 하였고, 여기에서 '생각에 사악함이 없다'라는 글귀 사무사(思無邪)는 단독으로 사용될 만큼 매우 유명해졌다.

자왈(子曰) 시삼백(詩三百) 일언이폐지(一言以蔽之) 왈(曰) 사무사(思無邪)

백범 김구 선생이 남긴 유묵 중에도 '사무사'가 있는데, 이는 1949년 6월 서울 집무실에서 암살범 안두희의 총탄을 맞고 세상을 떠날 당시, 책상 위에 두루마리 상태로 놓여있던 것으로 가장자리에 그의 혈흔이 남아 있어, 당시 피격의 순간이 생생하고도 안타깝게 느껴진다.

한편, 공자는 아들 백어(伯魚)에게 "「시경」의 주남(周南)과 소남(召南)을 공부하지 않으면 마치 담벼락을 마주하고 서 있는 것과 같다."라고 할 정도로 시 공부를 권했다.

「시경」305편은 크게 풍(風), 아(雅), 송(頌) 세 부분으로 나누이지는데 그 중에서 풍(風)은 국풍(國風)이라고도 하며, 여러 제후국에서 채집된 민요, 민가다. 사랑에 관련된 시와 노래가 대부분으로, 남녀 간의 애틋한 정과 이별의 아픔 등이 아주 원초적으로 소박하게 그려져 있다.

한편 아(雅)는 우아한 궁중음악으로, 대아(大雅)와 소아(小雅)로 나누어진다. 궁궐에서 연주되는 곡조에 붙인 가사로 귀족풍을 띠고 있다. 마지막으로 송(頌)은 가장 품격이 높은 제례악으로, 종묘의 제사에 쓰이던 악가(樂歌)인데, 쓰이는 나라 이름을 붙여서 주송(周頌), 노송(魯頌), 상송(商頌)이 있다.

고대 제왕들은 먼 지방까지 채시관(採詩官)을 파견해서, 거리에 나돌고 있는 노래나 가사들을 모아 민심의 동향을 알아보고 정치에 참고로 삼았다고 하며, 조정의 악관(樂官)에게는 곡조를 붙이게 해 다시 유행시킴으로써 민심의 순화에 힘썼다고 한다.

이와 비슷한 예로, 옛날에 민간에 떠돌아다니던 자질구레한 이야기를 모아서 정치가 잘 다스려지는지, 민심은 어떤 지를 살피던 관리를 패관(稗官)이라고 했고, 이들 패관들이 모은 이야기에서 패관소설(稗官小說)과 패관문학이 나왔다. 여기서 패(稗)라는 글자는 벼와 비슷하게 생긴 피를 나타내는 한자인데, 이 글자에는 '자질구레하다, 보잘것없다'라는 뜻이 담겨 있다.

그렇다면 광화문을 비롯한 대궐문의 출입하는 방법은 어떠했을까? 이 부분도 실록 속에 답이 있다.

고종 4년(1867) 11월 14일
대궐문을 출입하는 규례를 정하다
의정부에서 아뢰기를,

"대궐문을 출입하는 것을 각기 나누어 소속시키는 것이 규례입니다. 경복궁에 이어 후에도 일정한 규정이 없어서는 안 될 것이니, 승지는 영추문으로 사진(仕進)하고, 백관들은 광화문의 동쪽과 서쪽 협문으로 진사하되 문관은 동쪽 협문으로, 무관은 서쪽 협문으로 출입하며, 각사(各司)의 입직하는 관원과 액정의 이하는 편의대로 하도록 허락하는 데 대하여 병조에 분부하는 것이 어떻겠습니까?" 하니, 윤허하였다.

고종 4년(1867) 11월 15일
근정문의 개문시에 홍례문, 광화문의 정문도 함께 열도록 명하다
근정전의 전좌(殿座)에 나아가 근정문을 개문할 때 홍례문, 광화문의 정문(正門)도 함께 열도록 정식을 삼으라고 명하였다.

광화문에서의 판세분석이 제1차 왕자의 난 성공의 분수령이었다

　광화문은 조선 최고 법궁의 정문이라는 상징적인 지위때문에 돌로 만든 거대한 석축기단 위에 올라가 있으며, 게다가 2층 누각형태로 되어 있어서 높이를 이용하여 주위를 잘 살필 수 있는 장점이 있다. 제1차 왕자의 난은 태조 7년인 1398년 왕위 계승권을 둘러싸고 일어난 왕자 간의 싸움으로, 이성계의 제5남인 방원(정안대군)이 세8남인 세자 방석(의안대군)과 그를 지지하던 정도전 일파를 쿠데타로 제거한 사건이다. 실록에 의하면 이 정변의 과정에서 궁지에 몰린 세자 방석 일파는 광화문에 올라, 일이 돌아가는 형세를 살핀 것으로 되어 있다.

광화문 - 석축기단 위 2층 누각으로 구성되어 있다

태조 7년(1398) 8월 26일
제1차 왕자의 난. 정도전, 남은, 심효생 등이 숙청되다
…(전략)… 정안군(이방원)이 산성(山城)이란 두 글자로써 명하고, 삼군부(三軍府)의 문 앞에 이르러 천명(天命)을 기다리었다. 세자 방석 등이 변고가 일어났다는 말을 듣고 군사를 거느리고 나와서 싸우고자 하여, 군사 예빈소경(禮賓少卿) 봉원량을 시켜 궁의 남문에 올라가서 군사의 많고 적은 것을 엿보게 했는데, 광화문으로부터 남산에 이르기까지 정예한 기병이 꽉 찼으므로 방석 등이 두려워서 감히 나오지 못하였으니, 그때 사람들이 신(神)의 도움이라고 하였다. …(후략)

경복궁 실록으로 읽다
궁성과 사대문

그런데 여기서 우리는 태조 이성계가 장성하여 혈기왕성한 아들들은 제쳐 두고, 왜 군이 11살밖에 안된 어린 막내아들을 세자로 삼았는지 의문을 가질 수 밖에 없다. 이것을 이해하려면 역사를 좀 더 거슬러 올라가 이성계의 4대조부터 살펴봐야 한다.

태조의 고조부인 이안사는 원래 전라도 전주의 유력한 가문 출신이었으나, 어떤 이유에서 인지 자기를 추종하던 세력 모두를 이끌고 함경도 쪽으로 이주했는데, 그 곳에 정착하는 과정에서 아예 원나라에 투항하고 원나라의 지방관리가 되었다.

이후 세월이 흘러 이안사가 사망한 뒤, 그의 지위와 집안은 아들 이행리(태조의 증조부), 손자 이춘(태조의 조부) 그리고 증손자 이자춘(태조의 부친)에게로 차례차례 넘어오게 되는데, 정치 감각이 뛰어났던 이자춘은 당시 동아시아 정세가, 원나라는 점점 몰락하는 반면, 고려의 공민왕은 반원정책을 강하게 추진하는 것을 알아차리고 직접 공민왕을 만났다. 외부의 도움이 절실했던 공민왕은 당연히 이자춘 세력을 환영했고, 이에 이자춘은 아들 이성계를 데리고 쌍성총관부 공격에 동참하여 고려가 쌍성총관부 지역을 탈환하는데 큰 공을 세운 뒤, 다시 고려로 귀순하면서 중앙정계로 진출할 기회를 얻었다.

아무튼 태조 이성계는 고려 귀순후 중앙정계로 들어가는 과정에서, 지난날 왕건이 했던 것처럼 고려 지배층 세력과 적극적인 혼인정책을 폈다. 향처(鄕妻)였던 신의왕후 소생의 장남 방우부터 차남 방과, 삼남 방의, 사남 방간, 오남 방원까지 모두 고려 지배층과 정략결혼을 시켰고, 경처(京妻)였던 신덕왕후 소생의 칠남 방번까지도 공양왕의 조카사위가 되었다.

이런 고려 지배계층과의 혼맥관계는 변방무장 출신의 이성계가 고려의 중앙정계에 진입하는 데에는 크게 도움이 되었지만, 정작 고려를 무너뜨리고 조선을 개국한 이후에는 새출발에 오히려 정치적인 부담이 되었다. 따라서 고려왕조와의 깨끗한 단절을 위해서는 기존의 고려 지배계층과 별다른 연결고리가 없었던 막내 방석 이외에는 대안이 없었고, 당시 생모이자 살아있는 왕비였던 신덕왕후 강씨의 정치적인 후원까지 고려한다면, 방석의 세자 책봉은 태조에게는 당연한 결과였다고 볼 수 있다. 신의왕후 한씨는 조선 개국전인 1391년에 이미 사망한 상태였다.

제1차 왕자의 난 진행과정

이처럼 세자책봉을 둘러싸고 후계구도에서 밀려난 신의왕후 소생 왕자들은 불만이 극도에 달한 상태였는데, 여기에 정도전은 사병(私兵)혁파까지 추진했다. 당시에는 조선건국 초기라서 공신들과 왕족들이 모두 개별적으로 사병을 보유하고 있었는데, 정도전은 사병을 모두 국가가 회수하여 조선의 중앙군에 편입시킨 후, 전체적인 국력을 강화하려고 하였다. 그러나 공신들과 왕족들 입장에서는 자신이 직접 키운 사병을 고스란히 내어주는 것은 결국 자신의 정치적 생명줄을 내어주는 것이라고 생각했고, 특히 신의왕후 소생 왕자들은 자신의 손발을 자르는 것이라고 판단했다.

이런 와중에 1398년(태조 7) 음력 8월, 정도전 일파는 비밀리에 모의하여 태조의 병세가 위독하다는 이유로 여러 왕자들을 궁중으로 불러들였다. 하지만 이방원은 이를 정도전 등이 신의왕후 한씨

소생의 왕자들을 살육할 계획임을 사전에 눈치채고, 동복의 여러 왕자들과 휘하 부하들을 시켜 군사를 일으켰다. 그 뒤 정도전 일파를 모두 죽임은 물론, 세자 방석마저 폐위시키고 귀양 보내는 도중에 살해했고, 방석의 동복형인 방번도 함께 죽여 버렸다.

그런데 실록을 살펴보면 쿠데타가 일어났음에도 불구하고 대대적인 전투장면은 거의 없다. 상식적으로 왕과 세자가 머무르는 궁궐에는 궁궐수비대(금군)들이 상시 배치되어 있을 텐데, 어째서 쿠데타 군과 전투했다는 기록이 전혀 없을까? 이는 아마도 정도전의 무리한 사병 혁파 정책에 불만을 품은 많은 공신들과 종친들이 사전에 철저히 모의했음을 짐작하게 한다. 또한 궁궐수비대의 핵심조직 중 하나는 이성계 가문의 사병출신인 '가별초'로 100% 구성된 '호분위'였는데, 이들은 이성계와 함께 '황산대첩, 개경 탈환작전, 나하추전투' 등을 거친 조선 최고의 정예 부대였다.

따라서 이들이 주군의 아들인 이방원에게 대항했을 가능성은 적고, 이방원 역시 그들을 포함한 금군 모두를 제압하고자 한다면 자신들의 피해도 어마어마할 것임을 미리 짐작했기에, 비밀리에 지휘관들을 포섭했을 가능성이 충분하다. 실제로 실록에도 궁궐수비대의 총지휘관인 박위가 살해당하고 공동으로 지휘를 맡았던 조온이 반군에 합류하자, 궁궐 내 다른 곳의 수비를 맡았던 이부 역시 곧바로 투항했고, 곧이어 최고 지도부가 무너졌음을 알게 된 나머지 부대들도 속속 투항하고, 무장해제 당한 후 귀가조치 되었음을 기록하고 있다.

건춘문 [東門]

간신의
대명사가
된 파수꾼

건춘문은 한때 경복궁의 정문역할을 하기도 했다

 건춘문(建春門 / 建: 세울 건, 일으키다, 아뢰다. 春: 봄 춘. 門: 문 문)은 경복궁의 동문이다. 그런데 그 이름 속에 봄이라는 뜻의 춘(春)이 들어가 있으니, 봄을 일으키는 또는 봄을 알리는 문이라는 뜻이다.

 음양오행에서 사계절을 방위별로 분류할 때 동쪽은 춘, 남쪽은 하, 서쪽은 추, 북쪽은 동에 해당한다. 이는 아침에 해가 동쪽에서 떠서, 한낮에 남쪽을 거쳐, 저녁에는 서쪽으로 지는 하루의 시간 흐름을, 1년으로 확대하여 방위별로 재배치한 것이다. 따라서 건춘문

경복궁 실록으로 읽다
궁성과 사대문

건춘문

이라는 이름만으로도 동문이라는 것을 알려주고 있는 것이다. 그리고 이 문의 안쪽에는 왕세자가 거처하던 공간이 있었으니, 그곳을 가리켜 동궁 또는 춘궁(春宮)이라고 불렀다. 왕세자는 떠오르는 태양이니 당연히 동쪽 공간에 모시고 동궁마마라고 부른 것이다.

한편 이 건춘문으로는 주로 왕족과 척신(戚臣), 상궁들이 드나들었는데, 왜냐하면 건춘문의 밖으로 종친부가 있었기 때문이다. 종친부는 조선왕실의 친족관계 일을 맡아보던 관청의 하나인데, 현재도 경근당(敬近堂)과 옥첩당(玉牒堂) 건물이 남아 있다.

이 건춘문은 한때 경복궁의 정문으로 사용되었던 적도 있었다. 바로 일제강점기때 지금의 광화문 자리에 조선총독부 청사건물이 들어서면서 주출입로가 막히자, 광화문은 건춘문의 북쪽으로 이건

경근당

옥첩당

경복궁 실록으로 읽다
궁성과 사대문

되었고, 따라서 경복궁의 정문 출입기능을 건춘문이 대신했기 때문이었다.

건춘문의 파수꾼 출신으로 간신의 대명사가 된 유자광

실록에 의하면 이 건춘문에서 파수꾼으로 근무하던 사람 중에, 연산군 시절의 무오사화와 연관된 사람이 있었다.

> 연산 4년(1498) 7월 29일
> 유자광에 대한 평가 내용과 무오사화의 전말
> …(전략)… 유자광은 부윤(府尹) 유규(柳規)의 서자(孽子)로, 날래고 힘이 세었으며, 높은 나무를 원숭이와 같이 잘 탔다. 어려서 무뢰자(無賴子)가 되어, 장기와 바둑을 두고 재물을 다투기도 했으며, 새벽이나 밤에 떠돌아다니며 길가에서 여자를 만나면 마구 끌어다가 음간(淫姦)을 하므로, 유규는 그 소출이 미천한데다가 또 방종하고 패악함이 이러하니, 여러번 매질을 하였을 뿐만 아니라 자식으로 여기지 아니하였다. 처음에 갑사(甲士)에 소속되어 건춘문(建春門)에서 파수를 보다가 상소하여 자천(自薦)하니, 세조가 그 사람됨을 장하게 여겨 발탁하여 썼다. 또 무자(戊子)년에 고변(告變)한 공로로써 훈봉(勳封)을 받아 1품(品)의 품계로 건너뛰었다. …(후략)

유자광은 임사홍과 더불어 조선시대 간신의 대명사로 일컬어지고 있다. 그 이유는 위의 실록에서도 확인되고 있다시피, 그에 대한 사관의 평가가 최악이기 때문이다. 왜 그럴까? 기본적으로 유자광과 임사홍은 연산군 시절, 각각 무오사화와 갑자사화를 주도한 인물이었다. 사화(士禍)는 '사림(士林)의 화'의 준말로서, 조선 중기때 신진사류(사림)들이 훈신, 척신들로부터 받은 정치적인 탄압을 뜻한다. 따라서 조선 중기 이후 실록을 기록하는 사관들은 거의 대부분 사림 출신이었기 때문에, 사화를 주도했던 유자광과 임사홍은 최악의 평가를 벗어날 수가 없었던 것이다.

무오사화의 역사적 배경

무오사화(戊午士禍)는 사건이 일어난 1498년이 무오년이었기에 무오사화라는 이름이 붙여졌지만, 조선왕조실록이라는 공식적 역사편찬의 기초자료가 되는 사초(史草)가 원인이 되었다고 해서, 다른 사화(士禍)들과는 달리, 선비 사(士) 대신 역사 사(史)를 넣어서 한자로 무오사화(戊午史禍)라고도 표기한다.

무오사화를 간략하게 정리하자면, 김일손 등 신진사류(사림)가 유자광을 중심으로 한 훈구파에 의해 화를 입은 사건이며, 그 중심에는 사초문제가 발단이 되었다. 무오사화를 좀 더 자세히 이해하기 위해서는 무오사화가 일어나기 전의 역사적 배경과 흐름을 살펴보는 것이 크게 도움이 된다.

조선은 성종대에 이르러 국가기본 법전인 '경국대전'과 국가기본 예법서인 '국조오례의' 반포 등, 유교문화를 중심으로 하는 국가 문물제도가 확립되었다. 오죽하면 임금의 묘호를 문물제도를 완성(成)했다는 뜻의 성종으로 했을까? 또한 성종은 원래 학문을 좋아했을

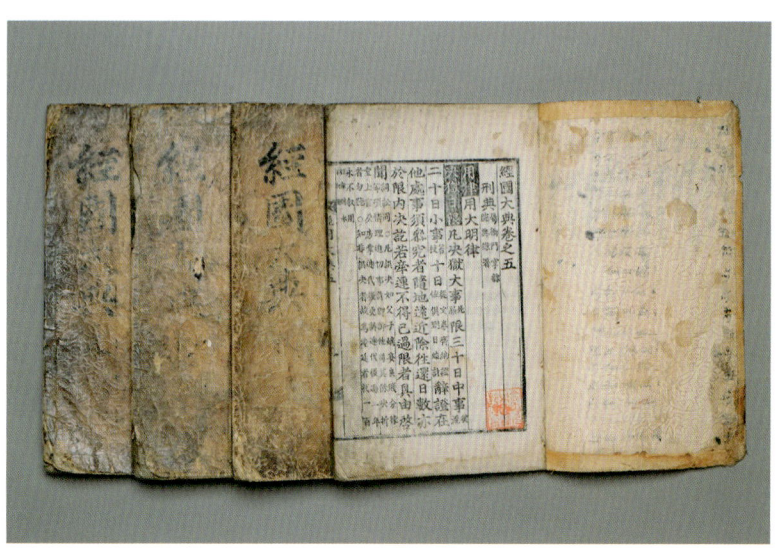
경국대전 [국립중앙박물관]

뿐 아니라, 당시 중앙정계를 독점하고 있던 훈구파 대신들을 견제하기 위해 사림을 등용하기 시작했다. 여기서 사림(士林)은 본래 지방에 근거지를 가지고 있는 중소지주 출신의 지식인으로, 공신들 위주의 훈구파가 장악하고 있던 중앙 정계에 진출하기보다는, 지방에서 자치기구인 유향소를 통하여 영향력을 행사해 오던 세력이었다.

이때 사림파로서 중용된 인물로는 '야은 길재'의 학통을 이어받은 '점필재 김종직'과 그의 제자들로서, '한훤당 김굉필, 일두 정여창, 우재 손중돈, 탁영 김일손' 등 영남출신의 신진사류가 주류를 이루었다. 왕의 후원을 업고 신진사류가 등장하자 기득권 세력이었던 훈구파는 위협을 느끼기 시작했다. 왜냐하면 사림파는 주로 언론계통인 삼사(사헌부, 사간원, 홍문관)를 중심으로 세력을 구축했고, 기득권 세력에 대해 날카로운 비판과 견제를 시작했기 때문이었다. 그런데 사림파의 문제점은 단지 훈구파만을 견제하는데 그치지 않고, 심지어 국왕에 대한 견제도 서슴지 않았다.

사림파는 스스로를 주자학의 정통적 계승자임을 자부하면서, 요순정치를 이상으로 하는 도학적 실천을 표방하고, 아울러 군자임을 자처했다. 그러면서 기득권 세력인 훈구파를, 불의에 가담해 권세를 잡고 사리사욕에 사로잡혀, 현상 유지에 급급한 보수적이고 고식적인 소인배로 규정하고 멸시, 배척하였다. 이에 대해 훈구파는 사림에 대해 자신들만이 고결하다고 스스로를 높이는 부류이며, 언어 행동이 경솔하고 신중하지 못한 야심배라고 지탄하며 배격하였는데, 이 두 세력은 매사에 대립하면서 그 갈등이 날로 심화되어, 드디어는 서로 타협할 수 없는 적대적 관계로까지 발전하였다.

연산군이 강력한 왕권을 원한 이유

한편 연산군의 아버지 성종은 비록 의경세자(덕종)의 적자였지만, 장남인 월산대군에 이은 차남이었고, 이는 '적장자 계승'이라는 유교적 일반론에 비추어 볼 때, 매우 이례적인 왕위 계승이었다. 하지만, 성종의 첫 번째 부인이 바로 권신 한명회의 넷째딸이었기 때문에, 한명회의 정치적 입김이 크게 작용해서 왕위에 오른 인물이었다. 따라서 성종은 왕위계승에 있어 훈구 대신들에게는 일종의 부채감이 있을 수 밖에 없었고, 그런 훈구파를 견제하기 위해 자신이 등용한 사림파 대간들에게는 너무 많은 견제권을 주다보니, 사림들은 훈구파 견제를 넘어서 왕권까지도 견제하기에 이르렀는데, 이러다보니 왕권이 신권에 밀리는 분위기 속에서 살았다.

하지만 연산군은 병약하거나 너무 어린 나이에 즉위했던 문종과 단종을 제외하면, 조선왕조 최초로 완벽하게 준비된 적장자로서 왕위에 오른 인물이라는 자부심이 대단했다. 따라서 아버지 성종과는 달리 신권이 감히 왕권을 넘어서려는 것을 결코 용납하지 않았고, 또한 신하들을 대하는 태도에도 거침이 없었다. 그렇지만 이미 성종 때의 습관에 익숙해져 있던 사림파 언론 담당 대간들은 연산군마저 성종처럼 길들이기에 나섰고, 그런 대간들의 공세적인 태도에 연산군은 분노의 수위를 점점 높이다가 드디어 폭발 시킨 것이 바로 무오사화다.

사림출신이면서 사관으로 활동했던 김일손은 유교적 대의명분을 중요시 여겼기 때문에, 그의 스승 김종직과 더불어 단종을 폐위, 살해하고 즉위한 세조의 불의를 탐탁하게 여기지 않았다. 또한 훈구파인 세조의 공신들을 멸시하는 한편, 대간의 직책을 이용해서 세조의 잘못을 지적하고, 세조의 공신을 제거하고자 계속 상소를 올려서 훈구파들을 자극하였다. 이에 앞서 김종직은 유자광이 남이 장군을 무고로 죽인 자라 하여 공개적으로 멸시하였는데, 이 일로 유자광은 김종직에 대해 개인적인 원한을 품고 있었다.

성종의 사후, 연산군은 이극돈 등에게 성종실록을 쓰도록 지시하자, 1차 기록인 사관들의 사초가 모였고, 그 중에는 김일손의 사초도 들어가 있었다. 그런데 무오년인 1498년 실록 편찬이 거의 마무리가 되어갈 즈음에, 실록의 편찬 책임자인 이극논은 심일손이 쓴 사초에 뭔가 이상한 것이 있음을 알게 되었다. 김일손의 사초에는 계유정난의 부당성을 암시하는 글뿐만 아니라, 일부는 세조와 왕실을 은근히 모독하는 글들도 있었던 것이다.

이 문제는 단순히 김일손 개인의 문제에 국한되는 것이 아니라, 성종실록을 편찬하는 자신들의 목숨도 위협할 수 있는 엄청난 것이었기에, 이극돈은 처음에는 연산군에게 보이지 않으려 했지만, 사태의 심각성으로 판단하건대 자칫 그냥 넘어갈 경우, 자신에게도 책임이 돌아올 것이라고 생각한 이극돈은 주위의 여러 사람들에게 어떻게 해야 할 지를 물었다. 그러자 대부분의 사람들은 크게 우려하는 수준에 그쳤지만, 마지막으로 물었던 유자광은 그 이야기를 듣자, "아니, 이 어찌 머뭇거릴 일입니까."라며 그 사실을 연산군에게 바로 알렸다.

조의제문은 유자광의 특종이었다

이처럼 유자광은 무오사화의 발생과 전개과정에서 핵심적인 역할을 했다. 당연히 연산군은 격노했고, 고향으로 낙향해 있던 김일손을 잡아와서 연산군이 직접 국문하기 시작했다. 그런데 국문 과정에서 김일손은 자신의 스승인 김종직이 단종의 일로 조의제문(弔義帝文)을 지어 분개했고, 그 때문에 김일손이 조의제문을 사초에 넣었다고 증언했다. 사실 조의제문은 처음부터 그렇게 주목받은 글이 아니었다. 워낙 내용도 어렵고 은유가 많아서, 도대체 김종직이 조의제문을 통해 무슨 소리를 하려고 한 것인지 한번에 알아본 사람이 거의 없었다.

하지만 김일손의 증언을 계기로 유자광은 조의제문 구문 하나하나를 꼼꼼히 해석하여, 연산군에게 조의제문의 숨은 뜻이 세조의 쿠데타(계유정난)를 비난하는 글임을 알렸고, 이에 연산군은 격노하면서 김종직의 제자들을 모두 역모죄로 잡아들이라고 명하면서 무오사화는 절정에 달했다. 연산군의 입장에서는 기껏 키워 놓은 사람들이 자신의 증조부인 세조를 모욕했을 뿐만 아니라, 자신에게까지 내려오는 왕위계승의 정통성을 흔드는 것이기에 당연히 대역죄로 다스려야 했다.

결론적으로 무오사화는 갑자사화와 달리, 연산군이 폭군이어서 일어난 일은 아니라고 볼 수 있다. 연산군이 아닌 그 어떤 다른 임금이 그 자리에 있었다 하더라도, 이 무오사화는 임금의 입장에서는 도저히 용납할 수 없는 일이었기 때문이다.

연산 4년(1498) 7월 15일
유자광이 조의제문을 지은 김종직을 논죄할 것을 청하다

유자광이 김종직의 조의제문(弔義帝文)을 구절마다 풀이해서 아뢰기를,

"이 사람이 감히 이러한 부도(不道)한 말을 했다니, 청컨대 법에 의하여 죄를 다스리시옵소서. 이 문집(文集) 및 판본을 다 불태워버리고 간행(刊行)한 사람까지 아울러 죄를 다스리시기를 청하옵니다."

하니, 전교하기를,

"어찌 이러한 마음 아픈 일이 있단 말이냐. …(중략)… 형장 심문을 하도록 하라." 하였다.

영추문 [西門]

청일전쟁의
서막을 열다

영추문을 통해 경복궁에 무단 침입한 일본군

　영추문(迎秋門 / 迎: 맞을 영, 秋: 가을 추, 門: 문 문)은 건춘문의 반대편에 있는 경복궁의 서문이다. 연추문(延秋門)이라고도 불렸는데 가을을 맞이하는 문이라는 뜻으로, 조선시대 문무백관들이 주로 출입했던 문이다. 왜냐하면 영추문의 안쪽이 궐내각사가 밀집한 외조구역이었기 때문이다. 영추문은 규모와 형태면에서는 맞은편에 있는 건춘문과 같은데, 광화문과 마찬가지로 석축을 쌓아 무지개모양의 홍예문(虹霓門)을 하나 만들고, 그 위에 단층의 문루를 올렸다. 이는 홍

영추문

예문이 3개이고 문루가 2층으로 된 광화문과 비교해서 격을 한단계 낮춘 것이다.

그런데 1894년 영추문에서 큰 일이 벌어졌다. 그 때의 실록 기사를 살펴보자.

고종 31년(1894) 6월 21일
일본 군사들이 새벽에 영추문으로 대궐에 난입하다
일본 군사들이 대궐로 들어왔다. 이날 새벽에 일본군 2개 대대가 영추문(迎秋門)으로 들어오자 시위 군사들이 총을 쏘면서 막았으나, 상(上, 임금)이 중지하라고 명하였다. 일본 군사들이 마침내 궁문을 지키고, 오후에는 각영(各營)에 이르러 무기를 회수하였다.

　　실록에 기록된 6월 21일은 음력이므로, 양력으로 환산하면 7월 23일이다. 이날 경복궁에는 도대체 무슨 일이 있었던 것일까? 이 날의 사건을 제대로 파악하기 위해서는 조금 더 시간을 거슬러 올라가야 한다.

　　19세기 후반 조선은 물밀듯이 밀려드는 외세로 인해 풍전등화와 같은 운명이었다. 청나라와 일본이 서구열강의 무력에 굴복해 강제로 개항되는 것을 지켜본 흥선대원군은 10년에 걸친 섭정기간동안, 외세의 개항압력에 대해 문을 꼭꼭 걸어 잠그는 극단적인 쇄국정책을 펴면서 버텼다. 당시 조정은 대원군의 정책을 따르는 쇄국 수구파와, 고종 및 중전 민씨 일족의 개화파로 양분되어 대립하는 상황이었다.

　　그러다가 즉위 10년만에 고종이 성인이 되면서 친정을 선포하자, 대원군은 더 이상 정권을 잡을 명분을 잃고 운현궁으로 은퇴하였고, 정권은 중전 민씨 일족을 중심으로 하는 개화파에게 넘어갔다. 그러나 개화파 내부에서도 민씨 정권과 함께 하는 점진적인 개혁노선을 지지하는 온건 개화파와, 민씨 정권까지도 타도의 대상으로 삼는 급진 개화파로 나눠지게 되었다. 한편 고종 역시 잠시동안은 쇄국정치를 지속했지만, 결국 1876년 군함 운요호 사건을 빌미로 한 일본에 의해 강화도조약을 맺고, 전면적인 개항을 하게 되었다.

중전 민씨를 제거하려 했던 임오군란

이때 민씨 정권은 일본의 후원을 등에 업고, 종래의 구식 군대조직을 축소개편하고, 대신 별기군이라는 신식군대를 창설했다. 하지만 조직이 급격히 축소된 구식 군인들은 자신들보다 월등히 좋은 대우를 받는 신식군대와 비교되면서, 급료까지 13개월이나 밀리자 불만이 고조되었다.

그러던 중 1882년에 밀린 1개월치 급료(쌀)를 받으러 선혜청에 갔던 구식 군인들은, 나눠주는 쌀의 분량이 정량의 절반밖에 되지 않을뿐더러, 그것마저 겨와 모래가 반쯤 섞여 있자, 분을 참지 못하고 폭동을 일으켰으니, 그것이 임오군란이다. 구식 군인들은 이 모든 것이 중전 민씨 일족과 일본의 지원으로 결론짓고, 민씨와 정적 관계에 있었던 대원군을 옹위하고, 중전 민씨를 제거하기 위해 궁궐로 난입해 왕비를 찾았다.

그러나 왕비는 궁녀의 옷으로 변장하고 궁궐을 빠져나와, 충주목사의 집으로 피신했다. 왕비를 찾지못한 구식군인들은 만나는 민씨 척신들을 모두 살해했고, 일본 공사관마저 습격하여 일본인 13명을 살해하였다. 일부 군인들은 끝까지 왕비의 처단을 주장했지만, 대원군은 왕비의 실종을 사망으로 간주하고, 국상을 공포하는 것으로 매듭지었다.

하지만 왕비의 국상이 강제로 진행되는 도중에 민씨 일족은 청나라에 도움을 요청했고, 이에 청나라는 종주국으로서 속방(屬邦)을 보호해야 한다는 명분으로 포장한 뒤, 지금까지 일본에 내주었던 조선에 대한 기득권을 되찾고자 3천명의 군대를 조선에 긴급 파병하여 난을 진압하고, 대원군을 납치한 뒤 톈진으로 강제 호송했으며, 이후 속국으로 선언한 조선의 내정에 간섭을 시작했다.

3일만에 무너진 쿠데타 - 갑신정변

　1882년의 임오군란은 수구적인 성향을 가진 민씨 정권과, 급진 개화파의 간격이 급격히 벌어지는 계기가 되었다. 민씨 정권은 외국 군대인 청나라군에 의지하여 정권유지를 꾀하는, 독립국가로서는 있을 수도 없는 비정상적인 행태를 보였고, 그에 반대하는 급진 개혁파에게는 정치적인 압력을 행사했다. 청나라는 1884년 베트남에서 벌어진 프랑스와의 전쟁으로 인해 조선에 주둔하던 병사 중 절반인 1,500명을 철수시키자, 급진 개화파는 이 시기를 놓치지 않고 쿠데타를 기도했다.

　다만 급진 개화파는 실질적인 자체 병력을 동원하기 어려웠던 탓에 일본 측에 도움을 요청했고, 일본 역시 청나라에 내준 기득권을 되찾기 위해 200명의 병력과 자금의 지원을 약속했다. 이에 김옥균을 중심으로 하는 급진 개화파는 우정국의 낙성식 축하연을 계기로 무장 쿠데타를 일으켜 정권을 잡았는데, 이를 갑신정변이라 부른다.

　하지만 조선에 주둔하고 있던 나머지 1,500명의 청나라 군대는 쿠데타 소식을 접하고, 급진 개화파와 고종이 머물고 있던 창덕궁으로 진격하여, 궁궐을 수비하던 조선군들을 격퇴시키고 궁궐안으로 진입했다. 이때 급진 개화파를 지원하기로 한 일본군은 전세가 밀리자, 약속을 뒤집고 그냥 철수해 버렸다. 이로써 갑신정변은 삼일천하로 허무하게 끝났고, 급진 개화파는 일부 해외로 망명한 경우를 제외하고는 민씨 정권에 의해 철저히 색출되어 피살되고 말았다.

1884년의 갑신정변이 실패한 후, 일본정부는 자국 공사관이 불타고 자국민이 희생된 책임을 조선정부에 묻는 한편, 청나라와는 조선에서 청일 양국군이 모두 철수하되, 장래 조선에 중대사건이 발생하여 어느 한쪽이 파병할 경우, 그 사실을 상대방에게 통보할 것을 내용으로 하는 텐진 조약을 체결하였다. 이 텐진 조약은 일본이 조선에 대한 파병권을 확보하게 해 주었고, 10년 후에 일어난 동학농민운동때 실제 일본이 파병하는 결정적 원인을 제공했다.

청일전쟁의 서막은 영추문에서부터

갑신정변으로부터 10년 후, 조선은 또 한번의 큰 소용돌이 속에 휩싸인다. 학정에 시달리던 농민들이 녹두장군 전봉준을 중심으로 무장 갑오농민운동(동학운동)을 전개하여, 급기야 전주성까지 점령해 버린 것이다. 민씨 정권에서는 농민군을 진압하기 위해 또다시 청나라에 파병을 요청했고, 텐진 조약에 의거하여 일본군까지 한반도에 파병된 것이다. 청일 양국군이 이 땅에 주둔하자, 농민군과 관군은 회담을 통해 화의를 약속하고 전투를 중단했다.

하지만 청일 양국군은 철수하지 않았고, 일본은 도리어 경복궁에 무단으로 침입하여, 단독으로 청에 파병요청을 한 민씨 정권을 몰아내고, 민씨 정권의 정적이었던 흥선대원군을 세워 꼭두각시 정권을 탄생시켰다. 그러나 흥선대원군이 자신의 독단적인 정치적 야망을 고집하며 일본에 고분고분하지 않자, 일본은 곧바로 흥선대원군의 꼭두각시 정권까지 강제로 퇴진시키고, 김홍집 내각을 앞장 세워 친일정권을 세웠다. 이 친일정권이 일본의 영향력 아래 일련의 개혁조치를 취하게 되니, 이것이 바로 갑오개혁이다.

　1894년(고종 31) 6월 21일의 실록 기사는 일본군이 경복궁에 무단으로 침입하여, 흥선대원군의 꼭두각시 정권을 세운, 바로 그 사건을 기록하고 있다. 이날 조선 군대를 무장해제시킨 일본군은 이틀 뒤인 6월 23일(양력 7월 25일)에는 아산에 주둔하고 있던 청나라 군대를 공격하여, 본격적인 청일전쟁이 시작되었고, 결과는 일본의 완승으로 끝났다.

신무문 [北門]

조광조의 몰락을 지켜보다

충성맹세는 신무문 밖에서

신무문(神武門 / 神: 귀신 신, 武: 무인 무, 門: 문 문)은 경복궁의 북문이다. 신무라는 이름은 사신도 중에서도 북쪽을 담당하는 현무에서 따 온 것이며, '신묘한 현무'라는 뜻인데, 실제 신무문의 천장에는 현무가 그려져 있다. 음양오행론에서 북쪽은 음기가 강하다고 하여 평소에는 굳게 닫아두었다가, 비상시 또는 왕의 비밀 행차 때나 사용하였는데, 규모와 형태는 건춘문, 영추문과 같다.

실록에서 신무문이 몇 번 등장하는데, 일단 아래 중종실록 기사를 먼저 살펴보자.

중종 1년(1506) 10월 19일
단소에서 회맹제를 지내다
해시(亥時)에 상(上, 임금)이 신무문(神武門)을 나서 단소(壇所)에 나아가 회맹제(會盟祭) 지내기를 예(禮)대로 하고 4경(更)에 환궁하였다.

신무문 밖에는 회맹제를 지내던 회맹단이 있었다. 회맹제는 임금이 공신들과 산 짐승을 잡아 하늘에 제사 지내고, 그 피를 서로 나누어 마시며 단결을 맹세하던 의식인데, 원래 고대 중국의 회맹의식에서 비롯된 것이다. 회맹이란 원래 제후국들 간에 국방, 전쟁, 제후위(位) 계승 등 국가 명운을 좌우할 만한 중대 현안과 관련되어 체결된 맹약을 가리킨다.

그런데 춘추시대에, 점차 퇴색해가는 주나라 왕(천자)의 존엄과 권위를 대신하여, 일반 제후들보다는 우위를 점하면서 춘추시대의 수많은 제후국들 간의 분쟁과 대립을 조정하고, 회맹 또는 그에 반대하는 반맹에 의한 국제 질서를 주도한 이들을 일컬어, 패자(覇者)라고 불렀다. 현재에도 '패권을 잡다, 패기가 넘치다, 3연패의 위업을 달성하다' 등의 표현 속에 그 흔적이 남아있는데, 춘추 오패는 춘추시대를 통틀어 가장 강력한 힘을 행사한 5명의 군주를 가리키며, 제(齊)나라의 환공(桓公), 진(晉)나라의 문공(文公), 초(楚)나라의 장왕(莊王), 오(吳)나라의 부차(夫差), 월(越)나라의 구천(勾踐)을 꼽는다.

신무문

기묘사화는 신무문에서 시작되었다

한편 신무문과 관련된 유명한 역사적 사실이 하나 더 있다. 바로 중종때 발생한 기묘사화인데, 신무문에서 시작되었다 하여 '신무의 난' 또는 '북문지화(北門之禍)'로 칭해지기도 한다.

중종 39년(1544) 4월 7일
기묘사화에 대한 홍문관 부제학 송세형 등의 상소문
…(전략)… 이 비어(飛語)가 상(上)께 들어가고, 또한 조광조 등은 논계하여 정국공신 중에 외람하게 끼인 사람들을 추탈하였으며, 또 환관들로 하여금 처첩을 두지 못하도록 하려고 하므로 이 때문에 내부와 외부가 서로 결탁하게 되고 성상의 총애도 이미 변했었는데, 남곤 등이 알아차리고서 홍경주 등과 더불어 밤에 신무문(神武門)을 열고 대궐에 외쳐 대어 입대하기 청하여 고변하기를,
조광조 등이 공사(公事)를 핑계하여 사욕을 채우기 위해 헌장을 변란하고, 동류들과 결탁하여 종사(宗社)를 위태롭게 하고자 한다고 했다.
상이 크게 놀라 조광조 등을 모조리 불러들여 대궐 뜰에서 박살하려고 했었는데, 정광필이 머리를 조아리며 극력 간함을 힘입어 정지되고, 조광조 이하를 차등 있게 귀양 보내거나 죽였다. …(후략)

기묘사화를 간단히 요약하자면, 연산군 축출 이후 조광조를 중심

으로 중앙정계에 진출했던 진보적 신진 사림파들이, 훈구파에 의해 다시 한번 정계에서 숙청된 사건이다.

반정을 통해 왕위에 오른 중종은 재위 초기에는 반정공신들의 권세에 기가 죽어 있었다. 반정공신들은 권력을 장악하여 세력을 무한대로 확장했는데, 이들 공신들의 머릿속에는 연산군 폐출 경험으로 인하여 앞으로도 '유사시에는 신하들이 왕을 선택할 수도 있다'라는 사상이 은연 중에 깔려있어서, 왕권을 얕보는 수준에까지 이르렀다. 따라서 훈구파 공신세력을 적절히 견제할 필요성을 느꼈던 중종은, 새로운 대안 세력으로 연산군 때 쫓겨난 신진사림들을 다시 기용했고, 대의명분과 도(道)를 가장 존중하는 성리학을 크게 장려하였다. 이때 발탁된 사람이 '정암 조광조'였다.

그러나 조광조는 현실은 무시한 채 너무나도 혁신적인 정치를 일방적으로 추진하는 과정에서, 기득권 세력인 훈구파 공신들을 모두 적으로 만드는 우를 범했고, 임금까지도 질릴 정도로 과도하게 밀어붙였다. 당시의 훈구파 재상으로 조광조 일파의 탄핵을 받지 않은 사람은 거의 없었으며, 특히 반정의 정국공신 가운데 공신으로서의 자격이 없는 사람을 가려내어, 전체 공신의 4분의 3에 해당하는 76명의 공신 작호를 박탈하자고 건의하는 위훈삭제 사건에서 정점을 이루자, 훈구파들은 더 이상 참지 못하고 조직적으로 음모를 꾸며 조광조 일파를 숙청하게 되었다. 이때 등장하는 유명한 에피소드가 바로 주초위왕(走肖爲王) 사건이다.

주초위왕 사건은 꾸며낸 이야기다

훈구파 공신세력은 평소 친분이 있던 후궁들과 연합하여, 궁궐 나인들을 시켜 궁궐 안팎의 나뭇잎에 꿀로 주초위왕(走肖爲王, 주초가 왕이 되려 한다는 뜻)이라는 네 글자를 써서 벌레가 파먹게 하고, 이것이 묘하게 글자로 남은 것을 중종에게 보여 큰 충격을 주었다고 한다. 여기서 주초(走肖)는 조(趙)의 파자에 해당하기 때문에, 이는 은연 중에 조광조가 왕위에 오른다는 뜻이었다.

하지만 주초위왕 사건은 그다지 설득력이 없다. 여러번 같은 실험을 해 봤는데 벌레들이 꿀이 있는 부분만 먹는 경우는 없었다고 한다. 따라서 주초위왕 사건은 조광조를 숙청하기 위해 꾸며낸 이야기에 불과하다고 할 수 있겠다. 또한 기묘사화의 진행과정을 보면 조광조에게 사형을 강하게 주장한 사람은, 의외로 훈구파 공신들이 아니라 중종 자신이었다. 훈구파 공신들은 조광조를 그냥 귀양 보내는 정도로 하자고 했으나, 끝내 사형을 주장해 집행한 것은 중종의 의지였다.

그렇다면 기묘사화의 진짜 원인은 무엇이었을까? 이는 중종이 직접 밝히지 않아서 현재로서는 추측할 수 밖에 없는 사항이다. 유력한 가설 중의 하나는 중종이 처음부터 조광조를 훈구파 공신들을 견제할 목적으로 기용했으며, 목적을 달성한 이후에는 이른바 토사구팽을 했다는 것이다.

또 다른 가설은 중종이 모욕감을 느낄 정도로 조광조가 중종을 심하게 몰아붙였다는 것이다. 특히 조광조는 왕실에서 전통적으로 중요시 여겨왔던 도교계통의 제사 시설인 소격서의 철폐를 강력하게 주장했는데, 성리학적인 관점에서 명분이 부족했던 중종이 토론에서 밀리자, 심지어 선대왕이셨던 세종께서도 소격서를 철폐하지 않으셨다고 반론을 펼쳤는데, 조광조는 그것이야말로 아무리 세종이라도 잘못한 것이며, 더 이상 핑계대지 말라고 중종에게 면박을 주었던 것이다.

중종 13년(1518) 8월 28일
소격서의 혁파가 어려움을 홍문관에 전교하다
홍문관에 전교하기를,
"소격서는 그 유래가 오래되었다. 아조(我朝)의 세종과 성종께서 태평의 정치를 이룬 것은 본디 우연한 것이 아닌데도 오히려 혁파하지 않으셨으며, 이는 지금 창설한 것이 아니니 혁파하는 것은 마땅하지 않다." 하매, 조광조 등이 재차 아뢰기를, "가령 세종, 성종께서 대성(大聖)이라 하더라도 이 소격서를 혁파하지 않으신 것은 큰 잘못입니다. 지금 만약 세종, 성종께서 혁파하지 않으신 것이라 하여 끝내 혁파하지 못하시면, 뒤를 잇는 자손도 반드시 성상을 핑계하여 말할 것이니, 유행하는 폐단이 오늘날보다 더 심할 것입니다." 하였다.

세 번째 가설은 조광조의 세력이 점점 커지자, 신권의 지나친 강화를 우려한 중종이 사전에 미리 손을 본 것이라는 설이다.

동십자각
[闕의 흔적]

서십자각은
어디로
갔을까?

동십자각은 서십자각과 더불어 대칭 구조였다

앞의 궁성 부분에서도 잠깐 설명이 되었지만, 동십자각은 경복궁 남동쪽 모서리에 위치한 망루였다. 일제강점기 때 경복궁 앞에 조선총독부 건물을 지으면서 궁성을 철거할 당시, 양날개의 담장을 모두 잃어버려서 지금과 같이 길 한복판에 섬처럼 남게 되었다. 원래는 경복궁 남쪽 담장의 양 끝단이 동쪽과 서쪽으로 꺾어지는 모서리 부분에, 같은 규모의 서십자각과 더불어 대칭 구조로 만들어졌었는데, 서십자각은 현재 완전히 없어졌다. 이런 구조에 대한 언급이 세종실

1890년대 경복궁 전경 (표시 부분 – 서십자각)

록에 잠시 보인다.

> 세종 9년(1427) 3월 21일
> 경복궁 성 위의 동서 십자각을 철거하다
> 경복궁 성 위의 동서 십자각(十字閣)을 철거했으니, 기울어져 위태하고 또 쓸데없기 때문이었다.

그런데 고종 때 경복궁이 복원되면서 동서 십자각은 다시 만들어졌는데, 동십자각에는 훈련도감의 일부조직이 위치하고 있었던 모양으로 그런 사실이 고종실록에 실려 있다.

고종 3년(1866) 3월 6일

훈련도감의 임시건물 800칸이 불타다

"동십자각(東十字閣)에 있는 훈련도감의 가건물에 불이 나서 가건물 800여 칸과 목재가 모두 불에 타버렸습니다. 해당 입직 당상을 견파(譴罷)하고, 원역(員役) 및 수직군병(守直軍兵)을 엄하게 형신(刑訊)하고서 정배(定配)하는 것이 어떻겠습니까?" 하니, 윤허하였다. 입직 당상인 훈련대장 임태영을 파직하였다가 얼마 뒤에 용서하였다.

동십자각에 있던 훈련도감은 어떤 조직일까? 이를 위해서는 조선의 군사편제를 알아야한다.

훈련도감은 직업군인으로 구성된 유일한 중앙 군영이었다

조선의 군사편제는 크게 중앙군과 지방군으로 나눌 수 있다. 시대에 따라 변동은 있었지만 대체적으로 조선 초기에는 중앙군은 5위 체제로, 지방군은 진관 체제 및 제승방략제〔통제해서 승리하는 방법과 전략〕로 운영이 되었다.

5위〔중위, 좌위, 우위, 전위, 후위〕는 5위도총부의 지휘아래 궁궐수비와 수도 한양의 방비를 담당했고, 지방군은 각 도에 설치된 병영(兵營)과 수영(水營)이 있어서, 병마절도사(약칭 병사)와 수군절도사(약칭 수사)가 각각 육군과 수군을 통할하였다.

그런데 이런 군사조직은 임진왜란을 겪으면서 완전히 붕괴되었다. 이에 따라 조선조정에서는 군사제도를 개혁하게 되는데, 중앙군은 5위 체제에서 5군영 체제로, 그리고 지방군은 속오군 체제로 탈바꿈하게 되었다.

이때 중앙 5군영 중에서 가장 먼저 생겨난 것이 훈련도감이다. 특히 훈련도감은 임진왜란 때의 경험을 되살려 조총병 위주로 편성되었는데, 포수(조총수), 사수(궁수), 살수(도검수)로 이루어진 삼수병을 훈련시켰다. 재미있는 것은 훈련도감 설치 초기에, 궁궐 각 문의 수문장들을 모두 훈련도감으로 편입시키고, 그들로서 사수 한 부대를 별도로 편성했다는 사실이다.

선조 27년(1594) 6월 27일
훈련도감이 수문장을 도감에 소속시켜 조련시킬 것을 아뢰다
훈련도감(訓鍊都監)이 아뢰기를,

"포수는 당초에 도감을 설치하여 훈련시켰고, 그 뒤에 또 의용대를 설치하여 창검을 연습시키고 이름을 살수라 하였는데, 몇 달 사이에 제법 그 효과가 있었습니다. …(중략)…
수문장들은 그 수효가 매우 많으니 각 문의 파수를 제외한 나머지는 다 도감에 소속시켜 다른 자들과 마찬가지로 조련시킨다면 이익이 있을 듯합니다. 포수와 살수는 마땅히 그들의 장점과 소원에 따라 연습을 시키야겠지만 수문장은 다 활쏘기를 배운 사람이니 강제로 그 전업(專業)을 버리고 따로 다른 기술을 배우게 해서는 안 됩니다. 의당 사수(射手) 한 부대를 만들어서 대장을 정하고 부대를 나누어 항상 활쏘기를 익히게 해야 하되 등수를 가려 상벌을 내리기를 포수의 예와 같이

하소서." 하니, 전교하기를,
"매우 타당하다. 착실히 시행하도록 하라." 하였다.

훈련도감이 다른 군영과 비교했을 때 가장 차이나는 부분은 전원이 장번급료병, 즉 장기근속의 직업군인으로 이루어졌다는 것이다. 기본적으로 조선의 군대는 양인개병(良人皆兵)과 병농일치(兵農一致)를 원칙으로 하였다. 즉, 16세에서 60세에 이르는 양인(良人) 장정들은 누구나 군역을 부담하여, 현역군인인 정병(正兵)이 되거나 군인의 비용을 충당하는 보인(保人)이 되어야 했고, 또한 지정된 기간동안 번상군(番上軍)이 되어 군에서 복무한 뒤, 기간을 채우면 하번군(下番軍)이 되어 귀향하여 본업인 농업을 계속하였다.

그런데 훈련도감은 교대없이 계속 근무했으며, 1인당 1개월에 쌀 여섯 말의 급료를 받았다. 그런 이유로 인해 훈련도감은 중앙군영 가운데에서도 최고 정예병력을 보유할 수 있게 되었다. 이러다보니 훈련도감의 구성원은 유생이나 한량으로부터 공노비, 사노비와 승려에 이르기까지 신분적으로 다양했다. 또한 입대자의 대다수는 생계형이었고, 특히 정부가 전공을 세운 자에게는 면천 등의 특혜를 주었기에 신분 상승을 노리고 입대한 자들도 꽤 있었다.

한때 국가재정의 부실화로 인해 급료지급이 제대로 되지 않자 도망병들이 많아져서 존립이 어려워지기도 했지만, 훈련도감의 삼수병을 위해 삼수미세(三手米稅)라는 특별 세금을 걷어 경제적인 기반이 마련된 뒤로는 안정적으로 운영되어서, 대체로 5,000명 안팎의 인원을 유지하였다. 하지만 이렇게 잘 운영되던 훈련도감도 1881년

(고종 18)에 군제 개혁으로 별기군(別技軍)이 설치되어 신식 군대 조직이 이루어지자, 그 이듬해 임오군란을 거치면서 결국 폐지되었다.

선조 26년(1593) 8월 19일
훈련도감 설치에 대해 의논하라 전교하다
비망기(備忘記)로 전교하였다.

"오늘의 적세(賊勢)가 매우 염려되는데 전부터 일을 처리하는 것이 이완(弛緩)되어 적의 난리를 겪는 2년 동안 군사 한 명을 훈련시키거나 기계 하나를 수리한 것이 없이, 중국군 만을 바라보며 적이 제 발로 물러가기만을 기다렸으니 불가하지 않겠는가. 전일에 군대를 훈련시킬 것으로 전교하였으나 내 말이 시행될 수 없었다.

그러나 이처럼 세월만 보내면서 망할 때만을 기다리고 있어서는 안 될 것 같다. 이제 산릉도감도 이미 일이 다 끝났으니, 나의 생각에는 따로 훈련도감을 설치하여 합당한 인원을 차출해서 장정을 뽑아 날마다 활을 익히기도 하고, 포를 쏘기도 하여, 모든 무예를 훈련시키도록 하고 싶으니, 의논하여 처리하라."

조원
외일

흥례문 [中門]

원래 이름은
흥례문

흥례문의 원래 이름은 홍례문이었다

흥례문(興禮門 / 興: 일 흥, 일으키다. 禮: 예도 례. 門: 문 문)은 경복궁의 정문 '광화문'과 법전(法殿)인 근정전의 정문 '근정문' 사이에 있는 중문이다. 원래는 1426년(세종 8)에 집현전에서 '예(禮)를 널리 편다'는 뜻의 홍례문(弘禮門)으로 이름을 지어 올렸는데, 1867년(고종 4) 경복궁을 중건하면서 청나라 황제 건륭제의 휘 홍력(弘曆)을 피하여, 지금의 흥례문으로 이름을 바꾸었다.

흥례문

태조 4년(1395) 9월 29일

그 규모와 구성 및 배치 상황

이달에 대묘(大廟)와 새 궁궐이 준공되었다. …(중략)… 정전(正殿)은 5간으로 조회를 받는 곳으로 보평청의 남쪽에 있다. 상하층의 월대(越臺)가 있는데, …(중략)… 전문(殿門) 3간은 전(殿)의 남쪽에 있고, 좌우 행랑 각각 11간과 동(東)·서각루(西角樓) 각각 2간과 오문(午門) 3간은 전문(殿門)의 남쪽에 있다. 동서의 행랑은 각각 17간씩이며, 수각(水閣)이 3간, 뜰 가운데에 석교(石橋)가 있으니 도랑물 흐르는 곳이다.

위의 실록기사로 보아 흥례문은 궁성이 만들어지기 전, 궁궐의 전각들만 만들어졌을 때 이미 만들어져 있었고, 이름은 오문(午門)이라고 했다. 왜냐하면 전문(殿門, 근정문)의 남쪽이며, 뜰 가운데 석교와 도랑물이 흐르는 곳은 오늘날의 홍례문 안쪽 뜰이기 때문이다.

따서 홍례문은 광화문보다도 먼저 만들어졌고, 이 홍례문이 잠시동안 이나마 경복궁의 정문 역할을 했음을 알 수 있다. 그런데 이 홍례문의 옛 이름인 오문(午門, 정남쪽 방향의 문이라는 뜻)은 곧 새 이름이 붙여지는데, 다름아닌 정문(正門)이다. 그리고 이 정문(正門)은 또다시 1426년(세종 8)에 홍례문(弘禮門)으로 바뀐다.

태조 4년(1395) 10월 7일
판삼사사 정도전에게 새 궁궐 전각의 이름을 짓게 하다
판삼사사 정도전에게 분부하여 새 궁궐의 여러 전각의 이름을 짓게 하니, 정도전이 이름을 짓고 아울러 이름 지은 의의를 써서 올렸다. 새 궁궐을 경복궁(景福宮)이라 하고,
…(중략)…
그 정문(正門)에 대해서 말하오면, 천자와 제후가 그 권세는 비록 다르다 하나, 그 남쪽을 향해 앉아서 정치하는 것은 모두 정(正)을 근본으로 함이니, 대체로 그 이치는 한가지입니다. 고전을 상고한다면 천자의 문(門)을 단문(端門)이라 하니, 단(端)이란 바르다(正)는 것입니다. 이제 오문(午門=남문)을 정문(正門)이라 함은 명령과 정교(政敎)가 다 이 문으로부터 나가게 되니, 살펴보고 윤허하신 뒤에 나가게 되면, 참소하는 말이 돌지 못하고, 속여서 꾸미는 말이 의탁할 곳이 없을 것이

근정전 전경

며, 임금께 아뢰는 것과 명령을 받드는 것이 반드시 이 문으로 들어와 윤허하신 뒤에 들이시면, 사특한 일이 나올 수 없고 공로(功緒)를 상고할 수 있을 것입니다. '문을' 닫아서 이상한 말과 기이하고 사특한 백성을 끊게 하시고, 열어서 사방의 어진 이를 오도록 하는 것이 정(正)의 큰 것입니다.

흔히 임금이 나라의 정치를 신하들과 의논하거나 집행하는 곳을 조정(朝廷)이라고 하는데, 지리적인 의미에서 궁궐 내의 조정이라고 하면 대체로 품계석이 서 있는 법전의 앞마당을 뜻하며, 이를 전정(殿庭)이라고 한다. 하지만 행사가 매우 크다 보면 전정을 꽉 채우고도 공간이 부족하게 되며, 이 때는 조정영역이 확대된다. 아래 세종

경복궁 실록으로 읽다
외조 일원

실록에 그런 대목이 나와있다.

세종 12년(1430) 윤12월 23일
예조에서 정조(正朝)에 왕세자의 조하 받는 의식에 대해 아뢰다
…(전략)… 전의(典儀)는 문관(文官) 1품 이하의 자리를 전정(殿庭)의 길 동쪽에 설치하고, 종실(宗室)과 무관(武官) 1품 이하의 자리를 길 서쪽에 설치하되 관등(官等)마다 자리를 달리 하며, 겹줄로 하여 북향 되게 하고, 우두머리가 서로 마주보게 한다. …(중략)…

봉례랑〔조회, 의례 등의 일을 관장하던 각 문(閤門)의 종6품직〕은 홍례문(弘禮門) 안에다 문밖 자리〔內外位〕를 설치한다. 문관(文官)은 길 동쪽으로, 종실(宗室)과 무관(武官)은 길 서쪽에다 있게 하되, 관등(官等)마다 자리를 달리 겹줄로 서로 마주보게 하고, 북쪽을 위가 되게 한다. …(후략)…

위의 실록 기사를 보면 1품 이하의 고관들은 모두 전정(殿庭)에 위치를 한다. 하지만 품계가 낮은 관리들은 전정에 들어가지 못하고, 근정문과 홍례문 사이의 공간에 자리가 배치되었다. 이곳을 바깥조정이라고 불렀다. 그런데 조정에서 벌어지는 행사의 송류〔조하, 조참, 상참 등〕나 규모에 따라서 자리배치가 달라졌는데, 이 때문에 시간이 흐르면서 혼란이 생긴 것 같다. 그래서 정조임금은 아예 법전의 뜰에 품계석을 세움으로써 이런 헷갈리는 상황을 깨끗하게 정리했다. 아래 정조실록에서 관련 내용을 확인할 수 있다.

정조 1년(1777) 9월 6일
인정전 뜰에 품계석을 세우다
인정전 뜰에 품계석(品階石)을 세웠다. 조하(朝賀) 때의 반차(班次)가 매양 문란해졌으므로, 품계에 따라 돌을 세워 반열(班列)의 줄을 정하도록 명한 것이다.

해괴한 일이 있을 때 지내던 제사 – 해괴제

한편 해괴제에 대한 기록에도 홍례문이 등장한다. 해괴제는 조선시대에 천재지변이나 나라에서 이상한 일이 일어났을 경우에 지내던 제사인데, 주로 궁중 용마루 위에서 부엉이가 울거나, 절의 불상이 땀을 흘리거나 하는 등의 흔치 않은 일이 있을 때에 지냈다.

세종 16년(1434) 7월 24일
부엉이가 건춘문과 홍례문에서 우니 해괴제를 행하다
밤에 부엉이가 건춘문과 홍례문에서 우니, 해괴제(解怪祭)를 행하였다. 임금이 말하기를,
"내가 부엉이를 다 잡고자 하는데, 어떻게 잡을 것인가." 하니, 안숭선이 아뢰기를,
"내금위(內禁衛)를 보내어, 산직이로 하여금 부엉이 있는 곳을 지시하게 하여 잡는 것이 가하옵니다." 하니, 그대로 따랐다.

세조 2년(1456) 1월 9일
서운관에서 부엉이가 울었음을 아뢰니

이후로는 아뢰지 말도록 명하다
서운관(書雲觀)에서 아뢰기를,
"이달 초7일 밤에 부엉이가 홍례문 서루에서 울었습니다."
하니, 임금이 말하기를,
"금후로는 만약 부엉이가 울어도 아뢰지 말라." 하였다.

조선시대에 해괴제를 지낸 사유를 보면 대부분이 '지진, 바다의 적조현상, 해일, 낙뢰사고' 등 천재지변이 많고, 드물게는 기형동물의 탄생, 메뚜기떼 등이 보고되고 있다.

태종 2년 1월 1일
동북면 길주의 돌이 우니 사람을 보내 해괴제를 지내다

태종 5년 4월 19일
삼사동 구리정(求利井)에서 4일 동안
맷돌 가는 소리가 나서 해괴제를 지내다

태종 13년 7월 27일
전라도와 경상도의 여러 곳에 바다물이 붉어져 해괴제를 지내다

태종 14년 8월 20일
경상도 진해현 마전포에 바닷물이
변하고 고기가 죽으니 해괴제를 지내다

세종 19년 6월 24일
강제로의 집에서 암탉이 수컷으로 바뀌어 해괴제를 지내다

세종 19년 7월 12일
경상도 창녕현에 소가 기형적인 송아지를
낳아서 해괴제를 지내다

세종 23년 8월 7일
최자타 등이 벼락맞아 해괴제를 지내다

문종 2년 2월 16일
함길도 용진현에 운석이 떨어져 해괴제를 지내게 하다

단종 즉위년 6월 3일
충청도 보령, 해미, 결성, 서산에 지진이 나니 해괴제를 행하다

세조 1년 윤6월 15일
경상도 의성현 사람 김을녀가 벼락에 맞아 죽으니,
해괴제를 행하다

성종 12년 9월 16일
경상도 안음현과 거창현에 지진이 일어나 해괴제를 지내게 하다

중종 8년 10월 22일
벼락맞은 건원릉에 좌의정 송일을 보내어 해괴제를 지내게 하다

현종 9년 6월 23일
평안도에 해일이 일고 지진이 일어나다. 해괴제를 지내도록 하다

숙종 5년 6월 4일
양주 등에서 황충(메뚜기떼)이 일어나다. 해괴제를 지내도록 하다

영제교 [禁川橋]

풍수지리의 상징물

심지어 중국의 자금성에도 금천교가 있다

　영제교(永濟橋 / 永: 길 영, 濟: 건널 제, 구제하다, 도움이 되다, 橋: 다리 교)는 경복궁 안의 경회루 연못에서 흘러 나와, 근정문과 홍례문 사이를 통과한 뒤, 동십자각 옆의 수구(水口)로 빠져나가, 삼청동천과 합류하는 물줄기에 있던 돌다리로, 위치는 홍례문과 근정문을 잇는 직선 위에 놓여 있다.

　대체로 궁궐 안에 있는 어구(御溝, 대궐 안에서 흘러나오는 개천)를 금천(禁川)이라고 하고, 그 위에 놓인 다리를 일반적으로 금천교(禁川橋)라

경복궁 실록으로 읽다
외조 일원

영제교에서 본 근정문

고 불렀는데, 특별히 경복궁의 금천교는 영제교(永濟橋), 창덕궁의 금천교는 비단 금자를 쓰는 금천교(錦川橋), 창경궁의 금천교는 옥천교(玉川橋)라고 하여 별도의 이름을 붙였다. 영제교는 영원토록 제도(濟度)하는, 즉 도움을 주는 다리라는 뜻이다.

그러고보니 모든 궁궐은 예외없이 반드시 돌다리를 건너간다. 주례고공기를 포함하여 궁궐건축에 관한 어느 자료를 다 뒤져봐도, 궁궐에 들어갈 때 금천을 지나가는 돌다리를 건너라는 부분은 찾을 수 없다. 그럼에도 불구하고 심지어 중국의 자금성까지도 궁궐의 법전 앞쪽을 가로지르는 금천과 금천교가 있다. 이는 어떤 연유에서 일까? 세종실록에 답이 있으니 살펴보자.

창덕궁의 금천교(錦川橋)

세종 15년(1433) 7월 21일
황희, 맹사성, 권진 등을 불러 강녕전, 경회루, 역상 등에 관해 논의하다

…(전략)… "근자에 글을 올리어 (풍수)지리를 배척하는 사람이 더러 있으나, 우리 조종께서 지리로서 수도를 여기다 정하셨으니 그 자손으로서 쓰지 않을 수 없다.
정인지는 유학자인데, 역시 지리를 쓰지 않는 것은 매우 근거 없는 일이라고 말하였고, 나도 생각하기를 지리의 말을 쓰지 않으려면 몰라도, 만일 부득이하여 쓰게 된다면 마땅히 지리의 학설을 따라야 할 것인데, 지리하는 자의 말에, '지금 경복궁 명당에 물이 없다'고 하니, 내가 궁성의 동서편과 내사

복시(內司僕寺)의 북지(北地) 등처에 못을 파고 도랑을 내어서 영제교(永濟橋)의 흐르는 물을 끌고자 하는데 어떻겠는가." 하니, 모두 아뢰기를, "좋습니다." 하였다.

역대 조선왕들은 풍수지리의 신봉자들이었다

실록을 살펴보면 풍수지리논쟁이 많이 눈에 띈다. 특히 경복궁의 위치선정과 관련한 풍수지리논쟁은 매우 뜨거웠고, 심지어 지금까지도 인구에 회자되고 있을 정도다. 성리학에 충실했던 조선의 유학자들은 유독 풍수지리에 대해서 만큼은 이율배반적인 자세를 취해 왔다. 즉 겉으로는 풍수지리를 이단시 또는 금기시 했지만, 왕릉의 길지선정을 통한 포상이나 특별 승진 등과 같이 풍수지리를 통해 현실적인 정치적 이득이 있었기 때문에, 속으로는 풍수지리 공부를 게을리하지 않았던 것으로 보인다.

게다가 조선의 역대 왕들은 풍수지리를 매우 신봉했고, 심지어 정조는 자신의 개인 문집인 '홍재전서' 권57 속에서 풍수지리를 자세히 기술하고 있는데, 풍수지리를 공부하는 사람들의 필독서이기도 하다. 여기서 세종 때의 대표적인 풍수논쟁 하나를 실록을 통해 살펴보자. 비록 내용이 길더라도 찬찬히 읽어보면, 풍수지리에 관한 조선왕들의 공식입장을 충분히 이해할 수 있을 것이다.

세종 15년(1433) 7월 15일
예조 좌참판 권도(權蹈)가 양선(揚善)이 올린 글이
허황하고 망령됨을 상언하다

예조 좌참판 권도(權蹈)가 상언(上言)하기를,
"가만히 생각하옵건대, 주공과 공자는 큰 성인이옵니다. 예악을 제작하여 만대에 표본을 전해 준 분은 주공이요, 옛 것을 계승하고 내세를 개발하여 만대에 교화를 전해 준 분은 공자입니다. 그러므로 정치를 하는 데에 주공과 공자를 본받지 않아서는 옳게 될 수가 없사옵니다.
이제 최양선(崔揚善)의 글 올린 일[경복궁 명당논쟁]은 신이 그 상세한 것을 알지 못하오나 사람들의 말을 듣잡건대, 승문원자리[계동 현대사옥 뒤편 주차장자리]를 나라의 명당이라 하고, 경복궁은 명당이 아니니 불가불 궁궐을 새로 지어야 하며, 그리고 보통 사람이 그런 곳[승문원자리]에 살게 되면 땅 기운의 엉긴 소치로 인해 혹시 호걸이 나더라도 나라의 이익이 아니라 하였습니다.
이에 주상께서 대신에게 명하시어 살펴보게 하시고, 또 집현전에 명하시어 지리서를 참고하여 자문에 대비하게 하시니, 신은 풍수의 학설이 어떤 사람에게서 나왔는지 알지 못하오나, 그 길하고 흉함이 과연 풍수가 말한 바와 같고, 국가의 이해에 관계됨이 그렇게 중대하다면, 옛날 나라를 근심하고 세상을 걱정하는 지극한 마음을 가지셨던 주공과 공자께서 어찌 지리(즉, 풍수지리)에 대해 한마디도 언급이 없었사옵니까." …(중략)…

임금이 사정전(思政殿)에 나와서 안숭선과 김종서를 불러보고 말하기를, …(중략)…

"지리의 서적이 정통인 경서가 아니어서 간혹 허황하고 망령됨이 있지마는 아주 버릴 수는 없는 것이다. 옛 사람들이 곽박(풍수 최고의 경전 중 하나인 장경(葬經)의 저자)을 가지고 지리를 전공하는 자로서 땅을 가리어 어미를 장사 지내고도 도리어 몸을 망치는 화액이 있었으므로 허황하다고 지목하지만〔즉 명당에 부모를 장사 지냈는데도 화를 당했으므로 풍수는 허황하다고 하지만〕주문공(周文公)은 본래 지리라는 것을 취택하는 분이 아니면서도 오히려 술수하는 자를 데리고 자기 몸 감장할 땅을 먼 곳에다 택정하였다.

옛 사람들도 이렇게 지리를 버리지 아니하였고, 우리 조상께서는 나라를 세우고 도읍을 정하는 데에 지리를 살펴서 정하시고, 백성들이 부모 장사하는 데에도 반드시 산수의 지형을 보게 하였으니, 지리(즉, 풍수지리)가 세상에 유행되는 것은 이제부터가 아니고 예전부터 였다." …(중략)…

태종께서도 전에 말씀하시기를, '지리를 쓰지 않는다면 몰라도, 만일 그것을 쓴다면 정밀히 하여야 한다.' 하시었고, 더구나 태조의 건원릉도 모두 지리를 써서 정하였는데 유독 궁궐 짓는 데에만 지리를 버리는 것이 옳겠는가?

이제 권도는 임금을 위하여 생각한 것은 비록 좋으나 그가 한 말은 잘못 되었다. 내가 권도를 비난하고 싶지마는 상소한 일로 죄책을 가한다는 것도 역시 불가하니 아직 그대로 두고 논하지 말라〔즉, 실록에서 삭제하지는 말고, 대신 권도(權蹈)에 대한 처벌도 논하지 마라]."

위의 실록 기사는 세종대왕의 풍수관을 정확히 보여주고 있다. 즉 풍수지리가 성리학적인 관점에서 보자면 정통이 아닌 이단의 학문임은 확실하고 또한 간혹 허황된 내용도 없지 않지만, 현실적인 면에서는 조상대대로 수용해온 것이기에 버릴 수는 없을 뿐만 아니라, 기왕 쓰는 것이라면 제대로 써야 한다는 것이다. 이런 태도는 조선의 역대왕들이 비단 풍수지리뿐만 아니라, 도교계통의 관청인 소격서에 대해서도 같은 입장을 취했다. 심지어 세종대왕은 풍수지리를 제대로 쓰려면, 집현전에서 제대로 강습하라고까지 조치를 취했다.

세종 15년(1433) 7월 12일
근정전 취두에 덮을 기와에 관해 말하다
안숭선이 또 아뢰기를,
"제학 정인지, 부교리 유의손 등으로 하여금 집현전에 출근하여 지리를 강습하게 하시는데, 신은 생각하기를 이것이 단순히 전하의 사사로운 일이 아니오니 이 사람들로 풍수학 제조, 별좌를 삼고, 영의정 황희로 도제조를 삼으며, 전 대제학 하연으로 제조를 삼아서, 전심으로 강습하게 하면 진실로 국가에 도움이 있을 것이오며, 풍수학도 역시 밝아질 것입니다."
하니, 그대로 따랐다.

모든 관료의 로망 '당상관'

세종 23년(1441) 1월 11일

조회를 받다

처음으로 근정문에 나아가 조회를 받으니, 2품 이상은 영제교(永濟橋) 안에 서게 하고, 3품 이상은 영제교 밖에 서게 하였다.

세종때의 기사 중에는 모든 신하들이 모여 조회를 하는 장면을 묘사한 내용이 나오는데, 이때 2품 이상은 영제교 안에 서고, 3품 이상은 영제교 밖에 서게 하였다고 되어 있다. 조선의 품계는 품(品)과 계(階)가 합쳐진 것으로, 품(品)은 1품부터 9품까지 9개의 등급이 각각 정(正), 종(從)으로 분류되고, 계(階)는 종6품까지 각각 상·하 두 단계로 더 구분된다. 그리고 품계의 서열 중 가장 '고위급 관료' 집단을 가리켜 당상관(堂上官)이라고 한다.

당상관의 뜻은 임금과 더불어 정치를 논하는 정당(政堂)에 오를[上] 수 있는 자격을 뜻하는 것으로, 고위 관료의 대명사다. 당상관은 1품과 2품은 모두 포함되며, 3품의 경우에는 정3품 중에서도 상계(上階)만 해당되고, 정3품 하계(下階) 및 종3품 상·하계(上下階)는 제외되기 때문에, 3품 중에서 1/4만 당상관에 포함된다.

세종 21년(1439) 12월 25일

의정부에서 잔치를 베풀 때 3품 당상관도 참여하게 하다

의정부에서 아뢰기를,

구분	품계표 (품품)	품계표 (계階)	문반계	文班階	외명부 문무관의 처(妻)	무반계	武班階	내명부
당상관 堂上官	정1품 正1品	상계 上階	대광보국 숭록대부	大匡輔國 崇祿大夫	정경부인 貞敬夫人	대광보국 숭록대부	大匡輔國 崇祿大夫	빈 嬪
		하계 下階	보국 숭록대부	輔國 崇祿大夫		보국 숭록대부	輔國 崇祿大夫	
	종1품 從1品	상계	숭록대부	崇祿大夫		숭록대부	崇祿大夫	귀인 貴人
		하계	숭정대부	崇政大夫		숭정대부	崇政大夫	
	정2품 正2品	상계	정헌대부	正憲大夫	정부인 貞夫人	정헌대부	正憲大夫	소의 昭儀
		하계	자헌대부	資憲大夫		자헌대부	資憲大夫	
	종2품 從2品	상계	가정대부	嘉靖大夫		가정대부	嘉靖大夫	숙의 淑儀
		하계	가선대부	嘉善大夫		가선대부	嘉善大夫	
	정3품 正3品	상계	통정대부	通政大夫	숙부인 淑夫人	절충장군	折衝將軍	소용 昭容
당하관 중 참상관		하계	통훈대부	通訓大夫	숙인 淑人	어모장군	禦侮將軍	
	종3품 從3品	상계	중직대부	中直大夫		건공장군	建功將軍	숙용 淑容
		하계	중훈대부	中訓大夫		보공장군	保功將軍	
	정4품 正4品	상계	봉정대부	奉正大夫	영인 令人	진위장군	振威將軍	소원 昭媛
		하계	봉렬대부	奉列大夫		소위장군	昭威將軍	
	종4품 從4品	상계	조산대부	朝散大夫		정략장군	定略將軍	숙원 淑媛
		하계	조봉대부	朝奉大夫		선략장군	宣略將軍	
	정5품 正5品	상계	통덕랑	通德郎	공인 恭人	과의교위	果毅校尉	상궁 尙宮
		하계	통선랑	通善郎		충의교위	忠毅校尉	
	종5품 從5品	상계	봉직랑	奉直郎		현신교위	顯信校尉	
		하계	봉훈랑	奉訓郎		창신교위	彰信校尉	
	정6품 正6品	상계	승의랑	承議郎	의인 宜人	돈용교위	敦勇校尉	
		하계	승훈랑	承訓郎		진용교위	進勇校尉	
	종6품 從6品	상계	선교랑	宣敎郎		여절교위	勵節校尉	
		하계	선무랑	宣務郎		병절교위	秉節校尉	
참하관	정7품	無階	무공랑	務功郎	안인 安人	적순부위	迪順副尉	
	종7품	無階	계공랑	啓功郎		분순부위	奮順副尉	
	정8품	無階	통사랑	通仕郎	단인 端人	승의부위	承義副尉	
	종8품	無階	승사랑	承仕郎		수의부위	修義副尉	
	정9품	無階	종사랑	從仕郎	유인 孺人	효력부위	效力副尉	
	종9품	無階	장사랑	將仕郎		전력부위	展力副尉	

조선시대 품계표

경복궁 실록으로 읽다
외조 일원

"2품 이상을 본부(本府)에서 사연(賜宴)할 때에, 3품 당상관(堂上官)이 잔치에 나아가지 못하는 것은 옳지 못하오니, 청하옵건대 명년 정조(正朝)에 의정부에서 사연(賜宴)할 때에는 3품 당상관은 모두 잔치에 나아가게 하소서." 하니, 그대로 따랐다.

정3품 상계의 품계명은 문신과 무신이 각각 통정대부(通政大夫)와 절충장군(折衝將軍)인데, 무덤의 비석명에 통정대부와 절충장군이 유독 많은 이유는, 무덤의 주인공이 당상관임을 과시하기 위해, 후손들이 음으로 양으로 추증(관료의 사후에 직급을 높이는 일, 또는 관직 없이 죽은 사람에게 사후 관직을 내리는 일)한 경우가 많았기 때문이다. 따라서 영제교를 중심으로 2품과 3품의 자리위치가 나눠졌다면, 당상관과 당하관을 구분한 것으로 볼 수 있다. 실제로 당상관은 업무를 볼 때 의자에 앉아서 정사를 본 반면, 당하관은 평지에 앉아서 정사를 보아야만 했다. 그만큼 당상관에 대한 예우는 특별했다.

세종 즉위년 11월 6일
상왕이 병조 당상관에게 호피 한 벌썩을 내려 주다

세종 31년 5월 26일
시제에 당상관 이상에게는 얼음을 줄 것을 의정부에서 청하다

문종 1년 5월 17일
종친과 당상관에게 말 1필썩을 하사하다

세조 2년 5월 16일
예조에 70세 이상의 당상관에게 3일에
한덩어리씩 얼음을 내려주게 하다

예종 1년 1월 5일
병이 있는 당상관에 대해서는 계품하지 말고 즉시 치료하게 하다

성종 5년 5월 16일
신숙주가 아들을 당상관에 올림은 분에 넘친다 하여
사양하였으나 듣지 않다

유화문과 기별청

수많은 관청들의 조화를 상징하다

유화문은 궐내각사의 주출입문이었다

　유화문(維和門 / 維: 벼리 유, 밭어사, 和: 화합할 화, 門: 문 문)은 흥례문에 딸린 서쪽 행각에 있는 문으로, 이 문을 통하면 서쪽의 궐내각사(闕內各司) 구역으로 들어갈 수 있었다. 즉 유화문의 뒤쪽으로는 고관들이 왕을 만나러 가기에 앞서서, 함께 모여 국정을 논하던 빈청(賓廳, 삼정승을 비롯한 비변사 당상관의 회의실)을 비롯해 수많은 궐내각사들이 밀집되어 있었지만, 일제강점기에 일제에 의해 모두 헐려 나가서, 현재는 빈 공터만 남아있는 상태인데, 장기적인 복원공사가 예정중이다.

유화문

고종 4년 11월 8일(1867)
영건 도감에서 추후에 지은 당호와 문명을 보고하다
…(전략)… 홍례문 동쪽에 있는 행랑의 전각문을 덕양문(德陽門)으로, 서쪽 행랑 전각의 세 문을 유화문(維和門), 서내장문(西內墻門), 건선문(建善門)으로 할 것이다.

유화문의 뒤쪽으로는 궐내각사가 밀집해 있어서 관리들의 출입이 매우 빈번했었을 뿐만 아니라, 홍례문 일곽에서는 조회가 열리거나 심지어 왕의 즉위식이 열렸고, 또한 교서의 반포 등이 이루어지는 등 공식적인 정치활동이 매우 왕성한 지역이었다. 따라서 매일매일 궐내각사 및 궁궐 내에서 일어나는 공식적인 소식을 모든 관리들

경복궁 실록으로 읽다
외조 일원

조보(朝報) [국립중앙박물관]

에게 알릴 필요가 있었는데, 이것을 왕명 출납 업무를 담당하던 승정원에서 제작하여 관보(官報) 형식으로 알렸다. 승정원에서 작성하던 관보에 대한 정식명칭은 '조보(朝報)'였다.

조보(朝報)라는 말은 조정의 소식을 알린다는 뜻이다. 현재까지 알려진 조보에 관한 가장 오래된 기록은 중종실록에 기록된 것인데, 중종 3년(1508) 3월 14일자에 실려 있는 기록이다.

중종 3년(1508) 3월 14일
근일의 일로써 대간과 대신이 서로 논박하다
조강에 나아갔다. 대사간 이세인(李世仁)과 지평 김안국(金安國)이, 원종 공신 및 족친에게 가자한 일에 대하여 반복 논계하고, 또 아뢰기를, …(중략)… "신이 대신들과 더불어 둘러앉아 함께 의논했으니 어찌 털끝만큼이라도 사의(私意)가 있었겠습니까? 그런데 그 후의 언사(言事)하는 사람이 오히려 공평하지 못했다는 의논이 있었으니, 일하기 어려움이 이와 같습니다. 신이 또 지난번에 북경으로부터 요동에 도착하여 조보(朝報)를 보니 논박을 받아 산관(散官, 품계만 있고 실직(實職)이 없는 벼슬아치) 으로 된 사람이 많았습니다." …(후략)…

이 조보는 늦어도 중종때부터는 발행되어 고종에 이르기까지 계속 이어졌는데, 1895년 2월 '관보(官報)'로 바뀌면서 없어졌다. 발표된 소식은 각 관청이나 기관으로부터 파견된 서리(奇別書吏)들이 그 곳에 와서 필사하여 각자의 기관으로 발송하였는데, 그 필사된 것이 바로 조보였다. 필사된 각각의 조보는 필사자에 따라서 그 내용과 체재가 동일하지 않았고, 처음 필사된 것은 다시 계속 필사되어 여러 산하기관 또는 독자들에게 배포됨으로써, 이러한 과정에서 내용이 다소 변질되는 경우가 적지 않았다.

조보가 인쇄가 아니라 필사된 이유는 언론통제 때문이었다

당시의 우리나라 인쇄기술 수준으로 볼 때 조보는 충분히 인쇄될 수도 있었다. 그러나, 인쇄하자는 신하들의 논의를 왕이 여러 번 묵살한 것으로 보아, 그 배포 범위를 제한, 통제하기 위해 의도적으로 필사만을 허락하였던 것으로 분석된다. 또한 왕은 조보의 내용까지 엄격히 통제하여 게재할 사항들과 게재하여서는 안 될 사항들을 직접 지시하기도 했는데, 1578년(선조 11) 민간인들이 생계를 위한 방편의 하나로, 이른바 민간 조보를 인쇄하여 발행한 사건이 발생하자, 선조는 곧 그 발행을 중단시키고 관련자들을 모두 유배시킨 일이 있었다.

선조 11년(1578) 1월 15일
간원이 조보를 인출한 자들을 용서할 것을 청하다
간원이 아뢰기를,
"조보(朝報)를 인출(印出)한 사람들은 중국 조정에서 인출하는 조보를 모방하여 만들었는데 그 본심을 헤아려 보면 이익을 꾀하여 생계를 도우려고 한 것에 지나지 않습니다. 지금 연루된 자가 30여 인이나 되는데 여러 차례 형신(刑訊)을 받아 운명할 지경에 이르렀습니다. 급히 놓아주도록 명하소서." 하니, 답하기를, …(중략)…
"윤허하지 않는다." 하였다.

또한 조보는 소식을 알린다는 뜻의 기별(奇別)이라고도 불렀는데, 유화문의 바로 옆에 붙어있는 기별청(奇別廳 / 奇: 기특할 기, 새롭다. 別: 나눌 별, 헤어지다. 廳: 관청 청)은 바로 이 기별을 작성하던 곳이다.

고종 29년(1892) 4월 1일
형조에서 도목 정사 때에 농간을 부린
안우정, 안태정, 김두형의 공술을 보고하다
김두형의 공초에, "도목 정사를 하는 날 이조의 대령서리(待令書吏)로서 기별청(奇別廳)에서 일을 보았습니다. 그런데 밤낮 쓰

기별청

고 있으니 정신이 혼미하여 그저 이조 서리가 보내 온 것만 믿고 써서 공포했을 뿐 횟수가 얼마나 되는지, 정목이 끝났는지 끝나지 않았는지도 몰랐고, 또 문 밖에서 들여보낸 것이 있기 때문에 손이 가는 대로 써냈는데, 그것은 바로 안태정이 써 보낸 것이었습니다."

궐내각사의 화합을 상징하는 유화문

유화문 뒤쪽의 궐내각사는 왕을 측근에서 보필하며, 국정전반을 논하고 행정업무를 처리하던 관리들의 공간인데, 궁궐 안쪽으로는 유화문을 통해서 출입했지만, 궁궐 밖으로는 경복궁의 서문인 영추

경복궁 실록으로 읽다
외조 일원

문을 통해서 출퇴근을 했다.

경복궁의 궐내각사로는 승정원, 춘추관, 홍문관, 예문관 등과 같이 왕을 측근에서 보필하며 학문과 정치 행정업무를 담당했던 정무관서와, 내반원, 상의원, 내의원, 사복시 등과 같이 궐내에서 왕과 왕실 가족의 생활과 활동을 보좌하는 실무관서가 있었다. 또한 흠경각, 관상감, 보루원 등 천문과 시각을 관측하면서, 음양오행으로써 조선 국왕을 상징화하던 부서들과 아울러, 오위도총부와 같이 궁궐 수비 및 경비업무를 담당하던 군무부서도 있었다.

그런데 유화문의 뜻은 무엇일까? 한자는 그리 어려운 글자가 아닌데도 뜻을 알기는 쉽지 않다. 먼저 유(維)는 어조사 또는 발어사(發語辭)다. 즉 뜻은 없지만 말을 이어주거나 새롭게 말을 시작할 때 쓰인다. 예를 들어 모든 축문이 '올해〔歲〕의 차례〔次〕는~'이란 뜻의 '유세차(維歲次)~'로 시작하는 것에서도 확인할 수 있다.

그 다음 글자는 조화로울 화(和)다. 왜 많은 글자 중에서 굳이 이 화(和)를 썼을까? 그것은 바로 유화문 뒤쪽에 있는 수많은 궐내각사 때문인 것으로 추정된다. 왜냐하면 수많은 관청들이 서로 조화를 이루어야만 국사가 제대로 진행되기 때문이다.

논어에도 학이(學而)편에 "예는 쓰임에 있어서〔禮之用〕 조화로움을 귀하게 여긴다〔和爲貴〕.", "선왕의 도〔先王之道〕 역시 이 조화로움을 아름답게 여긴다〔斯爲美〕."라는 구절이 있어서, 성리학 중에서도 예학이 특히 발달했던 조선왕조에서, 궐내각사의 출입문에 유화문이라고 쓴 이유를 좀 더 분명히 해주는 듯 하다.

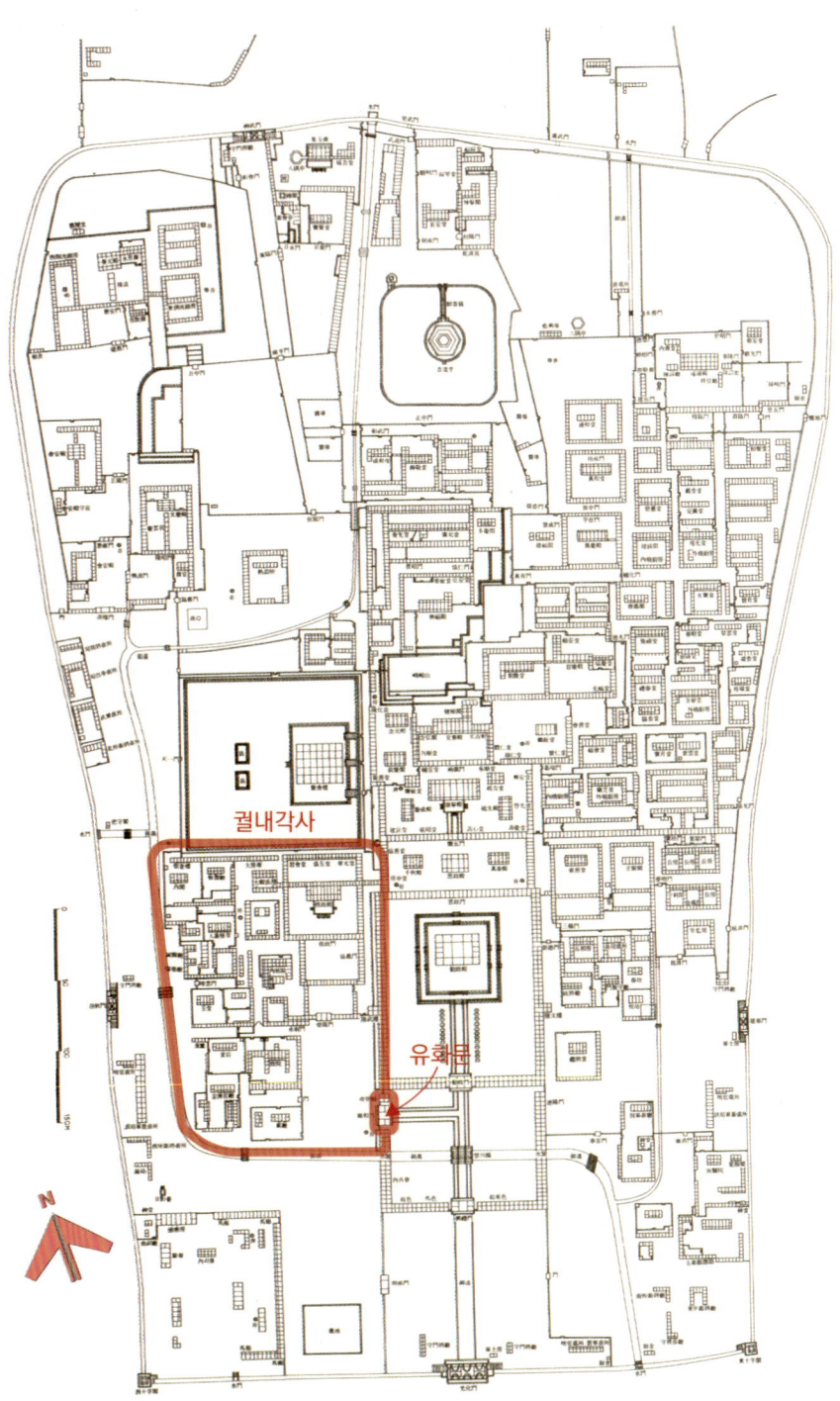

경복궁 북궐도형 [국립문화재연구소]

조치
원일

근정문

왕의
즉위식이
열리던 장소

치조구역의 정문이름은 건물 이름을 그대로 사용한다

　부지런히 정치를 하라는 뜻의 근정문(勤政門 / 勤: 부지런할 근, 政: 정사 정, 門: 문 문)은 법전(法殿 또는 正殿)인 근정전(勤政殿)의 정문이므로, 당연히 법전의 이름을 그대로 쓰고 있다. 이는 다른 궁궐도 마찬가지여서 창덕궁, 창경궁, 경희궁, 덕수궁 역시 인정전(仁政殿)의 인정문, 명정전(明政殿)의 명정문, 숭정전(崇政殿)의 숭정문, 중화전(中和殿)의 중화문처럼, 법전(法殿)의 정문 이름은 한결같이 법전의 이름을 그대로 사용한다.

경복궁 실록으로 읽다
치조 일원

근정문

　국가의 공식행사가 열리는 법전뿐만이 아니다. 매일매일의 일상 정치가 열리는 편전의 정문이름도 사정문, 선정문, 문정문, 자정문 처럼 예외없이 편전의 이름을 그대로 사용한다. 이는 정치구역인 치조의 공통된 규칙으로, 심지어 중국의 자금성도 예외는 아니어서 태화전의 정문은 태화문이다.

　근정문은 정면 3칸 규모이며 2층으로 된 다포계 우진각 지붕인데, 지붕 구조는 직선으로 이어지는 광화문, 홍례문과 동일한 건축양식이다. 하지만 근정문의 양 옆 행각에는 벽을 뚫어 별도의 출입문을 만들었는데, 동쪽 일화문(日華門)으로는 문관이 출입했고, 서쪽 월화문(月華門)으로는 무관이 드나들었다.

창덕궁의 인정문

창경궁의 명정문

경복궁 실록으로 읽다
치조 일원

경희궁의 숭정문

덕수궁의 중화문

근정문 동쪽에는 해를 뜻하는 일화문을 두고, 서쪽에는 달을 뜻하는 월화문을 둔 것이다

 그런데 재미있는 사실은 임진왜란 이전에 제작된 것으로 추정되는 '경복궁전도'에는 일화문과 월화문이 현재의 위치가 아닌, 근정전을 둘러싼 행각의 동서 양측면 앞쪽에 각각 위치하고 있는 것을 볼 수 있다. 따라서 현재의 일화문과 월화문 위치는 경복궁을 재건할 당시에 재배치된 것으로 볼 수 있다.

 그럼 왜 그런 배치로 바꾸었을까? 궁궐 정문의 칸수는 그냥 만드는 것이 아니다. 유교문화권에서 궁궐을 조성할 때, 황제궁은 5문3조, 제후궁은 3문3조라는 유교 예제에 따르는데, 이에 따르면 황제궁의 정문 칸수만 5칸으로 만들 수 있고〔자금성의 대표적인 출입문인 천안문도 석축의 홍예(무지개문)가 5개다〕, 제후궁의 정문 칸수는 3칸을 넘어가지 못한다.

 따라서 근정문의 경우 문의 공식 칸수는 3칸이지만, 양 옆의 벽

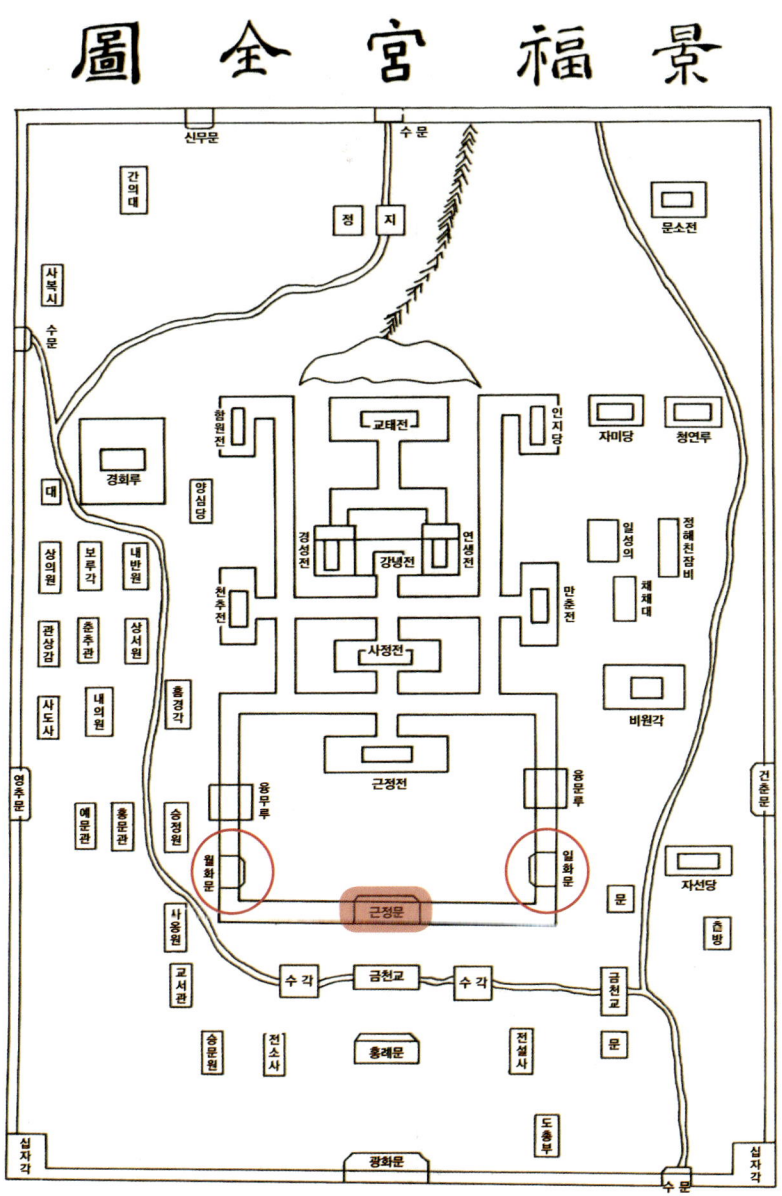

경복궁전도 - 삼성출판박물관 소장 [국립문화재연구소]

창덕궁 돈화문

을 뚫어서 2칸을 더 확보한 것이기에, 황제궁처럼 5칸의 효과를 얻고 있는 듯하다. 나는 이것을 조선의 자존심이라 부르고 싶다. 이런 예는 창덕궁에서도 찾아볼 수 있는데, 창덕궁의 정문인 돈화문은 정면 칸수가 외견상 5칸이지만, 양 끝쪽의 2칸은 출입문이 아닌 판벽으로 막혀 있어, 실질적으로 출입할 수 있는 것은 가운데 3칸이다.

왕의 즉위식은 근정문과 근정전 중에서 어디서 열릴까?

 자, 그럼 실록에 등장하는 근정문 관련 기사를 살펴보자. 눈에 띄는 기사로 단종의 즉위사실이 기록되어 있다.

단종 즉위년(1452) 5월 18일

경복궁 실록으로 읽다
치조 일원

근정문에서 즉위하고 교서를 반포하다

노산군(魯山君)〔후일 단종으로 복위됨〕이 근정문(勤政門)에서 즉위(卽位)하고, 반교(頒敎)하기를, …(후략)…

그런데 좀 이상하다. 단종이 근정문에서 즉위했다고 기록되어 있다. 왜 '근정전'이 아닌 '근정문'에서 즉위했을까? 원래 조선왕은 근정문에서 즉위하는 것이 규정일까? 그래서 그 다음 왕인 세조 즉위와 관련된 실록 기사를 찾아보았다.

세조 1년(1455) 윤6월 11일
노산군이 세조에게 선위(禪位)하다

…(전략)… 세조가 사정전으로 들어가 노산군을 알현하고 면복을 갖추고, 근정전(勤政殿)에서 즉위(卽位)하였다. …(후략)…

세조는 단종과 달리, '근정문'이 아닌 '근정전'에서 즉위하였다. 세조뿐만 아니라 세종도 '근정전'에서 즉위하였다. 이렇게 즉위 장소가 차이가 나는 것은 왜 그럴까?

일반인들의 상식과는 달리 선왕이 승하하여, 아버지〔왕〕에게서 아들〔세자〕로 정상적인 왕위 승계가 일어날 때, '조선시대 왕의 즉위식'을 원칙에 의거해서 당시 국법대로 한다면, '근정전'이 아닌 '근정문'에서 해야 한다. 그 이유는 당시 조선의 예법〔건국 초기의 각 부문별 예법을 집대성하여 한 권의 책으로 만들어낸 것이 바로 성종 때의 '국조오례의(國朝五禮儀)'다〕을 확인해 봐도 알 수 있는데, 한 가지 흥미로운 사실은 '왕의 즉위식'이 경사스런 예식인 '가례'편에 속해 있는 것이 아니라, 국장을 다루는 '흉례'편에 속해 있다는 것이다.

> **뱀의 발**
>
> **국조오례의**(國朝伍禮儀)
>
>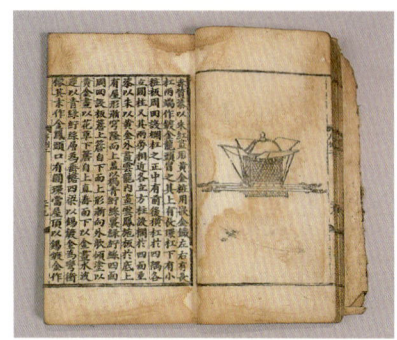
>
> 국조오례의 [문화재청]
>
> 오례(五禮)란 유교의 예법 가운데서도 왕실을 중심으로 한 조선의 다섯 가지 기본 예법을 말하며, 그 내용을 기록한 국조오례의의 세부적인 구성을 예종별(禮種別)로 살펴보면,
>
> (1) 길례(吉禮)는 사직, 종묘 등 국가에서 제사 드리는 의식을
>
> (2) 가례(嘉禮)는 중국에 대한 사대례(事大禮)와 더불어 명절, 조하(朝賀), 납비(納妃), 책비(冊妃), 세자, 왕녀, 종친, 혼례 등에 관한 의식 등 궁중의 가례 절차와 의식을
>
> (3) 빈례(賓禮)는 중국을 포함하여 일본, 유구 등의 외국 사신을 접대하는 의식을
>
> (4) 군례(軍禮)는 친사(親射), 열병(閱兵), 강무(講武), 출정식에 관한 군사의식 절차를
>
> (5) 흉례(凶禮)는 국장의식의 모든 절차를 중심으로 기재되어 있다.

흉례편에 기록되어 있는 새 왕의 즉위식

일반적이면서도 정상적인 상황에서 '왕의 즉위식'이 성립하려면 몇가지 조건이 성립해야 한다. 당연한 이야기이지만 먼저 선왕이 승

하해야 한다. 국장기간 동안 승하하신 선왕을 가리킬 때는 '대행왕(大行王)'이라는 용어를 사용한다.

한편 왕세자는 이제 세자 신분이 아니다. 그렇다고 즉위전까지는 정식 왕도 아니다. 그렇기 때문에 '대행왕'의 뒤를 이어 새 왕으로 즉위하기 전까지는 '사왕(嗣王)'이라는 용어를 사용하는데, '후사를 잇는 왕'이라는 뜻이다.

흉례(凶禮)에 따르면 '대행왕'이 승하하신 후 5일째 되는 날, '사왕'은 국상이 발생한 후 처음으로 상복을 입는 '성복(成服)례'가 끝나자 마자, 왕위를 계승하는 '사위(嗣位)' 의식을 치르고, 즉위사실을 교서를 통해 반포한다. 이때 사위(嗣位) 의식을 치르는 장소가 바로 근정문이다. 경복궁이 소실된 임진왜란 이후에는 창덕궁의 인정문에서 치러졌다.

그런데 역사 기록을 살펴보면 '근정전'에서 즉위한 왕도 있고, '근정문'에서 즉위한 왕도 있다. 그 이유는 정상적으로 선왕이 승하하면서 세자[또는 세제, 세손]가 뒤를 이어 즉위한 왕도 있지만, 건국, 선위, 반정 등 그렇지 않은 상황에서 즉위한 왕도 있기 때문이다. 특히 태-정-태-세-문-단-세로 이어지는 조선전기에는, '근정문'에서 즉위한 왕은 '단종' 단 한 명뿐이다. 왜 그럴까?

'태조 이성계'는 조선을 건국한 왕이므로 즉위 당시에는 한양도, 경복궁도 아직 없었기 때문에, 고려의 수도였던 개경의 '수창궁'에서 즉위를 했고, '정종'이나 '태종'도 선왕이 살아있는 상황에서 선위를 받아 즉위를 했기 때문에 굳이 '흉례'를 따르지 않았다. 심지어 '세종'까지도 선왕이었던 '태종'의 선위를 받아 즉위했기 때문에

'근정문'이 아닌 '근정전'에서 즉위를 했다. 결국 세종 때까지는 단 한 명도 선왕의 국상을 치르면서 즉위한 왕이 없었던 것이다.

한편 '문종'은 조선왕조 최초로, 선왕이었던 '세종'이 승하하고 나서 세자 신분으로서 즉위를 했기 때문에, 흉례에 따라 '근정문'에서 즉위를 했을 것으로 짐작하기 쉽지만, 일반인들의 예상과는 달리 '문종'은 의외로 궁궐이 아닌, 자신의 막내동생인 '영응대군'의 집에서 즉위식을 했다. 왕세자가 궁궐이 아닌 곳에서 즉위를 하다니, 뭔가 이상하지 않은가?

영응대군은 세종의 여덟번째 아들이자, 막내아들이었다. 거의 마흔에 가까운 나이에 얻은 막내아들이었기에 세종은 영응대군을 끔찍이도 아꼈고, 평소 지병이 많던 세종은 말년에 막내아들이 보고 싶어서 영응대군의 집으로 옮겨갔는데, 이어한 지 13일 후에 그곳에서 지병이 악화되어 승하하였다. 그래서 '문종'은 빈전(빈소)이 차려진 영응대군의 집에서 국상을 치르면서, 동시에 즉위식을 가질 수밖에 없었다.

그런데 불과 재위 2년 3개월만에 '문종'마저 승하한 후 왕위를 이은 '단종'은, 그제서야 조선 개국 후 최초로 궐내에서 흉례에 의해 제대로 '사위(嗣位)' 의식을 치렀고, 조선왕조 최초로 '근정문'에서 즉위한 국왕이 되었다. 그렇지만 '단종'의 뒤를 이은 '세조'는 단종이 살아있는 상황에서 왕위를 찬탈했기 때문에, 흉례를 따르지 않고 '근정전'에서 즉위를 하였다. 단종을 죽인 것은 세조가 왕에 등극하고 나서 2년 후였다.

경복궁 실록으로 읽다
치조 일원

근정문에서 바라본 근정전

통곡 속에 즉위한 현종

한편 조선 왕의 즉위의식은 어떻게 진행될까? 반정이나 찬탈 등이 아닌 정상적인 왕위 계승의 경우, 조선 왕의 즉위의식은 국상기간 중에 치러지기 때문에, '축제'가 아니라 '통곡'의 즉위식이라고 보면 된다. 조선후기 제18대 현종의 즉위식을 기록한 실록을 참고해서, 즉위식의 내용을 살펴보자. 조선전기 국왕들의 즉위식은 결과만 간략하게 기술되어 있는 관계로, 즉위식의 생생한 현장내용을 알아보기 위해서는 부득이 조선 후기 현종의 즉위식을 대상으로 하였다.

현종 즉위년(1659) 5월 9일
왕세자의 즉위 의식을 거행하다

…(전략).. 사왕이 인정문(仁政門, 임진왜란때 경복궁이 소실되어 이후에는 즉위식이 경복궁이 아닌 창덕궁에서 거행되었다)의 어좌(御座)에 이르러 동쪽을 향하여 한참 서 있었는데¹, 도승지가 꿇어앉아 어좌로 오를 것을 청하였으나 응하지 않았고, 김수항이 종종걸음으로 나아가 꿇어앉아 청하였으나 사왕이 역시 따르지 않았다. 이은상이 총총히 나와 급히 예조판서 윤강을 불러들여 그로 하여금 앞으로 나아가 꿇어앉아서 청하게 하였으나, 그때까지도 사왕이 따르지 않다가 영의정 정태화가 종종걸음으로 나와 두세 번 어좌로 오를 것을 청하자, 사왕이 그제서야 비로소 어좌에 올라 남쪽을 향하여 섰다.²

정태화가 다시 어상(御床)으로 올라가 앉을 것을 청하니, 사왕이 이르기를, "이미 자리에 올랐으면 앉은 것이나 다름이 없지 않은가."하고, 이어 흐느끼기 시작했고 좌우도 모두 울며 차마 쳐다보지 못하였다. 태화가 의식대로 할 것을 굳이 청하자, 사왕이 비로소 앉아서 문무백관의 하례를 받고 예를 마치었다.

뭐니뭐니해도 즉위식의 하이라이트는 인정문[임진왜란 이전에는 근정문]에 설치된 어좌(御座)에 올라, 문무백관의 하례를 받는 것이다. 이때 어좌는 반드시 남쪽을 향해서 설치되는데, 유교국가에서 반드시 지켜지는 군주남면(君主南面)이라는 원칙 때문이다.

정도전이 경복궁의 위치를 선정할 때, 인왕산을 주산으로 하여 왕궁을 동향시켜야 한다는 무학대사의 주장을 꺾을 수 있었던 가장 큰 이론적 배경이 바로 군주남면이었다. 현재 조선 궁궐은 모두 남향을 하고 있고 유독 창경궁만 동향을 하고 있는데, 그 이유는, 창경궁이 왕을 위해 만들어진 궁궐이 아니라, 대비를 위해 만들어진 보조궁궐이기 때문이다.

아무튼 현종이 즉위할 때 어좌에 이르러 곧바로 남쪽으로 향하지 않고, 동쪽을 향하여 한참 서 있었던 이유[1]는 자신이 왕위에 올라갈 의사가 없음을 간접적으로 표시하며, 사양하는 행위로 볼 수 있다. 즉 '선왕이 돌아가신 이 마당에, 내가 국왕의 자리나 탐하는 그런 존재는 아니다'라는 것을 나타내는 의례적인 행위다. 그렇다고 국왕의 자리를 계속 비워둘 수는 없는 노릇이다. 그래서 신하들의 간곡한 요청에 의해 마지못해 추대되는 형식으로 왕위에 오르는 것이 조선왕의 즉위식 모습이다.

그런데 즉위할 때 몇차례 사양을 하는 것도 관례인데, 이럴 경우에도 끝까지 사양을 고집하면 안된다. 적당한 타이밍을 봐서 못이기는 체 신하들의 의견을 따라야 한다. 현종의 경우를 보면 왕명을 출납하는 도승지 등이 1차 권유를 했으나 사양을 했다. 그래서 조선에서 예법을 관장하는 최고책임자인 예조판서가 나서서 2차 권유를 했으나, 이 또한 사양을 했고, 마지막에 영의정이 3차 권유를 하자, 그제서야 어좌에 올랐다. 만약 영의정의 권유마저 사양했다면, 사태는 매우 난감해졌을 것이다. 왜냐하면 더 이상 높은 지위의 사람이 없기 때문이다. 현종의 즉위는 어좌에 올라 남쪽을 향하는 장면[2]이 클라이막스인데, 위에서도 언급했듯이 이것을 군주남면(君主南面)이라고 한다.

•• 뱀의 발

사극에서 조선의 신하들은 왜 만세가 아니라 천세를 불렀나?

　유교문화권의 동아시아에서는 모든 것이 유교의 영향을 받았다. 특히 성리학은 세상의 모든 것에 엄격한 질서를 부여했다. 그래서 질서를 부정하는 행위는 체제에 대한 도전으로 받아들였다. 대표적인 사례로 홍길동전을 지은 허균을 극형에 처한 것도 신분질서를 부정했던 이유 때문이었다.

　이렇듯 유교문화권 내에서는 질서와 서열을 매우 중요시 했는데, 국가의 최고 실력자도 황제국이냐 제후국이냐에 따라 질서와 서열이 부여되었다. 구체적으로 황제와 왕(제후)에게 적용되는 격의 차이는 사회전반에 걸쳐 모든 것에 적용이 되었다. 대표적인 것을 몇가지만 들어보면,

　황제는 부인으로 (황)후를 1명, 비를 3명, 빈을 9명까지 거느릴 수 있고, 왕(제후)은 부인으로 (왕)비를 1명, 빈을 3명까지 거느릴 수 있다. 황제국인 중국에서는 만세삼창(만세만세 만만세)을 불렀고, 왕국(제후국)인 조선에서는 천세삼창(천세천세 천천세)을 불렀다. 참고로 3.1 운동때 '대한독립 만세'를 외친 이유는, 고종이 대한제국을 선포하였고, 따라서 나라가 조선이라는 '왕국'이 아닌, 대한제국이라는 '황제국'이었기 때문이다. 황제국이라고 해서 제후국보다 다 좋은 것만은 아니다. 중국에서 대역죄는 9족을 멸하였고, 조선에서 대역죄는 3족을 멸하였다.

　사람뿐 아니라 건축물에도 품격의 차이는 적용된다. 자금성의 법전은 3개(태화전, 중화전, 보화전)이고, 경복궁의 법전은 1개(근정전)다. 자금성의 법전까지는 5개의 문(대청문, 천안문, 단문, 오문, 태화문)을 거치지만[오문삼조], 경복궁의 법전까지는 3개의 문(광화문, 흥례문, 근정문)을 지난다[삼문삼조].

　자금성의 법전인 태화전의 정면 칸수는 11칸이나 되지만, 경복궁의 법전인 근

정전의 정면 칸수는 5칸을 넘지 못한다. 자금성의 정문인 천안문은 무지개 문인 홍예가 5개이지만, 경복궁의 정문인 광화문의 홍예는 3개다, 천자의 침전은 6침인데, 제후의 침전은 3침(강녕전, 연생전, 경성전)이다. 이론상 자금성의 총 칸수는 9999칸 이지만, 이론상 경복궁의 총 칸수는 999칸을 넘을 수가 없고, 일반 사대부의 집의 총칸수는 99칸을 넘지 못한다.

0~9 숫자 중에서는 9보다 더 큰 수는 없다. 따라서 9는 가장 큰 수를 의미한다. 고갯길도 아흔아홉굽이라고 하는 것은 고개가 아주 많다라는 뜻이고, 자금성이 9999칸이라는 것은 정확히 9999칸이 아니라, 엄청나게 많다라는 의미다. 이 모든 것이 유교의 예법에 정해져 있는 내용이며, 경복궁을 비롯한 조선의 궁궐은 이런 예제를 엄격하게 지키면서 만들어졌다.

근정전 [法殿, 正殿]

정도전의
숨은 뜻을
담다

근정전은 현존하는 국내 최대의 목조건축물이다

　근정전(勤政殿 / 勤: 부지런할 근, 政: 정사 정, 殿: 전각 전)은 경복궁의 가장 중심이 되는 건물로서, 정전(正殿＝法殿)의 지위를 갖고 있다. 정면 5칸에 측면 5칸 규모로, 기둥 위에서 지붕구조물을 받치는 공포는 주심포가 아닌 다포식이며, 지붕형태는 팔작 지붕인데, 문을 제외하면 경복궁 내에서는 유일한 중층 건물이다. 현재 국보 223호로 지정되어 있으며, 현존하는 국내 최대의 목조 건축물이다. 게다가 2단으로 된 석축기단 위에 돌난간까지 갖추고 있어, 건물의 위용은 국내 최

경복궁 실록으로 읽다
치조 일원

근정전 기단, 석축

고를 자랑한다. 근정전이라는 이름 역시 정도전이 지었는데, 태조실록에서 그 이유를 소상히 밝히고 있다.

태조 4년(1395) 10월 7일
판삼사사 정도전에게 새 궁궐 전각의 이름을 짓게 하다
…(전략)… "근정전(勤政殿)과 근정문(勤政門)에 대하여 말하오면, 천하의 일은 부지런하면 다스려지고 부지런하지 못하면 폐하게 됨은 필연한 이치입니다. 작은 일도 그러하온데 하물며 정사와 같은 큰 일이겠습니까?" …(후략)…

그런데 우리는 이 근정문과 근정전이라는 이름 속에서 정도전이 품고 있던 숨은 생각을 읽어낼 수 있다. 정도전이 꿈꾼 조선은 한마디로 '재상의 나라'였다. 정도전이 생각하기로 왕조국가에서 임금은 세습되는 직책이라, 아무리 세자를 잘 교육시킨다 하더라도 어리석고 멍청한 임금이 나올 수도 있다고 내다봤다.

따라서 그는 훌륭한 재상을 선택해서 재상에게 정치의 실권을 부여하면, 그 재상은 위로는 임금을 받들어 올바르게 인도하고, 아래로는 신하들을 통괄하고 백성들을 잘 다스리게 되어, 튼튼한 국가를 경영할 수 있을 것이라고 생각했다. 그렇게 되면 사실상 임금은 단지 상징적인 존재로만 머물고, 나라의 모든 일은 재상이 이끄는 신하들이 결정하게 되는데, 요즘 국가의 정치체제로는 '대통령제'가 아닌 '의원내각제'에 가깝다고 볼 수 있다.

경복궁 실록으로 읽다
치조 일원

•• 뱀의 발

재상(宰相)은 원래 요리사와 불침번이었다?

재상은 임금을 돕고 모든 관원을 지휘하고 감독하는 일을 맡아보던 최고의 벼슬이나 그 벼슬에 있던 벼슬아치를 가리키는 말이다. 특히 조선에서 재(宰)는 정3품 당상관 이상으로서 중앙의 중요 관직에 있는 사람을, 상(相)은 정1품의 삼정승[영의정(영상), 좌의정(좌상), 우의정(우상)]을 지칭했다. 이런 중요한 자리에 요구되는 자격조건은 뛰어난 능력은 물론이거니와, 무엇보다도 임금이 '확실히 믿을 수 있는 인물'이어야 했다. 한자는 뜻글자이므로 글자를 하나하나 분석해 보면, 글자가 만들어질 때의 원리를 알 수가 있다. 재상도 마찬가지다. 재상은 재(宰)와 상(相)의 두 글자가 만나서 생겨난 말이다.

우선 재(宰)는 '임금의 요리사'를 뜻하는 말이었다. 예로부터 음식을 통해 임금을 독살하려는 시도는 시대와 장소를 가리지 않았다. 따라서 임금은 자신을 독살로부터 지켜줄 수 있는 믿음직한 사람을 전속요리사로 지명했던 것에서 재(宰)라는 말이 생겨났다. 재(宰)라는 글자를 자세히 보라. 위쪽에는 집[家]을 뜻하는 '갓머리(宀)部'가 있고, 그 아래쪽에는 라면이름으로 유명한 '매울 신(辛)' 자가 있다. 집안에서 매운 것을 다루는 사람은 바로 '요리사'다.

춘추시대 역아(易牙)는 제나라 환공(桓公)의 신하로서 당대 제일가는 요리사였고, 특히 환공을 기쁘게 하기 위해 자기 자식을 삶아서 바쳤다는 일화로 유명하다. 역아는 환공의 총애를 이용해서 수조(豎刁) 등과 함께 권력을 전횡하여 나라를 어지럽혔고, 명재상이었던 관중(管仲)이 죽은 뒤로는 수조와 권력을 다투다가 결국은 환공을 밀실에 가둬 굶겨 죽이는 지경에까지 이르렀다.

한편 상(相)의 뜻을 한자사전에서 찾아보면 원래 임금의 바로 곁에서 보행을 돕거나 시중드는 사람을 뜻한다고 나와있다. 그런데 거기에 덧붙여 중요한 기능이 하나 더 있다. 바로 임금이 잠을 자는 동안 불침번을 서는 것이다. 글자를 풀이해보면 나무[木]로 만든 침대 옆에서 눈[目]을 부릅뜨고 지키고 있는 형태다. 결론적으로 재상은 모두 임금의 생명을 지킬 수 있는 믿음직한 사람을 임명하던 것에서 유래하여, 최고의 벼슬자리를 뜻하는 말로 뜻이 바뀌게 된 것을 알 수가 있다.

재상중심제를 꿈꾸었던 정도전

그런 정도전의 생각을 우리가 엿볼 수 있는 대목이 바로 정도전이 지은 경복궁 전각의 이름들이다. 정도전이 법궁(法宮)인 경복궁의 정전(正殿)과 편전(便殿) 이름을 각각 근정전(勤政殿)/사정전(思政殿)으로 지었는데, 이는 이궁(離宮)인 창덕궁/창경궁의 정전(正殿) 이름이 각각 인정전(仁政殿)/명정전(明政殿), 편전(便殿) 이름이 각각 선정전(宣政殿)/문정전(文政殿)인 것과 비교해 봤을 때, 정도전의 숨은 생각을 엿볼 수 있다.

즉 제2/제3의 궁궐인 창덕궁/창경궁 주요 전각의 뜻은 '임금이 어진/밝은 정치를 해라〔인정전/명정전〕', '(어진)정치를 베풀어라/학문과 법령으로 다스리는 정치를 하라〔선정전/문정전〕'와 같이 임금이 주도하는 정치의 뜻을 포함하고 있다. 그런데 정작 조선 제1의 궁궐인 경복궁 주요 전각의 뜻은 '임금이 정치를 부지런히 해라〔근정전〕', '(백성)생각을 하면서 정치를 해라〔사정전〕'와 같이, 마치 임금이 학생인 것처럼 신하들로부터 제대로 배워가면서 정치를 하라는 뉘앙스가 포함되어 있다.

경복궁 실록으로 읽다
치조 일원

심지어 정도전은 태조실록 속에서 "임금의 부지런하지 않을 수 없음이 이러하니, 편안히 쉬기를 오래 하면 교만하고 안일한 마음이 쉽게 생기게 됩니다."라고 말해서, 임금이 나태하게 되는 것을 삼가하도록 가르치려는 의도를 직접 드러내고 있다.

그렇다면 조선은 정도전이 꿈꾸던 재상의 나라로 구현이 되었을까? '신권의 우위'를 내세우던 정도전은 '왕권의 우위'를 내세우던 이방원과 정면 충돌했으니, 이 사건이 바로 '제1차 왕자의 난'이다. 비록 이 사건을 통해 정도전은 죽임을 당하고, 이방원이 정권을 잡은 뒤, 결국 제3대 태종에 즉위하게 됨으로써 정도전이 꿈꾸던 '재상의 나라'는 완전히 잊혀지는 듯 했다.

하지만 세종의 뛰어난 영도력으로 세종과 문종시대를 거치면서 '왕권'과 '신권'은 균형잡힌 조화를 이루었다가, 어린 '단종'이 즉위하면서 김종서, 황보인 등에 의해 '의정부 서사제'라는 형태로 '신권' 우위의 정치형태가 다시 부활하게 된다. 그러나 '왕권'의 우위를 다시 내세웠던 수양대군(세조)에 의해 '단종'이 폐위되는 계유정란이 일어나게 되면서, 역사는 다시 돌고 도는 순환구조를 보인다. 하지만 전반적으로 조선은 '왕권'보다는 '신권'이 약간 더 우세한 국가로 평가될 수 있어서, 정도전의 꿈은 미약하나마 그 명맥을 유지했다고 볼 수 있다.

정도전의 죽음 이후, 조선에서는 그의 업적이 의도적으로 폄하되었다. 특히 태종 이방원은 그를 폄하시키기 위해 의도적으로 정도전의 라이벌이었던 정몽주를 충절의 상징으로 우상화한 반면, 정도전은 오히려 두 왕조를 섬긴 변절자 또는 단지 처세에 능한 모사가로

치부하였는데, 이런 경향은 조선시대 전반에 걸쳐 지속되었다.

그러다가 1865년(고종 2)에 와서야 신정왕후 조대비의 건의로 정도전은 다시 개국공신 칭호를 돌려받았는데, 그 이유는 그해 고종이 경복궁을 중건하면서, 조선 개국 당시 경복궁 및 한양 전반의 실질적 설계자인 정도전의 공을 인정했기 때문이다.

실록 속에는 근정전과 관련된 재미있는 기사도 여럿 있다.

설날때 궁궐 안에서는 어떤 일이 있었을까?

세조 5년(1459) 1월 1일

백관들이 망궐례를 행하다

백관(百官)들이 망궐례(望闕禮)를 행하니, 근정전에 나아가서 하례(賀禮)를 받고, 이어서 월대(月臺) 위에 나아가 회례연(會禮宴)을 베풀었다. 중국인(唐人), 왜인(倭人), 야인(野人) 등도 또한 입시(入侍)하였는데, 세 번 잔(爵)을 돌린 뒤에 파(罷)하였다. 시위(侍衛)하는 군사들에게도 술을 내려 주었다.

실록에는 매년 정초(설날)에 망궐례를 행하고, 이어 회례연을 벌였다는 기록이 많다. 망궐례(望闕禮) 한자를 풀어보면 '바라볼 망, 대궐 궐, 예도 예'인데, 대궐을 바라보고 예를 드렸다는 뜻이다. 궁궐이나 대궐이나 같은 말인데, 대궐 속에서 대궐을 바라보고 예를 드린다? 이게 무슨 뜻일까?

여기서 대궐을 바라본다는 것은 중국의 황제가 있는 대궐, 즉 북경의 자금성을 뜻한다. 따라서 설날인 정초에는 중국의 황제에게 예를 올리는 것이 사대주의를 표방한 조선왕실에서 정해 놓은 예법이었다.

또 망궐례가 끝나면 회례연을 베풀었는데, 회례연(會禮宴)도 한자를 풀어보면 '모일 회, 예도 예, 잔치 연'으로, 설날 또는 동짓날에 모든 신하들이 한자리에 모여서 임금에게 인사를 드린 후에 베풀던 잔치를 뜻한다. 그럼 회례연을 왜 설날과 동짓날에만 했을까? 그것은 동짓날이 일년 중에서 해(낮)의 길이가 길어지기 시작하는 날이기 때문에 양력으로 새해가 시작되는 시점으로 보았고, 설날은 음력으로 새해가 시작되는 시점으로 보았기 때문이다.

우리는 일제강점기 이전까지는 전통적으로 음력만을 사용했고 양력은 쓰지 않았다고 생각하지만, 실은 우리 조상들은 음력과 양력을 모두 사용했다. 그래서 우리가 쓰던 전통달력을 통상적으로 음력이라고 하지만, 엄밀히 말하면 순태음력이 아니라, 태음력과 태양력이 합쳐진 '태음태양력'이다. 즉 날짜는 음력으로 계산했지만, 계절은 양력으로 계산한 복합적인 달력을 사용한 것이다.

그래서 전통적인 24절기는 태음력하고는 전혀 상관없이, 태양력만으로 구성되어 있다. 예를 들어 춘분, 추분, 하지, 동지는 24절기에 들어있지만, 달의 모양과는 전혀 상관없이 해의 길이를 기준으로 만들어진 절기다. 백과사전에서 찾아본 24절기에 대한 정의는 나음과 같다. 태양의 황도상 위치에 따라 계절적 구분을 하기 위해 만든 것으로, 황도에서 춘분점을 기점으로 15° 간격으로 점을 찍어 총 24개의 절기로 나타낸다.

조선시대의 출퇴근 시각

태조 7년(1398) 윤5월 21일
대간의 간언 때문에 이른 새벽에 임금이 조회를 보다
이른 새벽에 임금이 조회를 보았다.
대간(臺諫)이 일찍이 조회를 보고 정사를 청단(聽斷)하지 않는다고 말을 한 까닭으로, 임금이 근정전(勤政殿)에 앉아서 대궐 뜰에 화롯불을 피우게 하고, 도승지 이문화에게 명하였다.
"양부(兩府)의 백관(百官)이 정사에 관하여 말하는 사람은 바로 나아와서 면전(面前)에서 아뢰고, 정오(正午)에 이르러 북이 울리면 물러가게 하라."

이 기사는 태조 이성계의 뒤끝 있는 성질을 보여주고 있다. 양사의 대간들이 평소 임금의 행동에 대해 부지런하지 못함을 지적하자, 발끈한 태조는 조회시간을 새벽으로 확 당겨버렸다. 때문에 저녁에 퇴근해야 할 시간까지 앞으로 당겨져서 정오에 퇴근하게 되었으니, 지금으로 치면 근무시간을 평소 '9시 출근 – 6시 퇴근'에서 '새벽 3시 출근 – 정오 퇴근'으로 확 바꿔버린 것이다.

> **뱀의 발**
>
> **고려와 조선시대 출퇴근 및 근무시간**
>
> 고려시대와 조선시대 관리들의 근무시간은 해의 길고 짧음에 따라 출퇴근 시각이 조정되기도 하였다. 우선 고려시대의 근무시간은 사사유파(巳仕酉罷)라 하여, 출근은 사시초(巳時初)인 9시경이고 퇴근은 유시초(酉時初)인 5시경이었다.

경복궁 실록으로 읽다
치조 일원

고려사절요에는 문종 2년 4월 기사에 다음과 같은 내용이 나온다.

고려문종 2년 4월
법규를 제정하면서, "모든 관청에서 사시초에 출근하고, 유시초에 퇴근하는 것이 이미 정해 놓은 법규이나 사철에 해의 길고 짧은 것이 같지 않으니, 지금부터는 해가 길 때는 진시초에 출근하고 해가 짧을 때에는 사시초에 출근하라." 하였다.

[制 各司 巳初赴衙 酉初罷衙 已有成規 四時晷刻 長短不同 自今日永 辰初 日短 巳初赴衙]

한편 조선시대의 근무시간은 묘사유파(卯仕酉罷)라 하여 고려시대보다 많이 늘어났는데, 평상시에는 묘시(卯時: 오전 5~7시)에 출근하고 유시(酉時: 오후 5~7시)까지, 해가 짧을 때에는 진시(辰時: 오전 7~9시)에서 신시(申時: 오후 3~5시)까지 근무하도록 하였다.

세종 13년(1431) 3월 15일
조령을 범한 관리들의 과죄에 대해 형조에 내린 하교
형조에 하교하기를, "관리들로서 조령(條令)을 범한 자를 논란함에 있어 많은 차착(差錯)을 일으키고 있는데, 그 누누러신 착오의 한 예로서 하루 결근한 관리는 '대명률' 가운데 아무 이유 없이 공석에 참예하지 않은 조문에 따라 1일에 태형 10대로 이를 논단하고, 그 늦게 출근한 자와 일찍 파히고 돌아간 관리는 묘사유파법(卯仕酉罷法)에 따라 위령(違令)하였다는 것으로 태형 50대로 논단하고 있으니, 이는 전연 결근한 자는 그 죄가 오히려 경하고, 늦게 출근하였거나 일찍 퇴근한 자가 도리어 무거운 것이다."

옛날의 시간표시법 중에서 정시법(定時法)은 우리에게 익숙한 십이지(十二支)를 이용했는데, 계절의 변화와 무관하게 시간의 길이가 절대적으로 정해져 있었다. 정시법은 하루 24시간을 우선 12간지에 맞춰 2시간 단위로 쪼갠다. 그럼, 23시~01시는 자(子)시, 01시~03시는 축(丑)시, … , 21시~23시는 해(亥)시가 되는데, 이 중에서 앞의 1시간을 초(初)라고 하고, 뒤의 1시간을 정(正)이라고 한다.

그리고 초(初)와 정(正)은 다시 각각 4등분 되어 15분 단위로 쪼개지며 이를 각(刻)이라고 부르는데, 첫 15분은 초각, 그 다음 15분은 1각, 그 다음은 2각, 마지막은 3각이 된다. 예를 들어, 인정(寅正) 이각(二刻)은 인시(寅時, 03~05)의 뒤쪽[正]인 04~05시 중에서, 이각(二刻) 즉 30분~45분 사이에 해당된다. 따라서 '인정 이각'은 04:30분을 시작 시간으로 볼 수 있다. 정시법은 조선의 공식적인 시간 표시법이었다.

시시	戌				亥				子				丑				寅			
	19~20		20~21		21~22		22~23		23~24		24~01		01~02		02~03		03~04		04~05	
	初		正		初		正		初		正		初		正		初		正	
각刻	初 1 2 3	初 1 2 3	初 1 2 3	初 1 2 3	初 1 2 3	初 1 2 3	初 1 2 3	初 1 2 3	初 1 2 3	初 1 2 3

정시법

그런데 낮에는 해시계가 있어서 어느 정도 시간 측정이 가능했지만, 밤에는 해시계가 무용지물이었다. 물론 궁궐이나 관청에서는 정밀한 물시계가 있어서 역법이나 천문학 등에 사용되었지만, 일반인들은 꿈도 꾸지 못하는 것이었다. 이때 도입된 것이 부정시법(不定時法)인데, 정시법과 병행해서 사용되었으며 5경제(五更制) 또는 경점법(更點法)이라고 불렀다.

경복궁 실록으로 읽다
치조 일원

부정시법은 '일몰 후'로부터 '1등성 별이 보이기 시작할 때'까지의 혼각(昏刻)과 '새벽녘 별이 보이지 않기 시작할 때'부터 '일출 때'까지의 신각(晨刻)을 제외한, 나머지 밤시간을 초경(初更), 이경(二更), 삼경(三更), 사경(四更), 오경(五更)으로 나누되, 각 경은 1점(點), 2점, 3점, 4점, 5점으로 나누었다. 이런 결과, 밤시간은 계절에 따라 달라지고 또한 위도에 따라서도 달라지지만, 계절의 변화와 밀접한 관련을 갖는 농업이 주된 산업이었던 조선시대 사람들에게는, 오히려 일상적인 활동시간에 맞춘 부정시법이 더 유용했었다. 참고로 옛 글이나 그림 속에서 야심한 밤은 대체로 삼경(三更)이라고 표현했다.

시 時	昏刻	戌?	亥?	子?	丑?	寅?	晨刻
경 更	해 → 별	초경	이경	삼경	사경	오경	별 → 해
점 點		1 2 3 4 5	1 2 3 4 5	1 2 3 4 5	1 2 3 4 5	1 2 3 4 5	

부정시법

궁궐까지 나타난 호랑이와 표범

<u>태종 5년(1405) 7월 25일</u>

<u>밤에 호랑이가 한양의 근정전 뜰에 들어오다</u>

밤에 호랑이가 한경(漢京) 근정전(勤政殿) 뜰에 들어왔다.

실록에는 호랑이와 표범에 대한 기사가 많이 나온다. 심지어 궁궐에까지 나타난 경우만 해도 꽤 여러 건이다.

<u>중종 8년 3월 7일</u>

조강에 나아가다

하늘이 이변을 보이더라도 또한 반드시 감격하는 것입니다.
폐조(廢朝, 연산군) 때 호랑이가 종묘(宗廟)에 들어오고 …(후략)

선조 36년 2월 13일

좌우 포도장에게 명하여 창덕궁에서 사람을 문 호랑이를 잡도록 하다

선조 40년 7월 18일

창덕궁에 출몰하는 호랑이를 꼭 잡도록 전교하다

인조 4년 12월 17일

인왕산(仁王山) 곡성(曲城) 밖에서 호랑이가 나무꾼을 잡아먹고 이어 인경궁(仁慶宮) 후원으로 넘어 들어왔는데 …(후략)

영조 27년 6월 9일

호랑이가 경복궁에 들어오다

영조 28년 1월 2일

호랑이가 경복궁 후원에 들어오다

영조 30년 5월 10일

호랑이가 경덕궁(경희궁)에 들어오다

경복궁 실록으로 읽다
치조 일원

정조 1년 9월 19일
호랑이가 궁 밖 군보의 병졸을 물어 가다

광해 14년 11월 13일
표범이 창덕궁에 들어 오자 훈련 도감으로 잡게 하다

실록을 살펴보면 왕은 가끔 사냥을 나갔다. 그러나 '왕의 사냥'이라는 행사는 그냥 재미로 하는 것이 아니었다. 왕이 궁중 밖에 사냥을 나가는 일을 가리켜 그냥 사냥이라고 하지 않고, 무예를 강습한다는 뜻으로 강무(講武)라고 불렀다. 그만큼 왕의 사냥은 특별한 의미를 지니고 있었다. 또한 강무는 사냥이라는 형식을 통해 왕이 여러 부대를 효율적으로 지휘 통솔하면서 군사훈련을 실시했는데, 아울러 사냥을 통해 잡은 짐승을 조상신에게 바치는 것도 매우 중요한 의미를 가지고 있었다.

왕의 사냥은 군사훈련을 겸했다

강무에 대한 자세한 내용은 조선의 예법서인 '국조오례의'에도 실려있는데, 강무의 절차를 살펴보면 행사 7일 전에 병조에서 인원을 징발하여 사냥할 들판에 경계를 표시하고, 당일 새벽까지 군사를 집합시켜 사냥터를 포위한다. 이때 동원되는 군사의 숫자가 5천에서 1만에 육박하기 때문에, 사냥이라기 보다는 실질적으로 사냥감을 적으로 간주하는 일종의 군사훈련이라고 할 수 있다. 그래서 비용도 엄청나게 많이 소요되었다. 이윽고 왕이 사냥터에 이르면 북을 치고 군사들이 행진하며 사냥이 시작되는데, 이때 몰이하는 기병을 출동시킨다.

왕의 주변에는 호위하는 장수들과 대군, 왕자들이 함께 하는데, 반드시 임금이 짐승을 쏜 후에 여러 대군, 왕자들이 쏘고, 그 뒤를 이어 장수와 군사들이 차례로 쏜다. 이를 마치고 몰이하는 기병이 철수하면 백성들의 사냥이 허락된다. 행사가 끝나면 잡은 짐승은 모두 한 곳에 모으는데, 큰 짐승은 관(官)에서 가져가고, 잡은 짐승 중에서도 특별히 좋은 고기는 사자를 시켜 종묘에 보내 제사를 지냈다. 기타 나머지는 그 자리에서 요리하여 잔치를 베풀었는데, 작은 짐승은 개인이 가지고 가기도 했다.

그런데 조선시대에는 호랑이가 아주 흔했다. 그래서 호랑이 때문에 백성들의 생활이 크게 위축되었고, 심지어 호랑이에게 잡아먹히는 사례도 종종 있었다. 그러다보니 강무의 목적 중에는 호랑이를 잡아 백성들의 생활을 안정시키는 것도 포함되었다. 1만명이나 되는 군사들이 넓은 지역을 포위하여 몰이를 하다보면, 당연히 그 속에는 호랑이도 여러 마리 포함되어 있었을 것이다.

그런데 호랑이는 쉽게 잡을 수 있는 짐승이 아니다. 그래서 호랑이를 잡기 위한 특수군사를 두었으니, 그들을 가리켜 착호갑사(捉: 잡을 착, 虎: 범 호, 甲: 갑옷 갑, 士: 선비 사)라 불렀다. 호랑이를 잡는 갑옷 입은 군사라는 뜻이다. 하지만 아무리 용맹하고 특수훈련을 받은 착호갑사라 하더라도 운이 나쁘면 호랑이에게 당할 수도 있었다. 실록에도 그런 기록이 남아있다.

세조 12년(1466) 1월 28일

서교에서 호랑이를 잡다가 갑사 박타내가 죽다

서교(西郊)에 거둥하였다. 대가(大駕)가 의묘(懿墓) 남쪽 산에 이르러 호랑이를 포위하였는데, 겸사복 태호시내가 달려 들어가서 호랑이를 쏘려고 하자 호랑이가 말 다리에 상처를 입혔으므로 겨우 화를 면하였다. 갑사(甲士) 박타내는 창을 가지고 나아가서 잘못 찔러서 호랑이에게 물려 거의 죽게 되었으므로, 도승지 신면에게 명하여 극진히 약으로 구호하게 하고 드디어 환궁하였는데, 이튿날 박타내가 죽었다.

연산 11년(1505) 2월 8일

선전관 등에게 금표 안에 들어가 범 등을 잡아오게 하다

선전관과 군기시의 관원을 시켜 화포(火砲), 기계를 가지고 겸사복 이담손과 함께 금표 안에 들어가서 곰, 범을 사로잡아 오라 하고, …(중략)… 대호(大虎) 15여 구(口)를 사로잡고 곰, 돼지, 노루, 사슴이 매우 많았는데 …(후략)

조선시대에도 시험 부정행위가 만연했었다

명종 6년(1551) 10월 13일

근정전 정시에서 생원 이양이 수석을 차지했으나 물의가 생기다

유생들에게 근정전에서 정시(庭試)를 보였다. 생원 이양(李樑)이 수석을 차지하였는데 전시(殿試)에 직부〔직행〕하게 하였다. 당시에 정사룡(鄭士龍)이 고관(考官)이었는데, 그는 본래 볼 만

한 행실은 없고 탐욕스럽고 더러운 사람이었다.
이양이 일찍이 정사룡에게 배웠으므로 미리 전(篆)의 제목을 이양에게 알려주어, 그로 하여금 오랫동안 글을 구상하게 해서 시험에 합격하게 했으므로 물의(物議)가 떠들썩하였다.

명종 6년의 기사는 과거시험 부정에 관련된 이야기다. 명종이 1534년생 이므로 실록 기사 속의 이 시기는 명종이 만 17세 되던 해로, 문정왕후의 수렴청정과 함께 윤원형의 전횡이 극에 달해 있을 시기다. 따라서 과거시험에서도 부정이 만연했을 것으로 충분히 짐작할 수 있다. 특히 1551년에 윤원형은 우의정에 이조판서까지 겸직하고 있었기 때문에 이런 추정은 더욱 신빙성을 가진다.

과거시험에서의 부정행위는 많은 종류가 있는데 몇가지 대표적인 것을 살펴보면 다음과 같다.

고반(顧盼)
고개를 돌려서 옆의 답안지 베끼기
낙지(落地)
답안지를 일부러 땅에 떨어뜨려서 다른 사람을 보게 하는 것
설화(說話)
옆사람과 의견을 나누어서 답을 작성하는 것
절과(竊科)
합격자의 답안지에서 이름부분만 미리 정해진 사람과 바꿔 붙임.
암표(暗標)

응시자가 미리 정해 놓은 표시로 시험관에게 자신을 알리는 방법

음아(吟哦)

서로 짠 옆사람이 들을 수 있도록 웅얼거려서 말해주는 방법

이석(移席) - 자리 옮기기.

혁제(赫蹄) - 시험관 매수.

혁제공행(赫蹄公行) - 과거 제목을 미리 아는 것.

정권분답(呈券分遝)

시험지 바꿔치기. 옆사람과 바꾸면 환권(換券)이라고 함.

차술자작(借述借作) - 다른 사람의 글을 빌려 쓰는 것.

외장서입(外場書入) - 시험지가 과거장 외부에서 들어오는 것

수종협책(隨從挾冊)

책 자체를 가지고 들어가는 것과 커닝 페이퍼 두 종류

입문유린(入門蹂躪)

시험장에 응시자가 아닌 도와줄 다른 사람이 출입하는 것.

이졸환면출입(吏卒換面出入)

시험장 경비 이졸을 미리 매수한 사람으로 교체.

자축자의환롱(字軸恣意幻弄)

엉터리 답안지를 낸 다음, 그 답안지를 손봐서 합격하는 행위.

조선의 과거시험은 정기시험과 비정기시험이 있었는데, 정기시험은 '식년시'라고 해서 12지 가운데서 3년 간격으로 자(子), 묘(卯), 오(午), 유(酉)가 드는 해인 식년(式年)에 한번씩 치렀다. 한편 비정기시험은 증광시(나라에 경사가 있을 때 식년시 이외에 실시된 임시과거), 별시, 알

성시(국왕이 문묘에 가서 제례를 올릴 때 성균관 유생에게 보게 한 특별시험) 등 여러 형태가 있었는데, 그 중에서도 초시, 복시를 거치지 않고 최종 시험인 전시(殿試)에 곧바로 응할 수 있는 특별 자격을 주는 경우를 직부전시라고 했다. 명종 6년의 실록 기사는 이 직부전시에서 발생한 부정행위〔혁제공행에 해당함〕를 기록하고 있다.

조선판 낙하산, 음서제도

한편, 조선에서는 정식으로 과거시험을 치르지 않고도 고위 관료의 친인척들에게만 하급 관리직의 특혜를 주는 음서제(蔭敍制)가 있었다. 다른 말로 음보(蔭補), 문음(門蔭), 음사(蔭仕), 음직(蔭職)이라고도 하며, 음덕(蔭德)으로 표현하기도 하는데, 조상의 음덕이라는 식으로 활용된다. 요즘 표현으로 하면 낙하산이라고 할 수 있겠다.

원래 이 제도는 귀족사회였던 고려때부터 있었던 것인데, 조선시대까지 명맥이 유지되었다. 다만 고려왕조는 그들만의 리그인 기득권 귀족사회였기 때문에 음서를 당연시하는 분위기였고, 음서의 범위 또한 넓었다. 또한 능력만 충분히 뒷받침된다면 음서만으로도 고위직까지도 승진이 가능했으며, 음서로 하급관리가 된 상황에서 추가적으로 과거에 급제까지 하면, 단순히 과거급제한 경우보다는 훨씬 더 출세하기가 쉬웠다.

그러나 폐쇄적 귀족사회를 무너뜨리고 신진사대부가 그 자리를 차지한 조선에서는 음서제가 매우 깐깐하게 운영 되었는데, 음서로 승진할 수 있는 한계가 분명히 정해져 있었을 뿐만 아니라, 삼사(사헌부, 사간원, 홍문관)와 같은 청요직에는 제도적으로 임용이 원천봉쇄

되어 있었다. 조선에서는 청요직을 거치지 않으면 고위관료로의 진출가능성은 거의 하늘의 별따기 수준이었다. 게다가 음서출신자는 과거출신자 앞에만 서면 항상 작아지는 느낌을 받을 정도로 철저히 무시를 당했다.

그런 이유 때문에 세조 때의 권신 한명회는 과거시험에 번번이 떨어지자, 일단 개국공신이었던 조상의 '음덕'으로 개경의 경덕궁직이라는 말단의 벼슬을 얻은 후, 수양대군의 모사가 되어 계유정란을 통해 세조의 등극에 지대한 공헌을 했고, 마침내 사실상 조선의 제2인자 위치까지 올라갔지만, 다시 과거시험을 쳐야만 했다.

조선판 7전8기, 이후

비록 음서로 시작했지만 다시 과거시험을 통해 정승까지 된 또 다른 사례가 있으니, 영조때의 '이후'의 사례다. 이후는, 인조반정 때의 공신 이귀의 6세손이었으나 무려 50대 중반까지 줄줄이 대과에 낙방했는데, 반면 그의 동생 이유는 25살 때 이미 급제를 해서 대조를 이루었다.

그러나 좋은 가문 덕분에 음서로 나주 목사를 지낼 수가 있었다. 그러던 중 한양에 있던 동생 이유의 생일잔치에 참석할 일이 있었는데, 막상 그 자리에 가보니 동석한 손님들은 판서를 비롯해서 서의다 자신보다 품계가 더 높은 과거출신 관료들이었다. 그 때문에 이후는 자격지심으로 처음에는 스스로 말석에 가서 앉았는데, 잔치 주인공의 친형이었기 때문에 주위 사람들의 권유로 다시 상석에 앉게 되었다.

잔치를 벌이던 중, 동생이 용한 점쟁이를 하나 불러 점을 보게 했는데, 손님들 중의 한사람이 장난삼아 이 자리에 모인 사람들 중 누가 가장 먼저 정승이 되겠냐고 물어보았다. 이때 하필이면 점쟁이가 이후를 지목했다. 음서로 올라갈 수 있는 최고 관직(목사)에 있던 이후는 자격지심에 버럭 화를 내면서 그 자리를 박차고 나왔다. 상황이 난처해진 동생은 그날 밤 형과 다시 만난 자리에서 또 한번 과거에 도전해 보라고 권유를 했고, 이후 역시 점쟁이의 말도 있고 해서, 혹시나 하는 마음으로 과거에 응시를 했는데 이번에는 덜컥 급제가 되고 말았다.

이때 그의 나이 56세였으니, 당시 한양은 낙방도사가 과거에 급제했다는 소문으로 떠들썩했다고 한다. 그리고 7년 후인 1758년, 이후는 동생의 생일잔치에 동석했던 판서들보다도 먼저 정승 반열에 올랐다. 결국 점쟁이의 점이 맞아떨어진 셈인데, 이후는 원래 능력으로 따지면 정승감이었지만, 유난히 과거 운이 없었던 것이다.

영조 37년(1761) 3월 4일
좌의정 이후의 졸기
좌의정 이후가 졸(卒)하였다.

이후의 자(字)는 후옥(厚玉)이며, 본관은 연안(延安)이다. 음관(蔭官)으로 진출하여 목사(牧使)가 되었으며 태학사(太學士) 조관빈에게 종유(從遊)하였었는데, 조관빈이 큰 그릇으로 여겼으며 조관빈이 고시(考試)를 주장함에 이르러 이후가 만년에 과거에 합격하였다. …(후략)…

그러나 인생역전, 칠전팔기의 대명사 '이후'의 최후는 불행하게 끝났다. 이후는 1760년 좌의정에 부임하자, 세자의 교육을 책임지는 세자시강원의 세자부(世子傅)까지 겸했는데, 문제는 모셔야 할 세자가 다름아닌 사도세자였다는 것이었다.

사도세자는 아버지 영조를 대신해서 대리청정을 하는 중요한 위치에 있으면서도 몰래 궁궐을 빠져나와 놀러 다니기도 하였는데, 1761년(영조37)에는 무슨 목적으로 그랬는지는 모르지만, 아버지 몰래 환관 2명을 데리고 평안도까지 갔다가, 돌아올 때는 평양기생 5명을 데리고 돌아왔다. 그리고 그 동안은 환관을 시켜 몸이 아프다는 핑계를 대고, 본인이 마치 동궁에 있는 것처럼 연기(演技)를 하도록 했다.

그런데 평양은 접경지역인 평안도의 감영인 관계로, 평소 군사가 많았기 때문에, 세자의 평양원유사건(平壤遠遊事件)은 자칫 큰 오해를 살 수 있는 사건이었다. 이에 영조는 평양원유사건을 비롯하여 세자와 관련된 각종 유언비어가 난무하는데 대해 심한 추궁을 하자, 이에 책임을 느낀 나머지, 영중추부사 이천보, 우의정 민백상 등과 함께 음독자살하였다.

송강 정철은 피도 눈물도 없는 냉혈한이었다

선조 7년(1574) 9월 27일

근정전에서 전시를 보이다

근정전에서 정시(庭試)를 보였는데 김귀영이 시관(試官)이고, 글제는 '악비청건저이론(岳飛請建儲貳論)'으로 했다.

근정전에서의 과거시험과 관련한 또 다른 실록 기사도 한번 살펴보자. 1574년에 근정전에서 있었던 전시(殿試)에 관한 내용인데, 시험제목만 보면 도대체 무슨 말이지 전혀 감도 오지 않는데, 임금 앞에서 치르는 대과의 최종시험인 전시(殿試)였던 만큼, 문제가 어려운 것은 어쩌면 당연한 것인지도 모르겠다.

여기서 시험 제목이었던 '악비청 건저이론(岳飛請 建儲貳論)'은 송나라 역사서인 송사(宋史) 권365에 나오는 말로, 건저(建儲)는 왕의 자리를 계승할 세자나 태자를 정하던 일을 뜻한다. 남송시대의 충신이었던 악비(岳飛)는 1140년 송나라에 대한 금(金)나라의 침범이 극심할 때, 전투에 나가면서 비밀리에 송나라 고종에게, 우선 태자(太子)를 세워 민심을 안정시켜야 한다고 말했던 고사를 시험제목으로 출제한 것이다.

그런데 조선역사에서도 세자의 건저문제로 인해 큰 정치적 사건이 벌어졌으니, 바로 선조때 있었던 정철의 세자건저 파동이다. 정철하면 대다수 우리나라 국민들은 아, '송강 정철!'하면서, 아마도 '정치인'보다는 '문인'이라는 이미지가 강하게 떠오를 것이다.

그도 그럴 것이 중·고등학교 때의 국어 교과서에 그의 작품이 여럿 등장하는데, 대표적인 것만 해도 장진주사, 성산별곡, 관동별곡, 사미인곡, 속미인곡 등이다. 특히 정철의 작품은 한문투에서 벗어나 16세기 한국어를 자유자재로 구사한 점에서 한국 시가문학의 최고봉으로 인정받고 있는데, 워낙 입시를 비롯한 각종 시험문제에 자주 출제되다보니, 대한민국의 모든 국민들이 기억하는 대표적인 조선시대 문인일 듯 하다.

경복궁 실록으로 읽다
치조 일원

하지만 감성으로 충만한 문인으로서의 정철과는 달리, 정치인으로서의 정철은 피도 눈물도 없는 냉혈한이었다. 특히 정여립의 난을 계기로 기축옥사(己丑獄事)를 일으켰는데, 당시 서인의 영수였던 정철은 상대당인 동인계 인사들에 대해 혹독한 정치적 탄압을 벌여서, 무려 1,000여명의 인사들을 처형하거나 옥사되게끔 만들었다.

1575년(선조 8) 김효원과 심의겸의 대립으로 인해 정치적으로 동인과 서인으로 갈라졌던 사림파는, 이 기축옥사를 통해 되돌아올 수 없는 다리를 건넜고, 특히 정철은 동인을 죽게한 원흉으로 낙인찍혔는데, 이후 동인의 화살은 그에게로 집중될 수 밖에 없었다. 결국 정철을 몰아내기 위한 동인의 반격이 시작되었으니, 그것이 바로 세자건저 파동이었다.

임진왜란이 일어나기 1년 전인 1591년, 영의정 이산해는 좌의정 정철과 우의정 유성룡 등을 불러서, 이미 선조의 나이가 40을 넘겼고 잦은 병치레로 인해 앞날이 어찌될 지 모르니, 후사(세자)를 빨리 정해야 한다고 주장했다. 당시 선조는 왕비로부터는 후사가 없었으나 후궁들에게서는 임해군, 광해군, 신성군, 정원군, 순화군, 흥안군 등 수많은 왕자를 얻었다. 하지만 선조는 자신이 조선 최초의 서자출신 왕이었던 콤플렉스 때문에, 자신의 후사만큼은 반드시 적자를 통해 잇고 싶어서, 그때까지도 세자를 성하시 않고 계속 미루던 상황이었다.

하지만 객관적인 상황판단으로는 이산해의 주장이 백번 옳았기 때문에 더이상 세자책봉을 늦출 수가 없어서, 비록 이산해가 동인 출신이었다 하더라도 정철은 이산해의 주장에 동의했고, 여기에는 정철뿐만 아니라 나머지 다른 사람들도 마찬가지였다. 다만 적자가 없는 상황에서 서자들 중 누구를 세자로 정하느냐 하는 문제만 남았는데, 서자들 중에서 장남인 임해군은 너무 성격이 포악하여 처음부터 배제되었고, 차남인 광해군이 최선의 대안으로 꼽혔는데, 그에 대한 반론이나 이론이 없을 만큼 광해군은 탁월한 자질을 가지고 있었다.

정철의 치죄문제로 갈라지는 동인

그런데 동인의 영수였던 이산해는 이 기회를 정철 제거에 활용하고자 했다. 사실 선조는 후궁들 중에서 '인빈 김씨'를 총애하고 있었고, 따라서 만약 정비 소생의 왕자가 끝까지 태어나지 않는다면, 인빈 김씨 소생의 신성군을 후계로 삼으려는 생각을 가지고 있었다. 그러나 그런 생각을 겉으로 표현하지는 않고, 신하들이 알아서 신성군을 세자로 추대해 줬으면 하고 바라고 있었다.

이때 영의정 이산해와 좌의정 정철, 그리고 우의정 유성룡은 광해군으로 세자를 정할 것을 최종적으로 결정한 뒤, 이 뜻을 선조에게 전달하고자 조정에서 미리 만나기로 했다. 그런데 이산해는 이런저런 핑계를 대며 약속한 첫날에도 나오지 않았고, 두번째 약속한 날에도 나오지 않았다. 정철은 이미 삼정승이 합의한 내용이기도 했거니와, 더이상 세자건저 문제를 뒤로 미룰 수 없다라고 판단해서, 이산해는 빠진 채로 우의정 유성룡과 함께 선조 앞에 나가서 세자로 광해군을 세울 것을 말했다.

하지만 내심 신성군을 기대했던 선조는 엉뚱하게 광해군이 세자

경복궁 실록으로 읽다
치조 일원

로 거론되자 불같이 화를 내면서, "내 나이 아직 마흔도 되지 않았는데〔우리 나이로는 40을 넘었지만, 만 나이로는 안되었다〕경은 어째서 세자건저 문제를 청하는 것이냐"며 따졌고, 옆의 유성룡에게도 같은 생각이냐고 물었는데, 이 상황에서 유성룡은 꿀먹은 벙어리가 되어 버렸다. 일이 이렇게 돌아가자 세자건저 문제는 정철이 혼자서 책임을 지게되는 결과가 되었고, 조선의 기강을 흘뜨렸다는 혐의로 양사의 탄핵을 받아 파직당한 후, 함경북도 명천으로 유배를 가게되었다.

정철이 몰락하면서 여당이었던 서인정권도 함께 몰락하자, 정권은 자연히 동인쪽으로 넘어가게 되었는데, 이때 정철의 치죄문제로 동인마저 갈리게 되었다. 흉계를 꾸몄던 이산해는 정철의 사형을 주장했으나, 유성룡 등은 세자건저 문제로 사형까지는 너무 과하다며 반대를 했다. 때문에 동인은 내부에서 강경파와 온건파가 서로 대립하게 되다가, 강경파는 북인으로, 온건파는 남인으로 갈라서게 되었다.

북인은 주로 지리산을 중심으로 활동하던 남명 조식 계열의 사람들이었고, 남인은 주로 경상도 지역을 기반으로 하는 퇴계 이황 계열의 사람들이었는데, 북인이 강경한 입장을 보일 수 밖에 없었던 이유는, 과거 정철이 정여립의 난과 기축옥사를 통해 피의 숙청을 벌였을 때, 피해자의 대부분이 지역적으로 지리산을 중심으로 하는 호남계열과 일부 영남계열 사람들이었기 때문이었다.

사정문과
사정전 [便殿]

왕이
일상정치를
하는 곳

조회는 규모에 따라 조하, 조참, 상참으로 나뉜다

　백성을 항상 생각하면서 정치를 하라는 뜻의 사정전(思政殿 / 思: 생각 사, 政: 정사 정, 殿: 전각 전)은 정문인 사정문(思政門 / 思: 생각 사, 政: 정사 정, 門: 문 문)과 더불어 경복궁의 편전(便殿) 구역을 이룬다. 편전은 임금이 평상시에 머물면서 정사를 돌보던 곳인데, 주편전인 사정전 양옆으로는 보조편전인 만춘전과 천추전이 나란히 자리잡고 있다. 또한 사정전은 앞쪽의 근정전과 더불어 치조, 즉 정치구역에 해당된다. 그렇다면 근정전과 사정전에서의 정치행위에는 어떤 차이가 있

경복궁 실록으로 읽다
치조 일원

을까?

먼저 우리는 조회(朝會)란 말을 어떤 뜻으로 쓰고 있을까? 조회라는 말을 들으면 누구나 학교나 관청 등에서 아침에 모든 구성원이 한자리에 모이는 모임이라고 알고 있고, 주로 각종 의식 또는 지시사항을 전달하고 단체체조 등을 하기도 한다. 그러나 조선시대에는 조회(朝會)란 말이 조정〔朝〕에서의 궁중 모임〔會〕을 뜻했다.

조선시대 조회는 대체로 규모에 따라 세 종류로 나눌 수 있었다. 먼저 가장 큰 규모의 조회는 조하(朝賀)라고 부르며, 동지나 정조(正朝, 설날 아침), 즉위나 탄신일 따위의 국가 경축일에 모든 신하들이 정전 앞 조정마당에서 임금에게 하례를 드렸다. 그래서 조하가 열리는 정전의 앞뜰은 궁궐 내 마당 중에서는 그 규모가 가장 크다. 그러나 조하의 규모는 워낙 커서 정전의 앞뜰을 가득 채우고도 모자라 근정문 바깥공간 까지도 모두 사용해야 했다.

조하보다 약간 작은 규모는 아일조회(衙日朝會) 또는 조참(朝參)이라고 불렀는데, 매월 4차례 문무백관들이 임금에게 문안을 올렸다. 조참의 경우, 비록 조하보다는 약간 작다 하더라도 여전히 규모가 꽤 크고, 시행빈도는 월 4회로 다소 떨어지기 때문에 정전의 정문, 즉 근정문에서 거행되었다. 조하나 조참의 경우 신하들은 모두 선 채로 행사를 진행했다. 경국대전에 쓰여진 조참의식은 아래와 같다.

매월 4회(5, 11, 21, 25일) 열리는 것으로 규정되어 있다. 미리 날을 잡아 근정문의 중앙에 남향으로 어좌를 마련하고 좌우에 향안(香案)을 설치하며, 홍례문 안에 악대를 배치한다. 2품 이상의

사정문

천추전

경복궁 실록으로 읽다
치조 일원

사정문에서 본 사정전

만춘전

관원은 영제교 북쪽 길 동편에 서고, 3품 이하는 다리 남쪽길 동편에 서며, 종친과 무관 2품 이상은 다리 북쪽 길 서편에 서고, 3품 이하는 다리 남쪽길 서편에 선다. 등급에 따라 다른 위치에 여러 줄로 서나 북향한 첫째 사람이 반수(班首, 동반과 서반의 우두머리)가 된다.

북이 처음 울리면 병조에서 노부(鹵簿, 의장)와 기장(器杖)을 설치하고, 홍례문 안팎에 군대를 정렬시킨다. 북이 두 번 울리면 종친과 문무백관이 지정된 관복을 입고 왕이 있는 사정전 문밖에서 지시를 기다린다. 통례의 청에 따라 왕이 익선관과 곤룡포를 입고 사정전에서 나오면 근시와 집사관이 먼저 4배의 예를 올린다. 북이 세번 울리면 문무백관이 지정된 위치로 돌아가고 왕이 보여를 타고 나타나며, 악대가 풍악을 울린다. 왕이 근정문 자리에 앉으면 전의(典儀)가 부르는 구령에 따라 4배하고, 평신(平身)하면 의식이 종료된다.

근정문 조참 vs 사정전 상참

한편, 가장 작은 규모의 조회는 상참(常參)이라고 부르는데, 규모가 작은 만큼 치조 중에서도 편전인 사정전 구역에서 매일같이 열렸으며, 조하나 조참처럼 모든 신하가 다함께 참여하는 것이 아니라, 일부 고위 관료들을 중심으로 소수가 참여를 했다. TV사극을 보면 임금 앞에 신하들이 양쪽으로 서로 마주본 채로 나눠 앉아서 정사를 보는 장면이 바로 상참의 모습이다. 그리고 아침 일찍 열리면 조조(早朝), 정오에 열리면 오조(午朝), 오후 늦게 열리면 만조(晩朝)라고 했다. 이제 실록을 통해 사정전에서 열리는 상참의 한 장면을 들여다 보자.

문종 1년(1451) 11월 1일
왕씨 후예를 찾아 그 작위를 높여 제사를 이어가게 할 것을 명하다
임금이 사정전에 나아가 도승지 이계전과 우부승지 박중손을 인견하고 말하기를,
"개국할 초기에 왕씨를 참혹하게 대우한 일은 진실로 태조(太祖)의 본의가 아니고, 바로 그때의 모신들이 한 바인데, 태조께서 항상 몹시 애도하는 생각을 가졌었다."…(후략)…

위의 실록 기사에서 우리가 눈여겨 볼 부분은 두 곳이다. 먼저 개국초기에 왕씨를 참혹하게 대우했다는 부분은 바로 공양왕을 포함하여 고려 왕족인 왕씨들을 몰살시킨 사건이었다.

고려의 마지막 왕인 공양왕은 원래 왕이 될 생각이 전혀 없었다. 이미 실권은 이성계 일파가 다 쥐고 있는 상황이었기 때문이었다. 게다가 공민왕의 아들인 '우왕'과 우왕의 아들인 '창왕'이 생존해 있었기 때문에, 공양왕은 왕위계승 서열에서도 한발 물러나 있었다. 그렇지만 이성계 일파는 '우왕'을 공민왕이 아니라 신돈의 아들이라며 주장하고, '가짜를 내쫓고 진짜를 세운다〔廢假立眞〕'는 논리로써 우왕과 창왕을 밀어내고, 고려 제20대 신종의 7대손인 '공양왕'을 강제로 왕으로 옹립했는데, 그야말로 이름뿐인 허수아비 왕이었다. 따라서 공양왕의 존재는 이성계가 왕위에 오를 때까지의 기간제 임시

직이었다. 왕이 되기 싫었던 공양왕의 속마음이 실록에도 그대로 남아있다.

태조 1년(1392) 7월 17일
태조가 백관의 추대를 받아 수창궁에서 왕위에 오르다
태조가 수창궁에서 왕위에 올랐다. … (중략) … 마침내 왕대비의 교지를 받들어 공양왕을 폐하기로 일이 이미 결정되었는데, 남은(南誾)이 드디어 문하평리(門下評理) 정희계와 함께 교지를 가지고 북천동의 시좌궁에 이르러 교지를 선포하니, 공양왕이 부복하고 명령을 듣고 말하기를,
"<u>내가 본디 임금이 되고 싶지 않았는데 여러 신하들이 나를 강제로 왕으로 세웠습니다.</u> 내가 성품이 불민하여 사기(事機)를 알지 못하니 어찌 신하의 심정을 거스른 일이 없겠습니까?"하면서, 이내 울어 눈물이 두서너 줄기 흘러내리었다. 마침내 왕위를 물려주고 원주로 가니, 백관이 국새를 받들어 왕대비전에 두고 모든 정무를 나아가 품명하여 재결하였다. …
(후략)

이렇듯 공양왕을 잘 활용(?)했던 태조 이성계는 드디어 자신이 왕위에 오르자, 이제는 더이상 필요가 없어진 공양왕을 제거하고자 했다. 그럼 이성계가 공양왕을 제거한 명분을 담은 교지를 실록에서 찾아보자.

"신민이 추대하여 나를 임금으로 삼았으니 실로 하늘의 운수이요. 군(君)을 관동에 가서 있게 하고, 그 나머지 동성(同姓)들도 각기 편리한 곳에 가서 생업을 보안하게 하였는데, 지금 동래 현령 김가행과 염장관 박중질 등이 반역을 도모하고자 하여, 군(君)과 친속의 명운을 장님 이흥무에게 점쳤다가, 일이 발각되어 복죄(伏罪)하였는데, 군(君)은 비록 알지 못하지만, 일이 이 같은 지경에 이르러, 대간과 법관이 장소(章疏)에 연명하여 청하기를 12번이나 하였으되, 여러 날 동안 굳이 다투고, 대소 신료들이 또 글을 올려 간(諫)하므로, 내가 마지 못하여 억지로 그 청을 따르게 되니, 군(君)은 이 사실을 잘 아시오."

내용을 현대어로 해석, 요약하면 이렇다. "비록 공양왕 당신 자신은 전혀 몰랐다 하더라도, 반역의 무리들이 잡혀 죄를 실토했는데, 거기서 당신 이름이 나왔다. 그 일로 신하들이 당신을 연좌하여 죽이라고 하니, 나는 싫지만 어쩔 수 없이 신하들의 의견을 따른다. 그러니 나를 원망하지 마라." 뭐 이런 뜻이다. 변명치고는 참 어설프다.

공양왕의 무덤이 두 개인 이유

공양왕은 결국 이성계에 의해 공양군(恭讓君)으로 강등되어, 처음에는 강원도 원주로 유배되었다가 간성으로 유배지가 옮겨졌고, 다시 삼척으로 옮겨진 뒤에 그 곳에서 처형 아니 살해당했다. 그런데

고양공양왕릉 [문화재청]

재미있는 사실은 그의 무덤이 경기도 고양시의 왕릉골에도 있거니와, 강원도 삼척시의 궁촌리에도 있다는 점이다. 이는 어찌된 일일까? 일단 실록에서 관련된 내용을 찾아보자.

> 태조 3년(1394) 4월 17일
> 삼척의 공양군에게 교지를 전하고, 그와 두 아들을 교살시키다
> 정남진 등이 삼척에 이르러 공양군에게 교지를 전하면서 말하였다. …(중략)… 마침내 그를 교살(絞殺)하고 그 두 아들까지 교살하였다.
>
> 세종 19년(1437) 7월 17일

삼척공양왕릉 [문화재청]

공양왕의 어진을 고양현 무덤 곁의 암자에 이안하도록 하다
안성군 청룡사에 봉안했던 공양왕의 어진을 고양현 무덤 곁
에 있는 암자에 이안하라고 명하였다.

실록에 의하면 태조 3년에 분명 강원도 삼척에서 죽임을 당했는데, 세종 19년에는 공양왕의 무덤이 고양현(현 고양시)에 있다고 언급하고 있다. 이를 어떻게 해석할 것인가?

실록의 기사뿐만 아니라 삼척의 공양왕릉이 있는 곳 지명이 궁말 또는 궁촌리(宮村里)이고, 마을 입구 고개의 이름이 살해재인 것으로 봐서는, 삼척에 공양왕이 유배를 가있던 중 살해당한 것은 분명한 듯 하다. 그런데도 그로부터 43년이 지난 세종 19년에 무덤이 고양현에 있다는 기록이 존재한다는 것은, 처음 살해되어서 묻힌 곳은 삼척이었지만, 공양왕의 시신을 확인하기 위해 한양으로 불러 올린 후, 고양현에 다시 묻은 것으로 해석하는 것이 타당할 듯 하다.

또 다른 해석으로는 공양왕의 시신을 모두 보낸 것이 아니라, 확인만을 위해 목을 잘라 머리만 보냈기 때문에 고양현에는 머리가 묻혔고, 삼척에는 몸뚱이가 남았다는 설과, 공양왕은 일단 삼척에서 죽었는데 태종때에 공양군에서 공양왕으로 복위되면서 고양현으로 이장한 뒤, 삼척의 봉분을 허묘로 남겨두었을 가능성도 조심스럽게 제기되고 있는데, 현재 문화재 당국의 공식적인 입장은 세종실록의 내용을 근거로 해서 고양시의 공양왕릉을 공식적으로 인정하고 있다. 아무튼 고려왕조의 마지막 왕릉이 두 개씩이나 된다는 사실 자체가 비운의 고려왕조를 상징적으로 보여주고 있다고 할 수 있겠다.

한편, 현재 고양시에도 공양왕릉과 관련된 지명이 많이 남아있는데, 공양왕릉이 있는 동네 이름은 왕릉골이며, 공양왕릉의 맞은편 산줄기 너머에는 대궐약수가 있고, 인근의 식사동은 공양왕이 개성에서 나온 뒤 잠시 왕릉골에 숨어 있을 때, 인근에 있던 절에서 왕에게 밥을 해 주었다고 하여 식사(食寺)동이 되었다고 한다.

강화도 해협에서 비명횡사한 고려 왕족들

그렇다면 공양왕을 제외한 나머지 왕씨들의 최후는 어땠을까? 결론부터 말하자면 강화도 해협의 거친 물살 속에 수장되어 물귀신이 되었다. 조선이 건국되자 고려의 왕족이던 개성 왕씨들은 체제의 위협요소라고 판단되었다. 따라서 조선 개국공신들은 왕씨들을 완전히 제거해야 한다는 주장을 줄기차게 이성계에게 올렸다. 하지만 왕씨 일족을 제거하는 것에 대해 민심의 향방이 어떻게 될지 몰랐기 때문에, 이성계는 처음에는 윤허하지 않았다. 해당 실록 기사를 살펴보자.

태조 3년(1394) 4월 10일
남은 왕씨 일족을 제거하기를 청하는 상소를 올리니 윤허치 않다
대간과 형조에서 상소하였다.
"신 등이 요사이 왕씨를 제거하자는 일로써 여러 번 총청을 번거롭게 하였사오나, 윤허를 얻지 못하였으므로, 각기 스스로 낭패를 당했사옵니다. … (중략) … 그러하온데 왕씨는 이를 돌아보지 않고 도리어 흔단을 일으켰습니다. 지난번에 장소(章疏)에 연명하여 죄주기를 청하여, 지당(支黨)은 참형을 당했사오나, 남은 무리들은 각처에 모여 있으니, 만약에 위급한 일이 있으면 불측한 환(患)이 발생할까 두렵습니다." …(중략) …

"세 관청에서 소장을 같이 올리는 것은 내가 이미 금지시켰는데, 어찌 다시 그렇게 하는가?" 임금이 말하고는 상소문을 돌려보내지 않고 대궐 안에 그대로 두었다.

그렇지만 왕씨들이 연루된 모반 사건이 연이어서 터져 나오는 상황(다분히 조작의혹도 있다)에서 신하들의 주장이 갈수록 거세지자, 드디어 1394년(태조 3) 4월 14일 이성계는 조정에 그 문제를 논의하도록 지시했는데, 그 시행은 즉시 이루어졌다. 왕씨들에게는 죽음의 판결이 떨어진 셈이었다. 4월 14일자 실록은 '왕씨 일족을 제거하기 위해 관원들을 삼척, 강화, 거제도에 보내다'라는 제목을 달고 있었는데, 그 다음날인 4월 15일자 실록에는 '윤방경 등이 강화에 있던 왕씨 일족을 강화 나루에 빠뜨려 죽이다'라는 짧은 기사만을 담고 있다. 실록에는 기재되지 않았지만, 여기저기 흩어져 있는 자료를 참고하여 상세한 이야기를 모아 종합해 보면 아래와 같다.

담당 관리들은 강화도로 건너갈 배를 마련하고 왕씨들을 불러 모았다. "지금 임금이 글을 내려, 여러분을 섬 속에 두어 일반 백성으로 만들라고 분부했으니, 따라들 오시오." 왕씨들은 목숨을 살려준다는 것만으로도 다행으로 여기며, 다투어 배에 올랐다. 미리 짜놓은 각본대로 배가 연안을 떠나 깊은 곳에 이르자, 잠수부가 배 밑창을 뚫었다. 배에 탔던 사람들은 비명도 지르지 못한 채 바다 밑으로 가라앉았다.

이보다 닷새 후인 4월 20일 실록 첫 번째 기사는 '손흥종 등이 거제도에 있던 왕씨 일족을 바다에 빠뜨려 죽이다'이고, 두 번째 기사는 '중앙과 지방에 왕씨의 남은 일족을 찾아 모두 죽이다'여서 4월 20일까지 거의 모든 왕씨는 박멸된 것으로 기록되고 있다.

세종이 흉지에 묻히자 조선왕실은 초토화되었다

다시 1451년(문종 1) 11월 1일 실록 기사로 돌아가보자. 왕이 사정전에서 만난 사람 중에 도승지 이계전이 있다. 그런데 이계전은 지금 세종대왕이 묻혀 있는, 여주 영릉자리의 원래 주인이었다.

세종대왕은 처음부터 여주에 묻힌 것이 아니었다. 세종은 생전에 미리 자신의 무덤자리(부부의 합장릉)를 봐 두었는데, 그 곳은 바로 오늘날 서울 서초구 내곡동에 있는, 아버지 태종의 무덤인 헌릉 바로 옆의 서쪽 언덕이었다. 그런데 세종보다 먼저 왕비가 돌아가시자, 미리 봐둔 무덤자리에 모시기 위해 땅을 파보니 물이 나왔다. 물이 나오는 무덤이 흉지임은 상식 중의 상식이어서, 상지관들은 그 곳에 왕릉 쓰는 것을 당연히 만류하였다. 그러나 세종은 부모묘 근처보다 더 좋은 명당이 어디 있겠냐며 고집을 부려 기어코 그 곳에 왕릉을 만들었고, 4년 후에는 자신도 죽어서 그 곳에 묻히게 됐다.

그런데 그로부터 불과 2년 뒤부터, 세종의 뒤를 이은 장남 문종이 죽고, 손자 단종이 즉위 했지만 수양대군에게 왕위를 뺏기고 곧 죽임을 당했다. 뿐만 아니라 세조는 재위기간 내내 종기(피부병)로 고생했고, 세조의 장남 의경세자는 왕위에 오르지도 못한 채 아버지 세조보다도 더 일찍 세상을 떠났으며, 세조의 차남인 예종의 첫 번째 부인도 17살의 꽃다운 나이로 죽었다. 세종 사후 20년이 채 되지도 않았는데 왕이 무려 4번 바뀌고, 세자와 원자가 죽고 며느리들이 죽어나가자, 조정에서는 당연히 흉사의 원인을 세종왕릉에 대한 풍수해석에서 찾았고, 따라서 세종왕릉의 천장을 준비했다. 그 내용이 예종실록에 실려있다.

예종 1년(1469) 3월 6일
세종 장헌대왕과 소헌왕후를 여흥 새 능으로 옮겨 안장하다
이날에 세종 장헌대왕과 소헌왕후를 여흥(驪興) 새 능으로 옮

겨서 안장하였다. 제사(諸司)에서 각각 한 사람씩 회장하였다. 처음에 소헌왕후가 훙(薨)하자 세종이 유사에게 명하여 헌릉 무덤 곁에 묏자리를 잡게 하였는데, 음양가(지관)가 불길하다고 반박하니, 세종이 말하기를,

"다른 곳에 복지(福地)를 얻는 것이 선영(先塋) 곁에 장사하는 것만 하겠는가? 화복(禍福)의 설(說)은 근심할 것이 아니다. 나도 나중에 마땅히 같이 장사하되 무덤은 같이 하고 실(室)은 다르게 만드는 것이 좋겠다." 하였는데, 세종이 훙(薨)하자 유교(遺敎)에 따라 같이 장사하였다가 이에 이르러 옮겼다.

지관의 말을 무시한 이계전의 자식들은 천하명당 자리를 잃었다

마침내 조정에서는 천장(遷葬)을 결심하고, 상지관(풍수를 전담하는 관리)들에게 명당을 찾도록 했다. 그때 상지관인 안효례의 눈에 발견된 곳이 지금의 여주 영릉 자리다. 그런데 원래 그 곳은 이계전의 무덤이 있는 곳이었다. 이계전이 세상을 뜨자, 그의 자식들은 유명한 지관에게 천하명당자리를 부탁해서 그 자리에 무덤을 만들었다. 이때 무덤자리를 잡아준 지관은 이계전의 자식들에게 명당자리를 오래도록 보존하고 싶으면, 무덤 근처에 재실과 다리를 만들지 말라고 신신당부를 했다고 한다.

그러나 이계전의 자식들은 아버지의 무덤을 초라하게 방치할 수가 없어서, 묘역을 대대적으로 정비하고 재실도 갖추었고, 명당수를 건너가기 위한 돌다리까지 만들고 말았다.

한편, 조정에서 파견된 상지관들은 왕릉조성에 관한 국법에 따라

여주 영릉(英陵) - 세종대왕릉

도성에서 100리 이내의 땅에서 명당을 샅샅이 찾았으나, 마땅한 자리를 찾을 수가 없었다. 국법에서 100리 규정을 둔 것은 임금이 하루 안에 환궁할 수 있어야 하기 때문에 생긴 규정이었다. 이때 상지관 안효례는 발상을 전환해서 뱃길을 이용하면 100리가 넘어도 하루 안에 환궁할 수 있다는 생각에 여주까지 찾아갔다.

　여주에 도착한 그가 가장 높은 산에 올라가 주변을 둘러보는데, 갑자기 세찬 소나기가 쏟아지기 시작했다. 산 속에서 비를 피하려고 급히 주위를 살피니, 먼발치에 건물 하나가 눈에 들어왔다. 그래서 그쪽으로 달려가는데 불어난 개울 때문에 더 이상 갈 수가 없었다. 그런데 갑자기 근처에서 돌다리가 보여 그곳을 통해 건물로 갔더니, 그 건물은 무덤에 딸린 재실이었다. 재실의 처마 밑에서 비가 그치기를 기다리고 있는 동안 재실 옆의 무덤을 찬찬히 살펴보는데, 그 자리는 천하의 명당자리임을 바로 알아차릴 수가 있었다.

원래 남이 쓰던 무덤자리에는 새로 무덤을 쓰지 않는다. 왜냐하면 한번 무덤을 쓰면 땅의 기운이 날아가 버리기 때문에, 파묏자리는 흉지라는 것이 상식이다. 그러나 왕릉의 경우는 일반인들의 무덤보다 2배 이상 깊이 파기 때문에, 비록 그 자리에 일반인의 무덤이 먼저 있었다손 치더라도 땅속 깊이 흐르는 왕기에는 손상을 주지 않는다. 그래서 이계전의 무덤은 다른 곳으로 옮겨지고, 헌릉 옆에 있던 세종왕릉이 이계전의 무덤자리로 천장하게 되어 오늘에 이르고 있다.

투항한 일본인을 조선에서는 항왜(降倭)라 불렀다

세조 3년(1457) 7월 25일
왜인 신사야문의 이름을 김신문으로 바꾸고 겸사복으로 명하다
근정문에 나아가서 조참(朝參)을 받고, 사정전에 나아가서 정사를 보고 윤대를 행하였다. 왜인 신사야문(申沙也文)의 이름을 김신문(金信文)으로 바꾸고 예복차림으로 입시(入侍)하게 하였다. 전지(傳旨)하기를,
"너 김신문은 의(義)를 사모하여 충성을 다하고자 하므로, 특별히 작명(爵命)을 내려 준다." 하니, 김신문이 머리를 조아리고 사례하였다. 이어서 겸사복(兼司僕)으로 명하였다.

실록에는 일본인이 조선에 투항한 사례가 자주 보인다. 이들을

가리켜 투항한 왜인이라는 뜻에서 항왜(降倭)라고 불렸다. 항왜 중에서도 가장 유명한 사례는 김충선 장군이다. 김충선 장군의 본명은 사야가(沙也可)로 1592년(선조 25) 임진왜란 때 왜장 가토 기요마사(加藤淸正)의 좌선봉장으로 내침하였으나, 조선의 문물이 뛰어남을 흠모하여, 경상도 병마절도사 박진에게 귀순하였고 임진왜란부터 병자호란까지 여러차례 큰 공을 세워 정2품 정헌대부(正憲大夫)를 제수받았다. 도원수 권율, 어사 한준겸의 주청으로 '김해 김씨'성과 '충선'이라는 이름을 하사받았는데, 임금이 하사한 성씨라고 해서 사성 김해 김씨라고 부른다. 이괄의 난 때에도 부장 서아지를 잡아 죽인 공으로 인조에게서 사패지(賜牌地)를 하사받았다.

그런데 일본의 치열했던 전국시대를 경험한 항왜병들은 대부분 검술이 뛰어나고, 조총을 잘 다루는 데다가, 죽음을 무릅쓰고 돌격하는 용맹한 자들이었기에 조선 조정에서는 이들을 적극 활용했고, 김신문의 경우도 겸사복으로 임명되었는데, 겸사복은 조선시대 왕의 친위병(금군 삼청: 내금위, 우림위, 겸사복) 중에서도 가장 최정예 부대를 가리킨다.

항왜와 관련된 이야기 중 가장 흥미를 끄는 것은 인조 때 발생했던 이괄의 난에서 활약한 항왜 이야기다. 난을 일으킨 이괄은 선봉으로 항왜병(降倭兵) 130여 명을 내세웠다. 그런데 이들은 말그대로 천하무적이었다. 임진왜란 당시 조선군이 가장 무서워했던 것은 사실 '조총'이 아닌, '일본도'였다. 조총은 활에 비해서 사정거리도 짧고, 재장전에 활보다 시간이 훨씬 더 많이 소요되기 때문에, 전투가 진행되면서 이런 조총의 특징을 파악한 뒤로는, 조총에 대한 공포감은 많이 감소되었다.

하지만 일본도의 위력은 대단했다. 특히 일본은 오랜 전국시대를 거치면서 근접전에 최적화된 일본도와 검술을 지니고 있었다. 일부 기록은 '우리는 칼집에서 칼을 꺼내기도 전에 적의 칼에 두동강이 났다'고 서술하고 있다. 이런 이괄부대의 항왜병 선봉부대를 막기 위해, 조선조정에서는 너무나도 어처구니 없는 계획까지 논의했으니, 그것은 바로 동래 왜관에 머물고 있던 왜인들을 구원병으로 요청하는 것이었다.

인조 2년(1624) 2월 10일
이경직을 청왜사(請倭使)로 삼아 구원을 청하려다 그만두다

(전략)… "적(이괄의 반란군)이 항왜를 선봉으로 삼아 승세를 타고 저돌하니, 교련시키지 못한 군졸로서는 저항할 수 없는 것입니다. 동래(東萊)의 왜관(倭館)에 머물러 있는 왜인이 1천 인에 가깝다 하는데, 사신을 보내어 글을 전하여 굳이 청할 수만 있다면, 와서 이 적을 칠 것은 틀림없을 것입니다."…(중략)…

이경직이 떠나려 할 때 조정에 여쭙기를, "관왜(館倭)가 즉시 와서 구원하지 않고 도주(島主)에게 알린다면 반드시 지연될 것이고, 반면에 대거로 몰려온다면 또한 어떻게 처치하겠습니까" 하였다. 영상 이원익이 그 말을 아뢰니 상(上)이 대신을 불러 이르기를,

"…(중략)… 혹시 우리가 도움을 청함에 따라 병마(兵馬)를 많

이 보내 오면, 뜻밖의 환난(즉, 제2의 임진왜란)이 반드시 없으리라고 보장하기 어려우니, 보내지 말도록 하라."

이런 식으로 이괄의 반란군은 이동경로 상에서 대항하는 관군들을 아주 손쉽게 차례로 격파하고는 한양에 근접했고, 이 소식을 접한 인조는 즉시 공주로 도망을 갔다. 이괄의 반란군은 마침내 한양에 입성해서, 임진왜란때 폐허가 된 경복궁 자리에 주둔하였다. 한양을 접수한 이괄은 곧 선조의 아들 흥안군 이제(李瑅)를 왕으로 추대하고, 새로운 행정 체제를 갖추려고 하였다.

그러나 이괄은 전세가 너무나도 쉽게 자기쪽으로 기울자 방심한 나머지, 주변 정탐과 텅텅 비어있던 유리한 지형을 선점하는 것을 모두 등한시하였고, 결국 안산(무악산)의 고지에 대규모로 집결한 관군과의 전투에서 패한 뒤, 부하장수들에게 살해당하면서 이괄의 난은 허무하게 종지부를 찍었다.

조선 최대의 섹스 스캔들, 어우동

편전에서의 상참(常參)과 관련하여 성종실록 속에 유난히 눈길이 가는 기사가 하나 보인다.

성종 11년(1480) 10월 18일
동부승지가 의금부에서 삼복한 어을우동의 죄안을 가지고 아뢰다
상참을 받고 정사를 보았다. 동부승지 이공이 의금부에서 삼복(三覆)한 어을우동(於乙宇同)의 죄안을 가지고 아뢰기를,

"어을우동이 전에 태강수 이동의 처가 되었을 때 수산수 이기 등과 간통한 죄는, '대명률(大明律)'의 '남편을 배반하고 도망하여 바로 개가(改嫁)한 것'에 비의(比擬)하여, 교부대시(絞不待時, 때를 기다리지 않고 바로 교수형)에 해당합니다." …(후략)…

어우동 혹은 어을우동이라 불리는 이 여인은 성이 박씨로, 왕실과 친척인 집안 태생이었다. 성리학이 규범이었던 조선에서 금기에 가까운 희대의 간통사건을 일으켰기 때문에, 가문에서도 파문을 당해 성을 뺀 어우동이란 이름으로 기록되었다. 어우동은 가문에서만 파문당한 것이 아니었다. 왕족으로 태종의 서증손자였던 태강수 '이동'의 아내였기 때문에, 한때 왕실족보인 선원록에도 이름이 올랐지만 마찬가지로 기록이 삭제되었다.

성종 11년(1480) 11월 13일
종부시에서 어을우동의 이름을 선원록에서 지우라고 아뢰다
종부시(宗簿寺)에서 아뢰기를,
"태강수 이동이 버린 처 어을우동은 음행한 죄로 극형을 받았으니, 청컨대 '선원록'에서 그 여자의 이름을 지우도록 하소서." 하니, 그대로 따랐다.

또 다른 기록에 따르면, 태강수 이동은 기생 또는 첩을 사랑해서 어우동을 내쫓기 위해 간통사건을 조작하여 결국 쫓아냈다고 한다. 나중에 이 사건은 이동의 조작에 의한 것임이 밝혀져 어우동은 무죄

가 되었으나, 이동은 끝내 어우동을 받아들이지 않았고, 결국 어우동은 버림받는 처지가 되었다. 그러자 앙심을 품은 어우동은 수산수 이기, 방산수 이난을 비롯한 왕족들, 과거 급제자 홍찬 등 양반관료뿐만 아니라 중인, 양인과 노비를 가리지 않고 닥치는 대로 정을 통했다.

성종 11년(1480) 10월 18일
어을우동을 교형에 처하다. 그의 간통 행적

어을우동을 교형(絞刑)에 처하였다. 어을우동은 바로 <u>승문원 지사 박윤창의 딸</u>인데, 처음에 <u>태강수 이동</u>에게 시집가서 행실을 자못 삼가지 못하였다. 태강수 이동이 일찍이 은장이[銀匠]을 집에다 맞이하여 은기(銀器)를 만드는데, 어을우동이 은장이를 보고 좋아하여, 거짓으로 계집종처럼 하고 나가서 서로 이야기하며, 마음 속으로 가까이 하려고 하였다. 태강수 이동이 그것을 알고 곧 쫓아내어, …(중략)…

또 일찍이 미복을 하고 <u>방산수 이난</u>의 집 앞을 지나다가, 이난이 맞아들여 간통을 하였는데, 정호(情好)가 매우 두터워서 이난이 자기의 팔뚝에 이름을 새기기를 청하여 먹물도 이름을 새기었다. 또 단오날에 화장을 하고 나가 놀다가 도성 서쪽에서 그네뛰는 놀이를 구경하는데, <u>수산수 이기</u>가 보고 좋아하여 그 계집종에게 묻기를,

"뉘 집의 여자냐?" 하였더니, 계집종이 대답하기를,

"내금위의 첩입니다." 하여, 마침내 남양 경저(京邸)로 맞아들여 정을 통했다. …(중략)…

학록(學錄) 홍찬이 처음 과거에 올라 유가(遊街)하다가 방산수의 집을 지날 적에 어을우동이 살며시 엿보고 간통하고 싶은 마음이 있었는데, 그 뒤에 길에서 만나자 소매로 그의 얼굴을 슬쩍 건드리어, 홍찬이 마침내 그의 집에 이르러서 간통하였다.

서리(署吏) 감의향이 길에서 어을우동을 만나자, 희롱하며 따라가서 그의 집에 이르러 간통하였는데, 어을우동이 사랑하여 또 등〔背〕에다 먹물로 이름을 새기었다.

밀성군의 종〔奴〕 지거비(知巨非)가 이웃에서 살았는데, 틈을 타서 간통하려고 하여, 어느 날 새벽에 어을우동이 일찌감치 나가는 것을 보고, 위협하여 말하기를,
"부인께선 어찌하여 밤을 틈타 나가시오? 내가 장차 크게 떠들어서 이웃 마을에 모두 알게 하면, 큰 옥사가 장차 일어날 것이오." 하니, 어을우동이 두려워서 마침내 안으로 불러 들여 간통을 하였다.

이때 방산수 이난이 옥중(獄中)에 있었는데, 어을우동에게 이르기를,

"예전에 감동(甘同)이 많은 간부(奸夫)로 인하여 중죄를 받지 아니하였으니, 너도 사통한 바를 숨김없이 많이 끌어대면, 중죄를 면할 수 있을 것이라." 하였다. 이로 인해 어을우동이 간부(奸夫)를 많이 열거하고 …(후략)…

똑같은 간통사건임에도 유감동은 살고, 어우동은 죽은 이유

위의 실록 기사에서 알 수 있듯이, 어우동은 위로는 왕족부터 아래로는 노비까지 상대의 신분을 가리지 않았는데, 이것이 결국 자신을 죽음에 이르게 하였다. 왕족이었던 이난은 어우동과의 간통혐의로 조사를 받던 중, 옥중에서 어우동에게 빠져나갈 계책을 살짝 알려주었다. 그것은 바로 세종때의 '유감동'이라는 여자의 섹스 스캔들을 참고로 삼았는데, 당시 감동이 워낙 많은 간통대상자를 실토했더니, 결국 지배층에서 부담감을 느끼고, 간통사건을 슬쩍 덮었던 과거 전례를 모방하자는 것이었다.

세종 9년(1427) 8월 17일
음부 유감동에 대한 논의
임금이 대언 등에게 묻기를,
"사헌부에서 음부(淫婦) 유감동(俞甘同)을 가뒀다는데, 간부(奸夫)는 몇이나 되며, 본 남편은 누구인가. 세족(世族)이 의관(衣冠) 집의 여자인가." 하니, 좌대언 김자(金赭)가 대답하기를,
"간부(奸夫)는 이승, 황치신(황희의 장남), 전수생, 김여달, 이돈 등과 같은 사람이고, 기타 몰래 간통한 사람은 이루 다 기록

할 수 없사오며, 본 남편은 지금 평강현감 최중기입니다. 중기가 무안군수가 되었을 때에 주위를 거느리고 가서 부임했는데, 이 여자가 병을 핑계하고 먼저 서울에 와서는 음란한 행실을 마구하므로 중기가 이를 버렸습니다. 그 아비는 검한 성 유귀수이니 모두 사족(士族)입니다." 하였다.

그러나 감동 사건과 어우동 사건은 결정적으로 다른 점이 있었으니, 그것은 감동의 간통상대가 모두 양반신분이었던 반면, 어우동은 심지어 노비와도 간통을 한 것이다. 이 점은 엄격한 신분제 사회였던 조선의 양반 사대부로서는 도저히 용납할 수 없는 사안이었다.

간혹 어우동이 성종과도 관련이 있는 인물이란 이야기가 있는데, 그 이유는 당대에도 그런 소문이 항간에 떠돌아 다녔기 때문이다. 그 소문의 출처는 어우동과 놀아난 사람 중에 이씨 성을 쓰는 선비가 있었는데, 그 선비의 정체가 성종이 아니겠느냐는 세간의 지레짐작 때문이었다. 성종이 역대 조선왕 중에서 최고의 외모를 지녔을 뿐만 아니라 미행을 즐겨 했는데, 그런 와중에 어우동을 만나 연애를 즐겼으나, 음탕한 여인과 밀애를 즐겼다는 사실이 발각될까 두려워, 어우동을 잡아다 죽였다는 소문이 당시 저잣거리에 돌아다녔다는 야사가 전해지고 있으나, 전혀 근거가 없는 이야기일 뿐이다.

한편 어우동과 간통했던 사람들은 거의 대부분 가벼운 처벌만 받았고, 어우동이 죽은 뒤에는 모두 사면되거나 실직에 복귀하였다. 특히 지위가 높을수록 처벌은 거의 없었으며, 어우동이 내금위장의 첩이라고 신분을 밝혔음에도, 그를 데려간 왕족과 양반들은 심지어 조상을 모시는 사당으로까지 데려가서 간통하는 등, 유교적 도덕성을 이념으로 한 양반사회의 위선이 외부에 알려지는 계기가 되기도 하였다.

•• 뱀의 발
새들로부터 전각을 보호하라!

사정전에 관련된 또다른 재미있는 실록 기사 중에는 궁궐의 전각을 새들로부터 보호하기 위해 그물을 치거나 뾰족한 못이나 송곳, 침 등을 설치한 것도 들어 있다. 새가 앉지 못하게 하기 위하여 전각의 처마에 둘러치는 철망을 부시(罘罳)라고 하는데 세종실록부터 기록이 보이고 있다.

성종 7년(1476) 4월 2일
석강에서 동부승지 홍귀달이 사정전의 철망 설치 중지를 청하다
석강에 나아가니, 동부승지 홍귀달이 아뢰기를,
"경복궁 사정전에 철망을 갖추는 일은 지금 이미 준비를 마쳤습니다. 그러나 그 결조하는 공역은 쉽지가 않으니, 예전대로 수리하게 하는 것이 어떻겠습니까?" 하니, 임금이 말하기를,
"내 뜻도 역시 이와 같다. 다만 처음엔 단청이 제비와 참새에게 더럽혀지기 때문이었는데, 한 사람도 그 그른 것을 말하는 자가 없었다." 하였다.
…(후략)…

세종 5년(1423) 3월 28일
…(전략)… 봉황이 와서 희롱하고, 바다에서 물결이 일어나지 않고, 보정

(寶鼎)이 나온 것은 모두 상서(祥瑞)이고, 9년의 물과 7년의 가뭄과 부시(罘罳)에 화재가 난 것은 모두 재이(災異)인 것이다. …(후략)…

부시(罘罳)

경복궁 실록으로 읽다
치조 일원

만춘전과 천추전 [보조便殿]

천체관측 활동의 중심지

만춘전과 천추전 속에 반영된 음양오행

　만춘전(萬春殿 / 萬: 일만 만, 春: 봄 춘, 殿: 전각 전)과 천추전(千秋殿 / 千: 일천 천, 秋: 가을 추, 殿: 전각 전)은 사정전을 좌우에서 보조하는 보조편전이다. 사정전은 전체 바닥이 마루로만 되어있고 별도의 난방시설이 없다. 따라서 좌우의 만춘전과 천추전은 난방시설을 갖추어서, 기온이 내려가도 국정운영에 중단이 없도록 하였는데, 만춘전은 주로 늦겨울과 봄에, 천추전은 가을과 초겨울에 사용되었다.
　우선 만춘전부터 살펴보자. 사정전의 동쪽에 위치하는데, 건춘문

천추전

과 마찬가지로 이름 속에 봄을 뜻하는 춘(春)이 들어있어, 음양오행의 개념상 동쪽을 상징한다. 또한 사정전 서쪽에 나란히 지어진 천추전(千秋殿)과 크기와 모양에서 완벽한 좌우대칭을 이룬다. 만춘전은 천추전에 비해 글자 속 숫자가 훨씬 더 큰데, 이것 역시 음양오행의 개념상, 양을 뜻하는 동쪽이 음을 뜻하는 서쪽보다 서열이 높기 때문이다.

그런데 임진왜란으로 소실되기 전의 경복궁 모습을 확인할 수 있는 '경복궁전도(景福宮全圖)'를 보면, 만춘전과 천추전의 위치가 오늘날과는 상당히 다르다. 즉 만춘전과 천추전이 지금처럼 사정전 행각에 둘러싸여 사정전의 양 옆 동서쪽에 위치하지 않고, 사정전 행각의 밖에서 복도로 연결되어 있다. 따라서 경복궁 중건시 현재의 위

만춘전

치로 옮긴 것으로 추정된다.

만춘전과 천추전 주변은 시간측정기기들로 채워져 있었다.

　만춘전과 천추전에 관련된 실록 기사에는 임금의 정사활동과 관련하여, 천체운행 및 시간측정을 위한 기물들이 설치되었음을 알려주는 내용이 들어있다.

　세종 19년(1437) 4월 15일
　주야 측후기인 일성정시의가 이룩되다
　처음에 임금이 주야 측후기(測候器)를 만들기를 명하여 이름을 '일성정시의(日星定時儀)'라 하였는데, 이에 이르러 이룩됨을 보

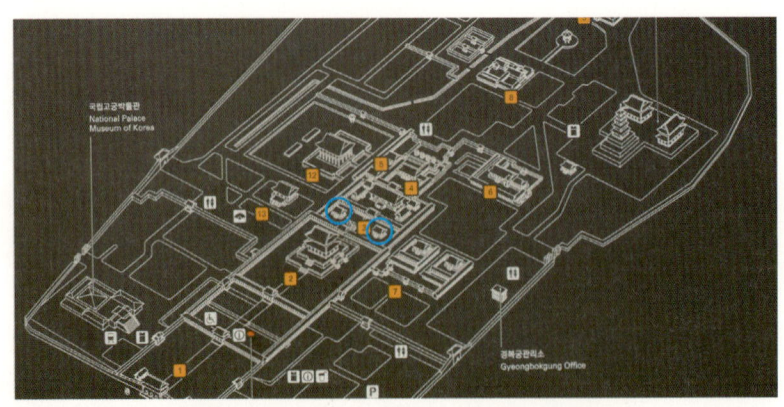

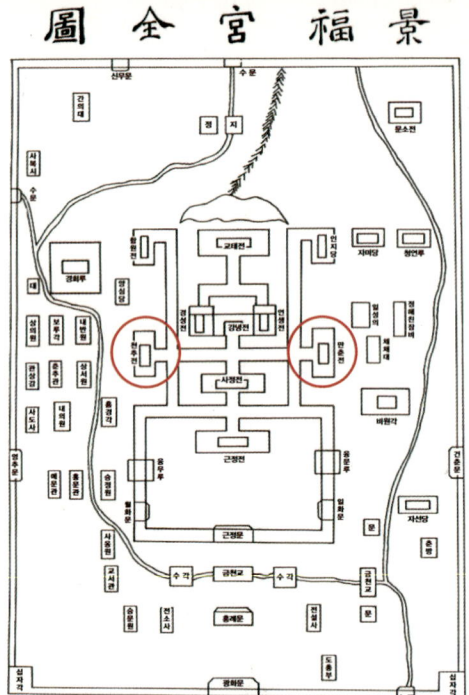

초기 경복궁과 복원 후 경복궁에서의 만춘전과 천추전 위치
위: 경복궁 현재 배치도
아래: 경복궁전도-삼성출판박물관 소장[국립문화재연구소]

경복궁 실록으로 읽다
치조 일원

일성정시의(日星定時儀) 복원품 [국립민속박물관]

고하였다. 모두 네 벌인데, 하나는 내정(內庭, 만춘전)에 둔 것으로 구름과 용을 장식하였으며, 나머지 셋은 다만 발이 있어 바퀴자루를 받고 기둥을 세워, 정극환을 받들게 하였다. 하나는 서운관에 주어 점후(占候)에 쓰게 하고, 둘은 함길, 평안 두 도의 절제사 영에 나누어 주어서 군중의 경비하는 일에 쓰게 하였다. …(중략)…

경회루 남쪽에 집 3간을 세워서 누기(漏器, 물시계)를 놓고 이름을 '보루각(報漏閣)'이라 하였다. …(중략)… 천추전 서쪽에 작은 집을 짓고 이름을 '흠경각(欽敬閣)'이라 하고, 종이를 붙여서 산 모양을 만들어 높이는 일곱 자 가량인데 집 가운데 놓고, 안에는 기륜(機輪, 시계장치)을 만들어서 옥루수(玉漏水)를 이용하여 치게 하였다. …(중략)…

낮에 측후하는 일은 이미 갖추었으나, 밤에 이르러서는 징험할 바가 없어서, 밤낮으로 시각을 아는 그릇을 만들어 이름을 '일성정시의'라 하였고 네 벌을 만들어, 하나는 만춘전 동쪽에 놓고, 하나는 서운관에 주고, 둘은 동서 양계의 원수영(元帥營)에 나누어 주었다. …(후략)…

조선의 임금을 상징적으로 보여주는 물건이 여럿 있는데, 대표적으로 국새(옥새), 어좌(용상) 등을 꼽을 수 있다. 그런데 여기에 결코 빠질 수 없는 것이 하나 더 있으니, 그것은 바로 일월오봉도(병풍으로 만든 것은 일월오봉병)다. 임금의 국새와 어좌는 당연히 임금을 상징하는 것으로 볼 수 있지만, 임금 뒤에 펼쳐진 일월오봉도라는 그림은 어떻게 해서 임금을 상징할까?

일월오병도 병풍 [국립고궁박물관]

경복궁 실록으로 읽다
치조 일원

1만원권 지폐도안에 숨은 조선의 시간

지갑 속에 1만원권 지폐가 있을 것이다. 그런데 1만원권 지폐의 앞면에는 세종대왕의 얼굴이 있고, 그 바로 옆에는 해와 달 그리고 다섯개의 봉우리가 그려져 있다. 이것을 일월오봉도라고 하며, 궁궐의 어좌(용상) 뒤에는 병풍으로 항상 펼쳐져 있는데, 이 일월오봉도는 조선의 국왕과 반드시 한 세트로 움직인다.

또한 이것은 동양의 전통사상인 음양오행을 상징하는데, 육안으로 확인할 수 있는 하늘의 천체 중에서, 고정궤도로 움직이는 해와 달, 그리고 태양계의 다섯 행성인 목성, 화성, 토성, 금성, 수성을 뜻한다. 해와 달을 포함하여 7개 천체의 움직임은, 동서고금을 막론하고 전통시대에 시간과 날짜를 알아낼 수 있는 유일한 방법이었다.

이제 1만원권 지폐의 뒷면을 살펴보자. 거기에는 국보 제230호인 '혼천의'라고 하는, 우리 전통의 천체관측기구가 있다. KBS 스페셜이라는 TV방송에서도 나온 적이 있었는데, 조선시대 우리 조상들은 자체적인 천문지식으로 고도의 정밀한 시계인 혼천시계를 만들었다. 또한 '혼천의'의 뒷배경 그림은 국보 제228호인 천상열차분야지도라는 우리의 천문도인데, 원래 1세기의 평양하늘을 그린 고대 고구려의 천문도를 바탕으로, 태조 이성계가 조선 개국초기에 한양의 하늘을 기준으로 다시 제작하도록 명하여, 지금에 이르고 있다. 이 속에는 24절기를 포함하여 해와 달의 움직임에 대한 천문적인 지식뿐만 아니라, 육안으로 확인할 수 있는 모든 별자리의 정보가 담겨 있다.

따라서 조선의 시간과 날짜는 모두 정밀한 역법과 시계를 갖춘 궁궐에서 나왔으며, 이것을 기준으로 세상이 운영되었으니, 결국 조선의 임금은 세상만물의 기준이자 주관자라는 의미에서, 임금의 자리 뒤에는 시간의 상징인 일월오봉도가 병풍으로 자리잡고 있는 것이다. 자, 그럼 조선시대의 천체관측과 시간측정, 즉 역법에 대해 조금 더 알아보기로 하자.

우리가 전통적으로 사용했던 달력은 음력이 아닌 태음태양력이다.

'설날은 음력 1월1일이다'라는 표현은 맞는 말일까? 엄밀히 말하자면 부정확한 말이다. 상식적으로 우리나라가 옛날부터 전통적으로 사용해 오던 달력을 음력, 즉 태음력이라고 알고 있다. 그러나 그것은 정확히 말해 태음력이 아닌 태음태양력이다. 태음태양력은 달과 태양의 움직임을 모두 고려해서 만든 역법이다. 그래서 날짜의 계산은 달의 삭망, 즉 달이 차고 기우는 것을 기준으로 하고, 계절의 변화는 태양의 움직임을 기준으로 한다. 단적인 예로 우리는 한 해를 스물넷의 기간으로 나누어 계절의 표준으로 삼은 것을 전통적으로 절기, 또는 24절기라고 불러왔다.

그런데 24절기의 가장 대표적인 것이 춘분과 추분 그리고 동지와 하지다. 그 날들은 하루 중 밤과 낮의 길이가 같거나 또는 가장 길거나 짧은 날이다. 즉, 달의 움직임이 아니라 태양의 움직임을 기준으로 삼은 것을 알 수 있다. 하지만 정월대보름, 팔월대보름처럼 큰 명절은 달이 꽉찬 보름날이 많다. 따라서 우리의 전통 역법은 순태음력이 아닌 태음태양력이라는 결론에 도달한다.

그럼 우리는 왜 순태음력이 아닌 태음태양력을 사용하게 되었을까? 태음력은 달이 차고 기우는 것을 기준으로 한달을 정하는데, 아직도 이슬람에서는 순태음력을 사용한다. 태음력은 누구나 쉽게 날짜를 짐작할 수 있다. 매일매일 달의 모양이 알려주기 때문이다. 그런데 태음력에서 이달 보름과 다음달 보름사이의 간격인 삭망월 주기는 약 29.53일이다.

그래서 큰 달은 30일, 작은 달은 29일로 정했는데, 이렇게해서 12개월을 1년으로 잡으면 총 354.367일이 되어서, 실제 지구의 공전주기인 365.2422일에 비해서 약 11일이 부족하다. 따라서 3년만 지나면 차이가 33일로 벌어지고, 계절이 한달 이상 차이가 나게 되며, 심지어 13년만 지나면 새해를 삼복더위 속에서 맞이하게 된다. 우리처럼 농업을 위주로 하던 나라에서는 이렇게 되면 적절한 파종 시기를 놓치게 되어서 큰 혼란에 빠지게 된다.

그래서 태양을 기준으로 하는 태양력을 태음력과 함께 사용해서, 날짜는 태음력을 기준으로 하되, 계절의 움직임은 태양력을 기준으로 하는 것이다. 그리고 1년 동안 발생하는 태양력과 태음력의 차이는 태음력에 윤달을 추가해서 조정하는데, 태음력의 1년 주기인 354.367일과 태양력의 1년 주기인 365.2422일은 소수점 이하의 숫자로 인해, 짧은 기간 동안에는 숫자가 최대공약수로 딱 떨어지지 않기 때문에, 총 19년에 걸쳐서 7번의 윤달이 만들어진다.

달력이 없던 조선시대에는 어떻게 날짜를 알았을까?

옛날 사람들은 달력이 없었을텐데, 윤달을 포함해서 어떻게 정확한 날짜를 알았을까? 동양 역법은 천체의 현상인 하늘의 뜻을 반영

한다는 동양사상을 배경으로 성립된 것이다. 하늘의 뜻은 곧 임금에게 통치의 정당성을 부여한다. 태조 이성계가 천상열차분야지도를 다시 만들게 한 것도 조선 개국의 정당성을 하늘의 뜻이라고 주장하기 위함이었고, 그 내용이 천상열차분야지도 속에도 우측 최하단에 그대로 적혀 있다. 따라서 당시의 달력은 단순히 날짜만을 나타내는 것이 아니라, 일종의 천문계산표였다.

그런데 천문현상은 규칙적이긴 하지만, 시간의 흐름에 따라 완만히 변화한다. 그런 이유 때문에 역법에 대한 연구는 끊임없이 이루어졌으며, 이런 연구는 전문적인 지식을 필요로 했기 때문에, 주로 한 왕조의 최고통치자가 관련 지식을 독점했다.

우리나라도 예외가 아니어서, 주로 역법은 중국의 역법을 수입해서 사용했다. 조선시대때 매년 가을 북경에 동지사라는 사신을 보냈는데, 그의 중요한 임무 중의 하나는 바로 다음 해의 역서, 즉 달력을 받아오는 것이었다. 그렇게 확보한 달력을 우리 실정에 맞게끔 약간 수정한 뒤, 각 지방관청에 내려보내서 사용하도록 한 것이다.

지방관청까지는 달력이 내려갔어도 일반 백성들에게 까지는 골고루 돌아가지 않았을 텐데, 일반 백성들은 어떻게 날짜를 알았을까? 그에 대한 힌트가 논어 팔일(八佾)편에 나온다.

자공이 매달 초하루마다 제사 드리는 고삭(告朔)의식의 희생양을 비용절감 차원에서 없애고자 하니, 공자 가라사대, 자공아, 너는 그 양을 아끼느냐? 나는 그 예법을 사랑한다.

경복궁 실록으로 읽다
치조 일원

공자와 그의 제자인 자공 사이에 있었던 이 대화를 제대로 이해하려면, 고삭(告朔)이라는 의식에 대해 알아 둘 필요가 있다. 고삭은 한자 뜻 그대로 초하루[朔]를 알리는[告] 제사의식인데, 고대 동양권 전통사회에서는 매월 초하루에 종묘에 나가서, 조상신들에게 그날이 초하루임을 알렸다. 그럼 조상신에게 왜 초하루를 알렸을까?

고삭 의식의 목적을 좀 더 정확하게 말하자면, 비록 조상신에게 제사를 지내면서 초하루를 알리는 형식을 갖추었지만, 실제 알리려고 했던 대상은 '조상신'뿐만이 아니라, '일반 백성들'도 포함되었다. 왜냐하면 옛날에는 지금과 같지 않아서 천문역법은 어렵고, 달력 등이 제대로 보급되지 않아서, 일반 백성들은 정확한 날짜를 알 수가 없었다. 그래서 매월 초하루에 고삭 의식을 치름으로 인해서 일반 백성들에게 날짜 관념을 심어 준 것이다.

그럼 조선에서도 중국과 똑같이 고삭의식을 치렀을까? 아니다. 조선은 고삭의식 대신에 망궐례라는 의식을 치렀다. 망궐례는 중앙관직의 관리를 제외한 모든 조선의 지방관들의 경우, 지리적인 여건상 직접 궁궐에 나아가서 왕을 배알하지 못하기 때문에, 각 고을의 객사에 왕을 상징하는 전패를 모시고, 매달 초하루와 보름에 대궐을 향해 예를 올림으로써, 백성들에게 날짜를 알려주었다. 참고로 매년 정초 궁궐 안에서 치르는 망궐례는 우리 궁궐이 아니라, 중국의 황제가 있는 궁궐을 향해 예를 올렸다.

우리 역법의 자존심은 칠정산이다

그렇다면 우리는 항상 중국에서 수입한 역법만 사용했을까? 우리

자체의 역법은 없었을까? 세종실록에 재미난 기사가 있다. 세종 4년인 1422년 설날의 기사다.

세종 4년(1422) 1월 1일
일식이 있어 인정전 월대 위에서 일식을 구하다
일식이 있으므로, 임금이 소복을 입고 인정전의 월대 위에 나아가 일식을 구(救)하였다. 임금이 섬돌로 내려와서 해를 향하여 네 번 절하였다. 천체의 운행을 관측하면서 <u>1각(刻)을 앞당긴 이유로 관상감의 술자 이천봉에게 곤장을 쳤다.</u>

　일식은 해가 달에 의해 가려지는 천문현상이기 때문에 전통시대의 임금에게는 매우 큰 변고였고, 따라서 이를 미리 예견해서 하늘에 제사를 지내야만 임금의 위신이 살게 된다. 그런데 관상감 소속 신하였던 이천봉이 일식이 일어나는 시각을 1각, 즉 15분 틀리게 예측하는 바람에 곤장을 맞은 것이다.
　이 사건은 세종대왕에게는 좀 창피한 상황이었을 것이다. 모든 제사준비를 다 해 놓았는데, 일식 시각이 예상보다 15분이나 빗나갔기 때문이다. 그 이유는 아마 중국에서 받아온 역법을 우리에게 적용하다보니 천문관측지점이 달라서 약간의 오차가 있었던 것 같다. 그래서인지 세종은 우리 자체의 역법제작을 지시했고, 그 결과물이 '칠정산(七政算) 내외편'이다.
　칠정산의 글자는 일곱을 뜻하는 칠, 정치를 뜻하는 정, 그리고 계산을 뜻하는 산이다. 이는 음양오행에 나오는 일곱개의 천체(七)를

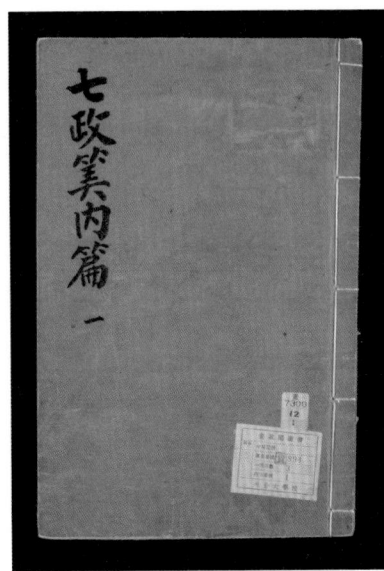 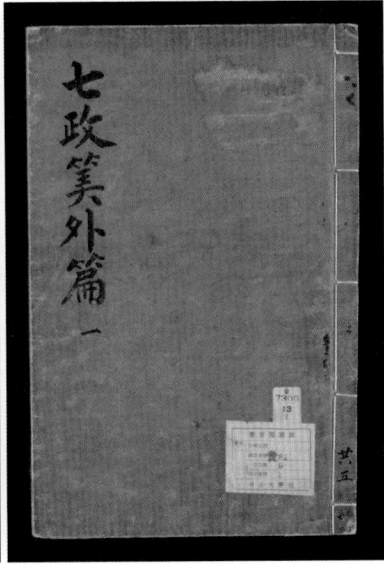

칠정산(七政算) 내·외편 [서울대학교 규장각한국학연구원]

관측하여 정밀하게 계산한〔算〕 다음, 그것을 정치에 반영〔政〕한 것이라는 뜻이다. 다만 중국의 역법은 수시력, 대통력, 시헌력처럼 모두 역이라는 글자를 붙이지만, 이는 천자의 나라에만 붙일 수 있기 때문에, 우리는 대신 계산을 뜻하는 '산'이라는 이름을 붙였다. 따라서 조선임금의 뒤에 항상 일월오봉도 병풍이 펼쳐져 있는 이유가 '천문＝시간＝정치'였음이 칠정산으로 다시 한번 더 증명된다고 할 수 있겠다.

동궁
일원

자선당

왕세자를
노린
저주사건과
방화사건

세종은 자선당에서 격구시합을 즐겼다

　사정전과 옆으로 평행한 축선 위의 동쪽 편에는 자선당(資善堂 / 資: 재물 자, 돕다, 善: 착할 선, 훌륭하다, 잘하다, 堂: 집 당)과 비현각(丕顯閣)이 일곽을 이루고 있는데, 이 곳이 바로 세자와 세자빈이 함께 거처하는 동궁이다. 동궁은 임금의 동쪽에 있는 세자의 궁이라는 뜻인데, 이 때문에 왕세자를 동궁마마라고 부르게 되었다. 그 중에서도 자선당은 착하고 훌륭하게[善] 되도록 돕는다[資]는 뜻인데, 세자와 세자빈의 주거처로서, 건물의 가운데 대청마루를 중심으로 동쪽은 세자의 처

자선당

소, 서쪽은 세자빈의 처소로 나뉘는데, 이것 역시 음양론을 충실히 따르고 있다.

자선당과 관련한 실록 기사 중에서 재미난 기사들이 몇 보인다.

세종 11년(1429) 2월 9일
구를 치다
자선당(資善堂)에 나아가 구(毬)를 치니, 여러 종친들이 입시하였다.

세종 11년(1429) 3월 23일
자선당에서 구를 치다

경복궁 실록으로 읽다
동궁 일원

> 임금이 자선당(資善堂)에서 구(毬)를 치니 여러 종친들이 입시하였다.

여기서 구(毬)는 격구(擊毬)를 뜻한다. 격구는 골프 또는 하키와 비슷하게 막대기로 공을 치는 경기인데, 원래 페르시아에서 비롯된 폴로 경기가 중국에 전래되어 격구로 불리면서, 우리나라에도 삼국시대에 전해져서 고려시대에 크게 유행하였다. 조선시대에는 격구를 무예의 하나로 여겨서 무과시험의 한 과목이 되기도 했다.

격구에는 말을 타고 하는 기마격구와 궁중이나 넓은 마당에서 하는 보행격구가 있었는데, 기마격구는 구장에서 말을 타고 막대기로 공을 쳐서 구문 밖으로 내보내는 놀이였다. 반면 보행격구는 궁중이나 넓은 마당 여기저기에 구멍을 파 놓고, 걸어 다니면서 공을 쳐서 구멍 안에 넣는 놀이인데, 방법이 쉬워서 심지어 아이들도 참가하였다고 한다.

이 놀이에서 파생된 것이 포구락(拋毬樂)이라는 궁중무용〔정재〕의 하나인데, 상부에 조그만 구멍이 뚫린 포구문(拋毬門)을 사이에 놓고, 무용수들이 춤을 추다가 한 사람씩 차례로 나와 채구(彩毬)를 그 구멍 속으로 던지는데, 채구가 구멍에 들어가면 상으로 꽃을 받고, 만약 들어가지 못하면 벌로 뺨에다 먹칠을 하는 춤이다.

세자를 노린 자선당 방화사건

한편 중종 때에는 이 자선당에서 세자를 노린 방화사건이 있었다. 이 때의 실록 기사를 살펴보자.

중종 38년(1543) 1월 7일
밤에 동궁에서 불이 나니 끄게 하고 세자의 안부를 묻다
밤 삼경(三更) 동궁(東宮)에 불이 났다. 정원(승정원)에 전교하기를,

"동궁에 불이 났으니 급히 사소(四所)의 입번 군사를 출동시켜 불을 끄게 하라." 하니, 정원이 회계(回啓)하기를,

"대궐 안에 불을 끄는 기구가 없으니 건춘문을 열고 금화사(禁火司)를 시켜 들어와 불을 끄게 하는 것이 어떻겠습니까?" 하였는데, 아뢴 대로 하라고 전교하였다.

이날 밤의 화재는 뜻밖에 발생하였다. 승지와 사관 등이 정신 없이 동궁에 달려가 보니 화세(火勢)가 치성하여 자선당(資善堂)까지 불탔다.

중종 38년 1월 한밤중에 동궁에서 일어난 화재에 대하여 실록에는 간단한 팩트만 기술되어 있지만, 야사에는 수많은 억측과 추측이 난무하고 있다. 그런데 재미있는 것은 대부분의 기록과 야사의 공통점이, 문정왕후와 훗날 인종으로 즉위하는 세자와의 관계를 언급하고 있다는 것이다. 이 사건에 대해 이긍익이 쓴 역사서 연려실기술(燃藜室記述) 등의 기록물을 한번 보자.

동궁에 불이 일어나는 변을 당할 때 세자가 자는 방이 밖으로 잠겨 있었지만, 세자와 세자빈은 간신히 화재를 피했다. (불지른) 흔적이 뚜렷하였으므로 궁중 사람들이 모두 간신 윤원로(문정왕

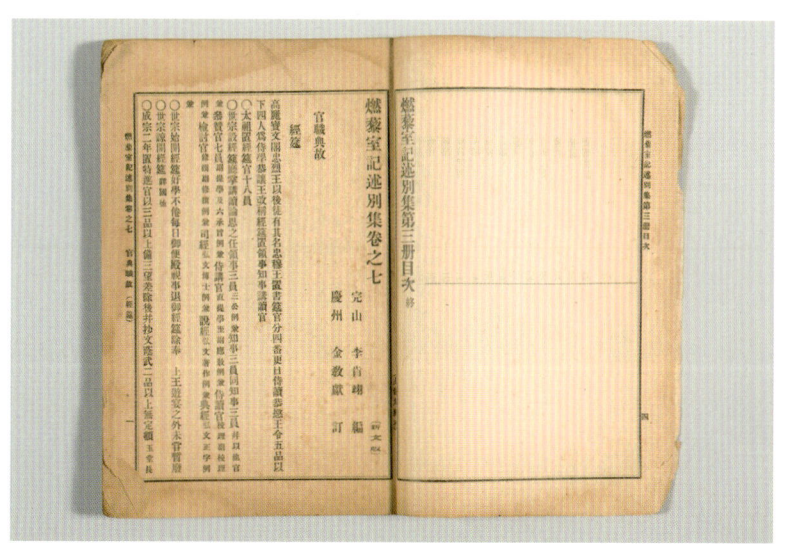

연려실기술(燃藜室記述) [국립중앙박물관]

후의 오빠, 윤원형의 친형)의 소행이라고 지목하였다. - 연려실기술

세자 제거의 길로 나선 문정왕후 윤씨는 기회를 엿보던 중, 중종 38년(1543) 1월 7일 새벽 3경에 세자 침전의 방문을 밖에서 잠그고 불을 질렀다. (너무나도 착한) 세자는 불을 지른 인물이 계모 윤씨라는 것을 눈치채고도 탈출을 거부하고 죽으려 했지만(그것이 효라고 생각했음), 다행히 귀인 정씨가 세자를 구출해 냈다. - 야사

이렇듯 동궁의 화재는 명백한 방화였음에도 불구하고 심증은 가지만 물증이 없는 관계로, 끝내 범인은 잡지 못한 채로 사건은 마무리가 되었다. 그럼 문정왕후는 왜 세자를 그토록 못잡아 먹어서 안

달이었을까?

세자를 핍박하는 문정왕후

　인종의 어머니는 장경왕후 윤씨로, 중종의 두 번째 왕비다. 중종의 첫 번째 부인은 단경왕후 신씨로 연산군의 처남인 신수근의 딸이자, 연산군과 함께 폐비된 중전 신씨와는 고모, 조카 사이었다. 따라서 중종반정으로 인해 연산군이 축출될 때, 단경왕후도 공신들에 의해 강제로 쫓겨났다.

　그런데 두 번째 왕비가 된 장경왕후도 세자를 낳자마자, 엿새만에 산후병으로 곧 사망하게 된다. 생모이자 든든한 후원자 역할을 해야 할 왕비가 없는 세자는 정치적으로 매우 어려운 상황에 놓이게 되었고, 6살에 세자에 책봉된 뒤 인종으로 즉위할 때까지 무려 25년간을 세자로 지내면서, 많은 정치적 도전을 받아왔다.

　대표적인 것이 권신 김안로의 아들 김희가 꾸민 이른 바 '작서(灼鼠, 불로 지진 쥐)의 변'이다. 장경왕후가 세자를 낳고 산후병으로 죽자, 당시 왕의 총애를 받고 있던 경빈 박씨는 자기 소생인 복성군을 세자로 책봉할 야망을 품게 되었다.

　그러던 중 세자의 생일에 쥐를 잡아서 사지와 꼬리를 자르고, 입, 귀, 눈을 불로 지져서 동궁의 북쪽 뜰[北庭] 은행나무에 걸어 세자를 저주한 사건이 일어났다. 이때 경빈 박씨는 이 사건의 혐의를 받고 복성군과 함께 폐서인된 뒤, 결국 사사되었다. 하지만 뒷날 이 사건은 김안로의 아들 김희가 꾸민 것으로 드러났다. 이런 식으로 세자는 끊임없이 죽을 고비를 넘기는 파란만장한 생을 살아왔다.

한편 장경왕후의 뒤를 이어, 세 번째 왕비에 책봉된 인물이 그 유명한 문정왕후다. 문정왕후는 어떻게 하든지 자신의 소생인 경원대군을 왕으로 만들고자 했고, 끊임없이 세자를 핍박했는데, 결국 경원대군은 인종의 뒤를 이어 명종이 된다.

동궁에서의 갑작스런 화재를 면밀히 조사한 결과, 쥐꼬리에 매단 솜방망이에 불을 붙여 동궁에 들여보낸 명백한 방화임이 드러났지만, 범인은 끝내 밝혀지지 않았다. 그럼에도 불구하고 그 화재사건 당시 문정왕후의 소행임을 직감한 세자는, 비록 계모라 할지라도 어미의 뜻을 어기는 것도 불효라고 생각해서, 화재현장 그 자리에서 꼼짝 않고 목숨을 버리려고 했다. 그러나 아들의 이름을 간절히 부르는 중종의 목소리를 듣고서야, 불에 타 죽는 것은 아버지에 대한 불효라고 판단하고, 불구덩이에서 뛰쳐나왔다고 한다.

그만큼 효성이 지극했던 세자는 아버지 중종의 뒤를 이어, 조선 제12대 임금으로 즉위했다. 그러나 평소에도 병약했지만, 5개월 동안 아버지의 장례를 치르면서 몸을 사리지 않았던 관계로 병세가 심해졌는데, 결국 재위 9개월만에 조선왕조 최단 재위기간이라는 기록만을 남긴 채, 허무하게 승하하고 말았다. 야사에 의하면 인종은 문정왕후가 권한 떡을 먹고 나서 병세가 급격히 나빠졌다고 하여, 독살설이 제기되기도 했다.

•• 뱀의 발

단경왕후와 치마바위 전설

인왕산의 정상 바로 아래쪽의 큰 바위를 치마바위라고 부르는데, 이 이름은 중종의 첫 번째 부인이었던 단경왕후 신씨와 관련된 전설에서 유래되었다. 연산군의 폭정으로 인해 반정이 일어났고, 이 반정을 통해 성종의 차남 진성대군이 왕위에 올랐으니 그가 곧 중종이다. 그런데 당시 진성대군의 부인 신씨의 친정 아버지는 신수근으로 연산군과는 처남매부 지간이었기 때문에, 중종반정때 반정세력에 협조하지 않아 피살되었다. 반정에 성공한 후 반정공신들은 죄인 신수근의 딸은 왕비가 될 수 없다며 중종에게 폐출시킬 것을 강력히 요구하자, 공신들의 눈치를 볼 수 밖에 없었던 중종은 하는 수 없이 부인 신씨를 인왕산 밑 사직골의 사가로 쫓아냈다.

부인 신씨는 폐비는 되었어도 중종에 대한 사랑의 정은 조금도 변함이 없었고, 중종 역시 조강지처였던 부인 신씨를 잊을 수가 없어서 매일같이 높은 경회루에 올라 인왕산 기슭을 바라보곤 하였다. 그러다가 어느날 신씨는 상감께서 늘 경회루에 올라 자기 집쪽을 바라본다는 소문을 듣게 되자, 종을 시켜 자기가 입던 붉은 치마를 경회루에서 바라볼 때 눈에 잘 뜨이도록 인왕산 높은 바위 위에다 아침에는 내다 걸고, 저녁에는 다시 거둬들였다고 한다.

한편, 단경왕후 신씨에 대한 또 다른 이야기가 아래와 같이 이긍익의 역사서 '연려실기술'에도 나온다.

반정하던 날, 먼저 군사를 보내어 사삿집(진성대군의 사가)을 에워쌌다. 이것은 해칠 자가 있을 것을 염려해서 호위하기 위해서였다. 그런 줄도 모르고 진성대군(중종)이 놀래어 자결하려고 하자, 부인 신씨는 말하기를, "군사의 말머리가 이 궁을 향하여 있으면, 우리 부부가 죽지 않고 무엇을 기다리겠습니까, 하오나 만일 말꼬리가 궁으로 향하고 말머리를 밖으로 향해 섰다면, 반드시 공자를 호위하려는 뜻이오니, 알고난 뒤에 죽어도 늦지 아니하

경회루와 인왕산 치마바위

오리다."하고 소매를 붙잡고 굳이 말리며, 사람을 보내어 살피고 오게 하였더니, 말머리가 과연 밖을 향해 있었다.

일찍부터 애정이 매우 두터웠는데 이때에 이르러 공신들이 상의하기를, "이미 부인의 아버지를 죽였거늘 딸을 왕비로 두면 우리에게 무슨 보복이 올런지 모른다."하고 마침내 폐비하기를 청하매, 왕이 하는 수 없이 내보내기는 하였으나, 별궁에 두고 매양 모화관으로 명나라 사신을 맞으러 거동할 때는 꼭 말을 모화관에서 멀지 않은 그 별궁으로 보내어 먹이게 하였고, 부인은 흰죽을 쑤어 손수 들어서 말을 먹여 보냈다고 한다.

비현각

삼고초려의 원조, 명재상 이윤을 본받아라

비현이라는 이름 속에는 명재상 이윤의 고사가 숨어있다

한편 비현각(丕顯閣 / 丕: 클 비, 顯: 나타날 현, 드러나다, 분명하다, 밝다. 閣: 집 각)은 세자가 업무를 보던 정당(政堂)이며, 비현합(丕顯閤)으로 부르기도 했는데, 비현(丕顯)이란 크게 밝힌다는 의미를 가지고 있다.

세조 9년(1463) 11월 8일
비현합에서 병서의 주찬과 의서유취 등의 일을 의논하다.

비현합(丕顯閤, =비현각)[사정전 동쪽 모퉁이의 내상고(內廂庫) 2간 삼았는데,

경복궁 실록으로 읽다
동궁 일원

비현각

이름을 '비현합(丕顯閤)'이라 내렸으니, 서경에서 매상비현(昧爽丕顯)의 뜻을 취한 것이다]에 나아가니, …(후략)…

세조실록에서 비현의 글자 출처를 서경이라고 밝히고 있다. 서경의 상서(商書) 태갑상(太甲上) 2장은 아래와 같다.

王惟庸(왕유용) **罔念聞**(망념문) **伊尹乃言曰**(이윤내언왈)

왕(王)은 생각(惟)이 용렬(庸)하여

들을(聞) 마음(念)이 없었으니(罔)

이윤(伊尹)이 또(乃) 말(言)하여 가로되(曰)

先王 昧爽丕顯(선왕 매상비현) **坐以待旦**(좌이대단)

선왕(先王)께서는 동틀무렵(昧爽) 크게(丕) 밝히시려고(顯)

앉아서(坐以) 아침(旦)을 기다리셨고(待)

旁求俊彦(방구준언) **啓迪後人**(계적후인)

두루(旁) 준수한(俊) 선비(彦)들을 구하셨고(求)

뒷사람들(後人)에게 길(迪)을 열어주셨습니다(啓).

이 이야기를 이해하려면 이야기 속에 등장하는 두사람을 알아야 한다. 먼저 이야기 속의 왕은 상(商)나라 제3대 임금인 태갑왕으로, 상나라를 세운 탕왕의 손자다. 그는 즉위한 뒤 법을 어기고 방탕 포악하게 생활하여 재상 이윤(伊尹)에 의해 쫓겨났는데, 3년 뒤에 자신의 잘못을 반성하자 이윤이 다시 맞아들여 복위시켰다. 그럼 이윤은 누구일까? 이윤은 중국사 최초의 명재상으로 꼽히는 사람인데, 상(商)왕조에서 제왕을 보좌하여 나라를 다스렸을 뿐 아니라, 제왕의 스승 역할을 하기도 했다.

따라서 이 이야기는 이윤이 선왕인 탕왕의 예를 들어가면서 태갑왕에게 훈계를 하는 내용으로, 핵심구절은 매상비현(昧爽丕顯)이다(昧: 어두울 매/무지몽매, 爽: 시원할 상/상쾌, 丕: 클 비/비천당, 顯: 나타날 현/현미경, 현충사).

국어사전을 찾아보면 매상(昧爽)은 어두움 속에서도(昧) 시원함(爽)을 느끼는 것이니 결국 날이 밝아올 무렵, 즉 동틀 무렵을 말한다. 즉, 선왕인 탕왕께서는 동틀 무렵부터 세상을 크게 밝히시고자 앉아서 아침을 기다릴 정도로 근면하셨고, 또한 준수한 선비들을 구하여 뒷사람들에게 길을 열어주었으니, 태갑왕도 그런 선왕을 본받으라는 뜻이다. 여기에 이어지는 비현, 즉 크게 밝히는 것은 곧 새벽에 해야할 일이므로, 조선의 떠오르는 태양인 동궁(東宮), 즉 왕세자가 해야할 일이다. 또한 그런 정신을 본받고자 세자도 열심히 노력하라는 뜻도 담겨있다.

한편, 이윤과 관련된 여러 한자성어 중에서 오청이윤(五請伊尹)이라는 말도 있다. 이윤이 뛰어난 인재임을 알게 된 상나라 탕왕이, 무려 네 번이나 관직을 제안했음에도 불구하고 눈하나 깜빡이지 않던 이윤이었지만, 마지막에 탕왕이 직접 마차를 끌고 찾아가서 그의 마음을 돌렸다는 고사에서 나온 말이다. 따라서 제갈공명을 얻기 위해 유비가 했던 삼고초려의 원조가 바로 이윤임을 알 수 있다.

대전과
중궁전
일원

향오문과 강녕전 [大殿]

세조의 술자리 정치

경복궁 속 전각 중에서 가장 큰 전각은 강녕전이다?

강녕전(康寧殿 / 康: 편안할 강, 寧: 편안할 녕, 殿: 전각 전)은 대전(大殿)이라 불리는 왕의 침전(寢殿)이며, 향오문(嚮五門 / 嚮: 향할 향, 五: 다섯 오, 門: 문 문)은 강녕전의 정문이다. 그런데 대전(大殿)이라 함은 집 중에서도 가장 큰 집이라는 뜻인데, 단순히 크기가 큰 집이어서 대전이라는 이름이 붙은 것이 아니라, 집주인이 왕이기 때문에 상징적으로 그런 이름이 붙었다. 강녕전의 중요도는 실록에서도 증명된다.

향오문과 강년전

태조 4년(1395) 10월 7일
판삼사사 정도전에게 새 궁궐 전각의 이름을 짓게 하다
판삼사사 정도전에게 분부하여 새 궁궐의 여러 전각의 이름을 짓게 하니, 정도전이 이름을 짓고 아울러 이름 지은 의의를 써서 올렸다.
새 궁궐을 경복궁(景福宮)이라 하고, 연침(燕寢)을 강녕전(康寧殿)이라 하고, 동쪽에 있는 소침(小寢)을 연생전(延生殿)이라 하고, 서쪽에 있는 소침(小寢)을 경성전(慶成殿)이라 하고, 연침의 남쪽을 사정전(思政殿)이라 하고, 또 그 남쪽을 근정전(勤政殿)이라 하고, 동루(東樓)를 융문루(隆文樓)라 하고, 서루(西樓)를 융무루(隆武樓)라 하고, 전문(殿門)을 근정문(勤政門)이라 하며, 남쪽에

경복궁 실록으로 읽다
대전과 중궁전 일원

있는 문〔午門〕을 정문(正門)이라 하였다.

실록의 기사를 읽다보면 새 궁궐 전각의 이름을 순서대로 나열하는데, 경복궁이 제일 먼저 나오고, 그 다음 순서로 나오는 것이 바로 임금의 침전(연침)인 강녕전이다. 함께 언급되고 있는 연생전과 경성전은 보조침전(소침)이다. 경복궁에서 가장 큰 규모의 근정전과, 매일매일 임금의 일상정치가 벌어지는 사정전도 강녕전보다는 후순위로 나온다. 그만큼 대전의 상징성이나 중요도는 대단한 것이다.

강녕(康寧)이라는 뜻은 단순하게 생각하면 '건강과 안녕'을 뜻한다. 그러나 정도전은 실록 속에서 대전의 이름을 '강녕'이라고 명명한 이유를 소상히 밝히고 있는데, 서경 속에 나오는 홍범구주(洪範九疇)의 오복(五福) 중 세 번째에서 뽑아온 것이라고 했다. 홍범구주는 고대 중국 하나라의 우왕이 요순 이래의 사상을 집대성해서 만든 큰 법규범〔洪範〕인데, 총 아홉 개의 조목〔九疇〕으로 이루어져 있다.

그 중에서 9번째 조목에 오복(五福)이 들어가 있는데, 이는 유교의 세계관에서 인생의 바람직한 조건으로 꼽는 수(壽, 장수), 부(富, 부유함), 강녕(康寧, 건강하고 안녕), 유호덕(攸好德, 덕을 좋아함), 고종명(考終命, 편안히 목숨을 마침)의 다섯 가지 복을 뜻한다. 흔히들 치아〔齒〕가 오복 중의 하나라는 말을 많이 하는데, 그저 속설일 뿐 실제로 오복 속에는 치아가 없다.

향오문의 이름 역시 글자 그대로의 해석은 '오복을 향함'이지만, 출처는 강녕과 같은 서경 홍범편에 나오는 말로, 오복을 권하면서 누린다는 뜻의 향용오복(嚮用五福)에서 나왔다. 따라서 '향오문과 강녕'이라는 말은 한 세트로 봐야 할 것이다.

침전인 강녕전에서 잔치가 많이 벌어진 이유는?

　강녕전은 왕의 주거처다보니, 많은 역사적 사건들이 벌어졌던 장소다. 그런데 왕의 침전이라는 설명이 있음에도 불구하고, 실록을 찾아보면 강녕전에서는 수많은 잔치가 벌어졌는데, 침실에서 웬 잔치를 벌였을까?

　아래는 세종과 세조실록에서 뽑아낸 강녕전에서의 잔치기록 중 아주 일부 기간에 대해서만, 그것도 제목에 강녕전이라는 단어가 들어간 것만 뽑은 것이다.

　　세종 20년 8월 8일 / 강녕전에서 곡연을 베풀다

　　세종 21년 10월 3일 / 동궁의 생신 잔치를 강녕전에서 베풀다

　　세종 21년 12월 22일 / 강녕전에서 연회하다

　　세종 22년 4월 8일 / 왕비를 위해 강녕전에서 잔치하다

　　세종 26년 1월 1일 / 임금이 강녕전에서 잔치하다

　　세종 29년 5월 5일 / 강녕전에서 용비어천가를 연주하게 하다

경복궁 실록으로 읽다
대전과 중궁전 일원

세조 3년 1월 2일
강녕전에서 해양대군의 풍정을 받고 잔치를 베풀다

세조 4년 6월 15일
중궁과 함께 강녕전에서 연회를 베풀다

세조 5년 12월 30일
강녕전에서 연회를 베풀고 수세하는 사람과 군사에게
술과 고기를 내려 주다

세조 6년 4월 19일
중궁과 강녕전에 나가 회례연을 행하니 내종친이 시연하다

세조 6년 7월 18일
좌의정 신숙주 등이 사은하니, 강녕전에서 인견하고,
술자리를 베풀다

세조 8년 4월 24일
강녕전에 한명회, 구치관, 윤자운 등을 불러 주연을 베풀다

세조 8년 12월 15일
강녕전에서 주연을 베풀고 성균 유생에게 경서를 강하게 하다

세조 9년 9월 24일 / 양전(兩殿)이 강녕전에서 술자리를 베풀다

세조 10년 1월 3일 / 강녕전에서 세자의 생신연을 받다

세조 10년 12월 29일
강녕전에 술자리를 마련하였고, 저녁에는 화포 쏘는 것을 구경하다

세조 11년 8월 8일
강녕전에서 영중추원사 심회를 전송하기 위한 연회를 베풀다

세조 11년 12월 28일
강녕전에서 종친, 재추와 술자리를 베풀다

세조 12년 5월 20일
강녕전에서 신숙주 등과 주연을 베풀다.
평안도 절도사 김겸광이 하직하다

세조 12년 5월 22일 / 강녕전에서 한명회 등과 주연을 베풀다

    외국의 경우, 집의 용도는 가구에 의해서 결정된다. 예를 들어 침대가 있으면 침실, 식탁이 있으면 식당, 책상이 있으면 서재, 소파와 접객용 테이블이 있으면 응접실, … 이런 식이다. 그러나 전통적인 우리나라의 집, 특히 한옥은 집의 용도가 별도로 정해진 바가 없

강년전 월대

다. 같은 방이라도 요와 이불을 깔면 침실이 되고, 밥상이 들어오면 식당이 되고, 작은 책상을 펼쳐 놓으면 서재, 주안상이나 다과상이 차려지면 응접실이 된다.

이런 우리만의 주거문화 때문에 왕의 침실이라도 잠만 자는 곳이 아니라 일반 정무도 볼 수 있고, 잔치도 많이 벌어졌다. 그래서 강녕전의 바로 정면에는 행사를 진행하기 좋도록, 넓은 월대가 펼쳐져 있다. 심지어 연산군 때는 1천 넝이 앉을 수 있도록 강녕전 앞을 개조하라는 어명이 있기도 했다.

연산 11년(1505) 11월 5일
이어소에서 주악할 재주있는 운평을 뽑고,

강녕전 보계를 넓히게 하다

전교하기를,

"오는 7일 이어소(移御所)에서 주악(奏樂)할 운평은 음률도 잘 알고 노래도 잘 부르는 자로 8백 명만 뽑아 아상복(迓祥服)을 갖춰 입고 들어오게 하라." 하고, 또 전교하기를,

"강녕전 보계(補階)를 다시 더 넓게 시설하여 1천여 인이 앉을 수 있도록 만들라." 하였다.

세조에게는 술자리 정치라는 특유의 국정운영방식이 있었다

한편 강녕전에서의 잔치제목을 들여다보면, 세종의 경우 행사의 대상이 주로 왕과 왕비 또는 세자였으며, 또한 행사의 내용도 생신연 등 특별한 날에 대한 이벤트성 행사가 많았다. 하지만 세조의 경우에는 행사의 대상에 신하들도 많이 포함되었으며, 행사의 내용도 특별한 날의 이벤트가 아니라, 평상시의 술자리가 많음을 알 수 있다. 이는 세조만의 독특한 정치 스타일로써, 술자리를 정치적으로 많이 이용했다는 것을 반증한다.

실제로 세조는 술자리를 이용하여, 음주 때문에 크고 작은 실수를 저지른 신하들을 처벌한 많은 사례가 있다. 실록에 거론된 사건 중에서 정승급이나 우리가 들어서도 금방 알 수 있는 유명인이 포함된 큼직큼직한 것 만도 꽤 보이고, 심지어 대상자를 참수한 경우도 있다.

세조 5년(1459) 8월 2일
좌의정 강맹경 등이 정인지의 무례함을 탄핵하니 파직하고

외방종편 하도록 명하다

…(전략)… 등이 아뢰기를,

"어제 정인지가 성상의 앞에 있으면서 말이 무례한 데에 관계되었으니, 죄는 용서할 수가 없습니다. 청컨대 해당 관사에 내려서 사유를 추국하도록 하소서." 하니, …(중략)…

임금이 정인지를 불러서 친히 책망하여 타이르고는 파직하기를 명하니, 강맹경 등이 다시 아뢰기를, …(후략)…

세조 8년(1462) 5월 10일
주연에서 실언한 영의정 정창손을 파직시키다

세조 12년(1466) 6월 12일
양정을 참수하다

1459년(세조 5) 정인지가 파직당하는 사건만 해도 정인지가 술자리에서 세조에게 불경스러운 말을 내뱉은 적이 있었다. 술에 만취한 정인지가 세조에게 '야~ 너~'라고 한 것이다. 너무 어처구니가 없었던 세조가 '나 말이냐?'라고 했더니, 정인지는 곧바로 '그래 너~'라고 말해 버린 것이 화를 불렀다.

특히 1466년(세조 12) 6월 양정을 참수하는 과정을 실록을 통해 자세히 들여다 보자. 양정은 수양대군과 함께 계유정난에 참여한 공로로 2등 공신으로 책봉되어 일생을 편하게 살고 있었다. 그러던 중 평안도 도절제사 시절, 한양으로 와서 세조를 알현하다가 술자리에서 큰 실수를 범해서 참수를 당했는데, 그 이유가 참수 4일 전인 6월 8일자 기사에 자세히 나와있다. 조금만 읽어봐도 양정은 술기운 때문에 스스로 죽음을 자초한 것을 알 수 있다.

세조 12년(1466) 6월 8일

양정이 퇴위를 권유하다

양산군 양정(楊汀)이 평안도로부터 와서 임금을 알현하니, 임금이 사정전에 나아가서 양정을 인견하고 …(중략)…
임금께서 양정이 오랫동안 변경에 있었다고 하여 술자리를 베풀어서 그를 위로하였다. …(중략)…
술이 반쯤 취하니 …(중략)… 이에 양정(楊汀)이 앞에 나아와 꿇어앉아서 아뢰기를,
"성상께서 어찌 과도하게 근로(勤勞)하기를 이와 같이 하십니까?" …(중략) …
"전하께서 임어(臨御)하신 지가 이미 오래되었으니, 오로지 한가하게 안일(安逸)하심이 마땅할 것입니다〔임금자리에 오래 있었으니 이제 그만 쉬라는 뜻〕." …(중략)…
임금이 말하기를,
"내가 죽고, 신숙주와 한명회도 죽고, 경(卿)도 또한 죽어서 임금과 신하가 모두 죽는다면, 국가의 일은 누가 다스리겠는가?" 하니, 양정이 대답하기를,
"차차(次次)로 있게 될 것입니다〔걱정마서라. 누구든 다음 사람은 있게 마련이라는 뜻〕." 하였다. 임금이 말하기를,

"내가 어찌 임금의 자리를 탐내는 사람인가?" …(후략)…

신숙주는 한명회 덕분에 세조의 의심을 피할 수 있었다

심지어 세조와 완전히 한통속이던 신숙주마저도 큰 봉변을 당할 뻔 했다는 것이 야사에 전한다. 평소 언행이 매우 조심스러웠던 신숙주도 세조와의 술자리 정치에서 꼬리가 밟히고 말았다. 어느 날 세조와 한명회 그리고 신숙주가 술을 먹다가 제법 많이 취했다. 장난기가 발동한 세조가 신숙주의 팔을 비틀며 '야, 너도 비틀어 봐'라고 하자, 신숙주도 술기운에 세조의 팔을 똑같이 비틀었다.

옆에서 그 광경을 목격한 세자는 매우 불쾌한 표정을 지었고, 세조도 술이 약간 깬 후에 곰곰이 생각해보니, 혹시 신숙주가 안하무인이 되어 자신마저도 만만히 보기 시작한 것이 아닌가하는 생각이 들어, 은밀히 사람을 보내 신숙주의 집을 보고 오게 했다.

술자리를 함께 했던 눈치 빠른 한명회는 뭔가 이상한 느낌이 들어, 신숙주에게 오늘 하루만큼은 집에 돌아가면 다른 것은 아무 것도 하지 말고, 바로 잠자리에 들라고 귀띔을 해 주었다. 왜냐하면 평소 신숙주의 습관은 아무리 술이 취하더라도, 집에 가서는 반드시 조금이라도 책을 읽고 난 이후에 잠자리에 들었기 때문이었다.

얼마 후 밀명을 받은 사람이 돌아와서 세조에게 보고하기를, 신숙주가 바로 잠자리에 들었다고 했다. 세조는 신숙주가 진짜 만취한 상태였다면 집에 가서 바로 잤을 것이고, 그렇지않고 적당히 취한 상태였다면 집에 가서 다른 일을 했을거라고 생각했는데, 바로 잤다는 보고에 신숙주에 대한 의심을 접었다.

연생전, 경성전,
연길당, 응지당 [小寢]

오행의
상징물

경복궁에 침전이 총 5개인 이유

    한편 강녕전의 좌우측 보조침전의 이름을 각각 연생전(延生殿 / 延: 늘일 연, 끌어들이다, 불러들이다, 生:날 생, 殿: 전각 전)과 경성전(慶成殿 / 慶: 경사 경, 기뻐하다, 成: 이룰 성, 殿: 전각 전)으로 정했는데, 글자 그대로 해석하자면 연생전은 '생기를 맞이한다'이고, 경성전은 '완성을 기뻐한다'로 풀이된다.

    정도전은 이 두 전각 이름에 대한 상세 설명도 실록 속에 덧붙여 두었다. 연생전과 경성전에서 핵심단어는 생(生)과 성(成)인데, 이는

경복궁 실록으로 읽다
대전과 중궁전 일원

연생전

경성전

봄에 생기고〔生. 씨앗을 뿌리고〕 가을에 완성되는〔成. 수확을 거두는〕 천지만물의 법칙을 따른 것이다. 그래서 봄을 상징하는 동소침에는 생(生), 가을을 상징하는 서소침에는 성(成)을 사용한 것이며, 임금도 이와 같은 천지생성의 법칙을 본받아서 정치를 잘 하라는 뜻을 담고 있다. 광화문과 흥례문 사이, 동서쪽 측면담장에서 서로 마주보고 있는 협생문/용성문, 그리고 경복궁 북쪽 담장에 있었다는 춘생문/추성문도 똑같은 명명 원리를 따른 것이다.

그런데 강녕전이 있음에도 불구하고 왜 침전을 추가로 만들었을까? 그것은 경복궁의 다른 건축원리와 마찬가지로 유교 예제에 따른 것인데, 침전에 관한 규정에는 '천자는 6침, 제후는 3침'으로 침전의 숫자를 규정하고 있다. 따라서 태조 이성계가 스스로 중국에 대한 제후국임을 선포한 조선에서는, 보조침전까지 포함하여 3개의 침전을 갖춘 것이라고 정도전은 기록을 남겼다.

그럼에도 불구하고 강녕전의 정면 출입문 이름은 향오문(嚮五門)으로, 셋이 아닌 다섯이라는 뜻을 포함하고 있다. 이는 어찌된 일일까? 이는 경복궁이 단순하게 유교 원리로만 만들어지지 않았음을 보여주는 증거다.

용성문 현판과 협생문 현판

연길당

응지당

근정전 칠조룡

   유교 예제에 의하면 제후의 궁궐에는 분명 3개의 침전이 있어야 하지만, 경복궁에는 강녕전의 뒤쪽 양편에 2개의 작은 침전이 또 자리하고 있다. 이는 분명 유교 예제를 벗어난 건축법이다. 왜 그랬을까?

   그 이유는 조선의 임금이 바로 음양오행으로 상징되는, 우주만물의 기준인 '시간'의 주관자이기 때문이다. 임금의 공간인 대전 구역은 오행을 상징하게끔 만들고〔그래서 정문이름이 향오문이다〕, 왕비의 공간인 중궁전 구역은 음양을 상징하게끔 만들어서〔그래서 정문이름이 양의문이다〕, 왕과 왕비가 곧 음양오행으로 상징되는 우주만물의 대표자임을 건축적으로 표현하고자 한 것이다.

   다만 건국초기에는 유교 예제대로 3침 규정을 제대로 지켰지만, 고종때 경복궁을 중건하면서 이를 5침으로 변경했다. 왜냐하면 실록에서 연길당과 응지당이 처음 나타나는 것이 고종실록이기 때문이다. 이를 해석하자면 경복궁 중건을 주도한 홍선대원군이 조선을 청나라의 영향력에서 벗어나게끔 의도적으로 기획한 의지로도 볼 수 있겠다. 이런 흔적은 근정전의 천장에 매달린 용의 발톱(칠조룡)에서도 확인된다.

추가된 두 소침의 이름 풀이를 해보면, 연길당(延吉堂 / 延: 늘일 연, 끌어들이다, 불러들이다. 吉: 길할 길. 堂: 집 당)은 길함과 복을 끌어들인다는 뜻이고, 응지당(膺祉堂 / 膺: 가슴 응, 품다, 받아들이다. 祉: 복 지. 堂: 집 당)도 마찬가지로 복을 받아들인다는 뜻이다.

1917년 화재후 창덕궁 전각 복원의 잘못

한편 1917년 창덕궁에서 대화재가 일어나서 내전 전부를 불태운 참사가 있었다. 이 화재는 일제의 소행으로 강력히 추정은 되고 있으나 당시는 일제강점기라 우리로서는 더 이상 어떻게 해 볼 방법이 없었다. 아무튼 창덕궁 화재이후 복원사업이 시작되었는데, 어이없게도 경복궁의 내전 일대를 몽땅 뜯어다가 창덕궁을 복구하는데 사용하고 말았다. 이때 경복궁 내의 왕과 왕비의 모든 침전건물은 모두 다 뜯겨 나갔다.

순종 10년(1917) 11월 10일
대조전에 화재가 발생하다
창덕궁 대조전(大造殿)에서 오후 5시에 불이 났다. 불은 대조전 서온돌에 연접한 나인들의 갱의실에서 일어나 내전의 전

강녕전(경복궁 대전)

교태전(경복궁 중궁전)

경복궁 실록으로 읽다
대전과 중궁전 일원

희정당(창덕궁 보조편전)

대조전(창덕궁 대전)

부를 태워버렸다. 불은 오후 8시에 비로소 진화되었다. 이날 밤 두 전하께서는 잠시 연경당으로 피신하고, 진화 후에 인정전 동행각에 옮겨 가서 임시 침소를 성정각으로 정하였다. 내전에 소장되어 있던 귀중 물품 및 훈기, 훈장, 휘장, 기념장 등이 모두 함께 소실되었다.

순종 10년(1917) 11월 27일
이왕직에서 경복궁 내 전각의 재목을 옮겨짓는 일을
총독부와 의논하여 보고를 올리다
이왕직(李王職)에서 전각을 중건하는데, 경복궁 내의 여러 전각[교태전(交泰殿), 강녕전(康寧殿), 동행각, 서행각, 연길당(延吉堂), 경성전(慶成殿), 연생전(延生殿), 응지당(膺祉堂), 흠경각, 함원전, 만경전, 흥복전이다]의 옛 재목을 옮겨 짓는 일을 총독부와 의논하여 정한 후 보고를 올렸다.

심지어 더 어처구니 없는 일이 벌어졌는데, 경복궁의 대전(강녕전)을 뜯어다가 창덕궁의 보조편전(희정당)을 복구했고, 경복궁의 중궁전(교태전)을 뜯어다가 창덕궁의 대전(대조전)을 복구해 버렸다. 이는 외투를 입을 때, 첫 단추를 잘못 꿴 것과 마찬가지다. 경복궁의 대전을 해체했으면 창덕궁의 대전을 만들고, 경복궁의 중궁전을 뜯었으면 창덕궁의 중궁전을 만들어야 정상인데, 그렇게 하지 않았다. 그런 식의 원칙없는 복구작업은 창덕궁에 심각한 후유증을 남겼으니 전각의 정체성을 없애버린 것이다.

경복궁 실록으로 읽다
대전과 중궁전 일원

양의문과 교태전[中宮殿]

음양의 상징물

양의문은 음양문 또는 천지문이라는 뜻이다

　교태전(交泰殿 / 交: 사귈 교, 泰: 클 태, 殿: 전각 전)은 왕비가 거처하던 침전이며, 중궁전(中宮殿), 중궁(中宮) 또는 중전(中殿)으로도 불렸는데, 조선의 왕비를 중전마마라고 부른 이유가 바로 여기에 있다. 양의문(兩儀門 / 兩: 두 량, 儀: 거동 의, 법도, 예절, 門: 문 문)은 교태전 영역으로 출입하는 정문인데, 양의(兩儀)는 동양철학에서 음(陰)과 양(陽)을 통틀어서 일컬을 때 사용하는 용어로, 때로는 천지(天地)를 가리켜 양의라고 표현하기도 한다.

양의문과 교태전

 교태전의 출입문 이름이 양의문인 이유는, 하늘[天]로 상징되는 왕과 땅[地]으로 상징되는 왕비가 서로 통하는 문이기 때문이다. 그런데 일반적인 상식과는 달리, 교태전은 조선 개국초인 1394년에 경복궁을 창건할 당시에는 존재하지 않았고, 확실한 건립시기를 알려주는 자료가 없기때문에, 대체적으로 세종때에 지어진 것으로 추정되고 있다.

> 세종 22년(1440) 9월 6일
> 교태전 축조를 결정하다
> 양궁(兩宮. 왕과 왕비)의 처소를 동궁(東宮)으로 옮겼으니, 장차 교태전(交泰殿)을 지으려고 함이었다.

경복궁 실록으로 읽다
대전과 중궁전 일원

또한 교태전이 여성의 공간이기 때문에 남성위주의 조선사회에서는 언급될 일이 적어서, 실록 속에 기록된 내용도 대전인 강녕전에 비해 41% 정도에 불과하다. 그런데 교태전이 언급된 실록 기사 중에서 꽤 흥미로운 부분이 명종실록 속에 들어있다.

명종 12년(1557) 1월 14일
간원이 교태전 처마 보수를 정지할 것을 아뢰나 윤허하지 않다
간원이 아뢰기를,
"우리 나라는 개국한 이래 대대로 검약을 지키어 궁궐의 제도도 사치를 숭상하지 않음으로써 순박한 풍속을 이루어 왔기 때문에 여염의 사이에 높은 담이나 큰 집이 없었습니다. 이는 모두 조종께서 검소를 숭상한 효험이니 성자신손(聖子神孫)들이 마땅히 준수해서 어기지 말아야 합니다. 이제 교태전의 처마를 보수하기 위해 재목을 마련해서 기한내에 완성시키려 하는데 신들은 잘 모르겠습니다. 조종들은 1백여 년을 이어오면서도 처마를 보수한 일이 없었는데 오늘에 와서 그 제도를 더 넓히는 것은 무엇 때문입니까? …(중략)… 곧 명하여 정지하게 하소서."

사신(史臣)은 논한다. 조종의 검소한 덕에 대한 말은 사실이지만 여염의 사이에 과연 높은 담과 큰 집이 없었던가? 집정(執政) 대신들이 과연 대전(大典)의 법도에 따라 그 제도에 넘게 하지 않았던가? 높고 화려한 집들이 동(洞)마다 꽉차서 거리

교태전

가 휘황한 것이 몇 곳인지 알 수 없는 정도인데 높은 담과 큰 집이 없다고 했으니 옛 사람들이 속이지 말라고 한 것과 다르다. …(후략)

이 실록의 생략된 부분을 들여다보면 명종이 지시한 교태전 공사 이유가 나오는데, 그것은 교태전의 처마 길이가 짧아서 비바람이 불 때면 건물 쪽으로 비가 들이치기 때문에, 부득이 처마길이를 더 길게 늘이는 공사를 진행한 것이다. 그런데 이 공사를 사간원의 언관들이 막아선 것이다.

그들의 주장을 들어보면 조선은 유교국가이기 때문에 검약을 중요시 여기는 유교정신에 입각해서, 예전에는 없었어도 잘 지내왔던

경복궁 실록으로 읽다
대전과 중궁전 일원

교태전에 굳이 불필요한 공사를 하지 말라는 것이다. 또한 그들은 자신들의 주장에 힘을 싣기 위해 여염(일반 백성)의 건축물에도 사치함이 없을뿐더러, 선대의 왕들도 모두 검약을 중요시 여겼다는 말을 덧붙였다.

사관들의 준엄한 평가

그런데 바로 이어지는 구문이 '사신은 논한다〔史臣曰〕'는 말로 이어진다. 여기서 사신이란 역사를 기록하는 관리(사관, 예문관 검열)를 뜻하는데, 실록의 특징 중의 하나인 사신의 주관적 논평, 즉 사론(史論)을 기재하는 사람이다. 이들의 사론은 사건의 시말(始末)이나 시비는 물론이고, 관직 임명에 대한 의견, 생전 또는 사후의 인물에 대한 평가 등 주관적인 의견도 포함되는데, 역사를 바라보는 눈의 역할을 했기 때문에, 임금도 자신에 대한 평가가 어떨지 몰라 두려워했다고 한다.

아무튼 이 실록 기사에 나타난 사론을 자세히 보면, 사간원의 말이 겉만 번지르할 뿐이고, 실상은 전혀 그렇지 않다는 것을 꼬집고 있다. 높은 담과 큰 규모의 여염집들이 동네마다 꽉 차있고, 권력을 잡은 대신들도 법도를 넘어서는 것이 다반사임을 밝히고 있는 것이다. 그렇다면 이 기사가 실린 1557년(명종 12)의 조선은 어떤 상태였을까?

이 때는 명종의 생모인 문정왕후가 여제(女帝)라는 평가를 받을 때였다. 즉 명종이 어린 나이에 즉위하자 수렴청정을 통해 모든 권력을 휘둘렀고, 심지어 1553년 성인이 된 명종에게 친정을 하도록 하였지만 이는 형식적인 절차에 지나지 않았고, 친동생인 윤원형과 함께 계속해서 전횡을 일삼았다.

당시 모든 관직은 매관매직되어 윤원형에게 뇌물을 바쳐야만 가능했고, 그는 뇌물을 받아 막대한 부를 쌓았는데, 그가 축재한 뇌물을 더이상 쌓아 둘 곳이 없어서, 집 앞에서 시장을 열었다고 실록은 기록하고 있다. 또한 그는 정난정이라는 첩을 얻어 그녀와 함께 조강지처인 김씨를 독살로 제거하고, 또 다른 첩의 소생인 아들을 죽여서 시체를 강물에 버리는 패륜을 저지르기도 했다.

1553년부터 친정을 시작한 명종 역시 이런 사실을 모르지는 않았다. 그러나 명종의 생모인 문정왕후 윤씨는 매사에 간섭하며 자신의 요구사항을 전달했고, 명종이 청을 들어주지 않을 때는 독설을 퍼부으며 심지어 명종의 종아리를 회초리로 때리기까지 했다. 그럼에도 불구하고 명종은 문정왕후 앞에서는 너무나도 무기력한 마마보이였다. 아무튼 문정왕후 때문에 당시 조선의 국정은 말이 아니었는데, 백성들에 대한 수탈은 이루 말할 수가 없었고, 의적 임꺽정이 본격적으로 활동을 개시하던 시기도 바로 이 무렵이었다.

명종 20년(1565) 4월 6일
대왕대비(문정왕후)가 승하하다
사시(巳時)에 대왕대비가 창덕궁 소덕당에서 승하하였다.
사신(史臣)은 논한다. 윤씨는 천성이 강한(剛狠)하고 문자(文字)를 알았다. … (중략) … 그렇다면 윤비(尹妃, 문정왕후)는 사직의 죄인이라고 할 만하다. 서경(書經) 목서(牧誓)에 '암탉이 새벽에

경복궁 실록으로 읽다
대전과 중궁전 일원

<u>우는 것은 집안의 다함이다</u>'하였으니, 윤씨(尹氏)를 이르는 말이라 하겠다.

호랑이가 가면 늑대가 온다더니…

나라가 이 지경에 이르니, 문정왕후의 눈치를 보던 명종도 더 이상 두고 볼 수만은 없었다. 그래서 고민 끝에 고육책을 하나 생각해 내었는데, 그것은 자신의 외삼촌이기도 한 '윤원형'에게 온 나라가 휘둘리는 것을 견제하기 위해서, 자신의 왕비였던 '인순왕후'의 외삼촌 '이량'을 끌어들이는 것이었다.

하지만 명종의 두터운 신임을 등에 업고 입각한 '이량'은 명종의 기대와는 달리, '제2의 윤원형'이 되어 자신만의 사리사욕을 채웠고, 그 때문에 또 다른 외척이었던 심통원과 더불어, 백성들로부터 삼흉(三凶)이라는 오명을 뒤집어 쓰게 되었다. 마치 호랑이가 가니 이번에는 늑대가 온다는 격이었다.

여기서 잠깐 옆길로 새 보자. 이량의 이름을 놀이삼아 풀이하면, 늑대라는 뜻이 나온다. 우리는 지금 영어로 타이거(Tiger)라는 동물을 '호랑이'라고 부른다. 그런데 엄밀히 말하자면 호랑이는 한 가지 동물만을 지칭하는 말이 아니다. 호랑이는 '호랑(虎狼)'이라고 하는 한자말에, '이'라는 순우리말 접미사가 붙어서 생긴 말이다.

여기서 호(虎)는 범 호(虎)자이고, 랑(狼)은 이리 랑(狼)자다. 원래 '호랑이'라는 말은 가장 무서운 것을 지칭할 때 쓰던 말로써, '범'과 '이리(늑대)'를 동시에 나타내는 말이었다. 그래서 백성들은 '윤원형'을 범, '이량'을 이리(늑대)에 비유하기도 했는데, 여기서 이량의

'량'은 이리 '랑'자와 발음이 비슷하였기 때문이었다.

명종실록 총서

왕의 휘(諱)는 환(峘), 자(字)는 대양(對陽)이다. 중종의 둘째 아들이고 인종의 이모제(異母弟)이며, 모비(母妃)는 성렬대비(聖烈大妃) 윤씨(尹氏)다. 천성이 자효(慈孝)하고 공근(恭勤)하였으며 본디 문예(文藝)를 좋아하였다. 그러나 어린 나이로 왕위에 올라 모비가 청정하게 되었으므로 정치가 외가에 의해 좌우되었다. 그리하여 뭇 간인이 득세하여 선량한 신하들이 많이 귀양 또는 살해되었으므로 주상의 형세는 외롭고 위태로왔다. 친정(親政)한 뒤에도 오히려 외척을 믿고 환관을 가까이하여 정치가 날로 문란해지더니, 끝내는 다행히 깨달아서 이량(李樑)과 윤원형(尹元衡)의 무리를 내쳤으므로 국가가 다시 안정되었다. 재위 23년에 수(壽)는 34세였다.

그런데 이량은 바둑의 고수이기도 했다. 그와 관련된 야사 중에는 이런 것도 있다. 명종때 천민 출신이었지만, 바둑에서 동방제일의 고수라는 평을 받고 있던 '신구지'라는 사람이 있었다. 그런데 이량도 왕실의 외척들 중에서는 가장 바둑을 잘 두기로 소문나 있었다. 신구지는 이량을 한번 만나보고 싶었지만, 워낙 신분의 격차가 있어 뜻을 이루지 못했다. 이에 신구지는 꾀를 내어, 이량의 집 하인에게 여러차례 술을 사주면서 청탁을 했더니, 드디어 만남이 성사되었다.

신구지가 이량에게 인사를 올렸는데, 이량 역시 신구지의 바둑 명성을 오래 전부터 듣고 있었던 터라 매우 반가워 했고, 한판 대국을 청했다. 이때 신구지가 일부러 한 판을 져주자, 이량은 동방제일의 고수를 꺾었다는 생각에 내심 몹시 기뻐했다. 며칠 후 신구지가 또다시 이량을 찾아 뵙고는 자신이 지금껏 다른 사람과 바둑을 두어 한번도 져 본 일이 없는데, 대감께 한판을 패한 이후로는 밤에 도저히 잠을 이룰 수가 없었다고 능청을 떨면서, 이번에는 내기 바둑을 제안했다.

이때 신구지는 전재산을 팔아서 마련한 귀한 보석 갓끈을 걸었는데, 이번에도 내기 바둑에서 신구지가 또 패했다. 이렇게 되자 이량은 매일 그 보석 갓끈을 찾아오는 손님들에게 내 보이며, 자신이 동방제일의 신구지를 이겨서 얻은 것이라며 자랑을 했다. 또 다시 며칠이 지나서 신구지가 다시 이량을 찾아갔는데 이량은 예전보다 더욱 반가워 했고, 심지어 다른 빈객들을 물리치고 신구지를 맞아들였다. 이 때도 또 다시 내기 바둑을 했는데, 이량은 이번에 자신이 지게 된다면 신구지가 원하는 것은 뭐든지 다 들어준다고 통 큰 약속을 했다.

일이 이렇게 되자 신구지는 원래 작전대로 내리 세 판을 이겼는데, 이량의 마음이 상하지 않도록 세 판 모두 거의 질 듯 질 듯 하다가 마지막에 가까스로 이겼다. 내기에서 진 이량은 약속대로 신구지에게 원하는 것을 물었더니, 신구지는 자신의 딸이 곧 혼례를 치를 예정인데, 평안도 일대에서 혼수를 구하고자 하니, 대감께서 서한을 몇자 적어달라며 50장이나 되는 백지를 내밀었다.

이량은 원래 글씨를 잘 썼고 서한에도 민첩했기 때문에, 일필휘지로 50장을 가득 메워 신구지에게 주었다. 신구지는 말과 노복을 갖추고서 평안도 여러 지방을 두루 돌아다니며 각 고을 수령들에게 이량의 서한을 전했더니, 최고 권력자의 서한을 받은 수령들은 모두들 버선발로 달려 나와 신구지를 영접했고, 신구지는 평안도 수령들에게서 얻은 재물을 수레에 가득 싣고 돌아와, 일거에 큰 부자가 되었다고 전한다.

경복궁 실록으로 읽다
대전과 중궁전 일원

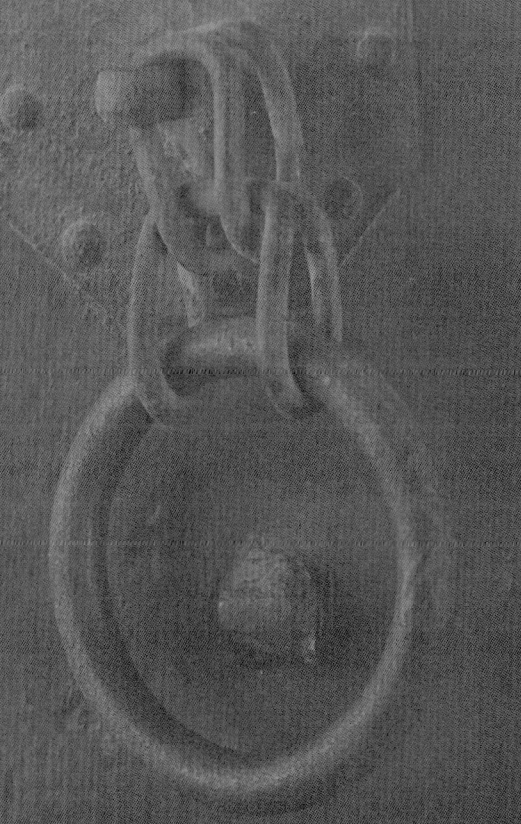

함원전과
흠경각

함원전

단종의
비극을
간직한 전각

내불당으로 사용된 함원전

함원전(含元殿 / 含: 품을 함, 元: 으뜸 원, 殿: 전각 전)은 기록상 전각의 뚜렷한 용도는 보이지 않지만, 교태전의 서쪽에 바짝 붙어있으면서 협문으로 연결되기 때문에, 중궁전과 관련이 있는 것으로 추정이 된다. 실록에 의하면 세종때부터 불상을 모셔두고 불교관련 의식과 행사를 열었고, 특히 세조때에는 불교를 후원한 임금답게 많은 불교행사와 의식을 치렀다.

경복궁 실록으로 읽다
함원전과 흠경각

함원전

세조 9년 4월 7일
함원전에서 불사(佛事)를 짓다

세조 9년 9월 5일
내수소에서 불상 4구를 만들어 함원전에서
점안하고 장의사에 안치하다

세조 10년 5월 2일
함원전에 공양하고 다시 흥복사를 세워서
원각사로 삼을 것 등을 명하다

세조 12년 7월 15일
함원전에서 원각사 백옥 불상 점안법회를 열다

세조 14년 5월 14일
함원전의 사리분신의 기이함을 아뢰니, 사유하다

또한 함원전의 위치가 교태전의 바로 옆이라는 점은, 숭유억불을 기치로 한 엄격한 유교 국가였던 조선에서, 신앙으로서의 불교를 포용할 수 있는 존재는 아무래도 남성보다는 여성이 더 적합하다고 판단해서 그렇게 배치를 한 것이 아닐까 추정이 된다. 원래 함원전의 뜻은 원기(元氣)를 품다 또는 간직한다는 의미이지만, 내불당(內佛堂)으로서의 사용기록에 비추어 볼 때, '으뜸이 되는 존재(부처를 은유적으로 표현)를 품다'라는 중의적인 해석도 가능할 것 같다.

기본적으로 조선왕조는 개국초기부터 숭유억불 정책이 국가의 기본방침이었고, 500년이 넘는 조선왕조 기간동안 불교탄압 기조는 이어졌다. 이는 고려말 불교 세력이 문벌 귀족 세력과 결탁하여 사회의 모든 기득권을 장악하고 있었기 때문에, 역성혁명의 주체세력이었던 신흥사대부들의 입장에서는 언제든지 조선 왕조를 위협할 수 있는 잠재적인 불안요소였기 때문이었다.

그러나 숭유억불의 국가기조는 줄곧 유지되었다 하더라도 불교를 대체할 수 있는 다른 고등종교가 없었던 탓에, 일부 왕들은 개인적인 차원에서 불교에 호의를 보이거나 우대정책을 펴기도 했고, 왕릉의 원찰이나 실록 보관 등, 왕실이나 조정의 일을 맡은 일부 사찰에 대해서는 국가차원에서 관리하기도 했다. 함원전도 그런 억불정책의 예외적인 사례로 파악될 수 있다.

불교에 호의적인 왕들

그렇다면 역대 조선왕 중에서 불교에 호의적인 왕은 누구였을까? 당연히 태조 이성계가 첫번째로 꼽힌다. 무학대사를 왕의 스승인 왕사에 임명할 정도였고, 수도를 한양에 정하는 과정에서도 정책을 함께 논의하기도 했었다.

태조 1년(1392) 10월 9일
유원정, 박의중에게 관직을 제수하고, 자초를 왕사(王師)로 삼다
유원정을 중추원 부사로 삼고, 박의중을 예문춘추관 학사로 삼고, 대성(臺省)의 낭관을 모두 체천(遞遷)하고, 중 자초(自超=무학대사)를 봉하여 왕사(王師)로 삼았다.

태조 2년(1393) 2월 11일
신도의 높은 언덕에 올라, 왕사 자초에게 신도의 터에 대해 묻다
어가(御駕)가 새 도읍의 중심인 높은 언덕에 올라가서 지세(地勢)를 두루 관람하고 왕사(王師) 자초(自超=무학대사)에게 물으니, 자초는 대답하였다. "능히 알 수 없습니다."

태조 3년(1394) 8월 12일
왕이 도읍터를 잡기 위해 왕사 자초를 부르다

임금이 왕사(王師) 자초(自超)를 장막 안으로 불러들여 밥을 먹였다. 처음에 임금이 여기 와서 터를 잡으려고 할 때, 먼저 사람을 보내서 맞아온 것이다.

태조 3년(1394) 8월 13일
왕사 자초와 여러 신하들의 의견을 들어 한양을 도읍으로 정하다
임금이 (남경의) 옛 궁궐터에 집터를 살피었는데, 산세를 관망하다가 윤신달 등에게 물었다.
"여기가 어떠냐?" (그가) 대답하였다.
"우리나라 경내에서는 송경(개경)이 제일 좋고 여기가 다음 가나, 제한되는 바는 건방(乾方)이 낮아서 물과 샘물이 마른 것 뿐입니다." 임금이 기뻐하면서 말하였다.
"송경 인들 어찌 부족한 점이 없겠는가? 이제 이곳의 형세를 보니, 왕도가 될 만한 곳이다. 더욱이 조운하는 배가 통하고 (사방의) 원근도 고르니, 백성들에게도 편리할 것이다."
임금이 또 왕사(王師) 자초(自超)에게 물었다.
"어떠냐?" 자초가 대답하였다.
"여기는 사면이 높고 수려(秀麗)하며 중앙이 평평하니, 성을 쌓아 도읍을 정할 만합니다. 그러나 여러 사람의 의견을 따라서 결정하소서."
임금이 여러 재상들에게 분부하여 의논하게 하니, 모두 말하였다.
"꼭 도읍을 옮기려면 이곳이 좋습니다." 하륜이 홀로 말하였다.

"산세는 비록 볼 만한 것 같으나, 지리의 술법으로 말하면 좋지 못합니다." 임금이 여러 사람의 말로써 한양(漢陽)을 도읍으로 결정하였다.

태조에 이어 세종 역시 불교에 매우 호의적이었다. 그의 형인 효령대군은 왕위계승에서 밀리자, 수계(불교에서 재가신도나 출가 수행승의 구별 없이, 석가의 가르침을 받는 자가 지켜야 할 계율에 대한 서약)를 받을 정도로 불교에 심취 했었고[항간에는 머리 깎고 승려가 되었다는 말이 많은데, 실제 출가한 적이 전혀 없음], 세종 자신은 그의 아내였던 소헌왕후 심씨의 공덕을 빌기 위해 훈민정음으로 직접 찬불가인 월인천강지곡(月印千江之曲)을 지었다.

•• 뱀의 발

살아서는 왕의 형, 죽어서는 부처의 형 [王兄佛兄]

세종 28년(1446) 4월 23일

효령대군이 회암사에서 불사를 짓다

처음에 효령대군이 회암사(檜巖寺)에서 불사(佛事)를 짓는데, 양녕대군이 역시 들에 가서 사냥하여 잡은 새와 짐승을 절 안에서 구웠다. 효령이 말하기를,

"지금 불공(佛供)을 하는데 이렇게 하면 안 되지 않소." 하니, 양녕이 말하기를,

"부처가 만일 영험이 있다면 자네의 오뉴월 이엄(耳掩, 방한용 귀마개)은 왜 벗기지 못하는가. 나는 살아서는 국왕의 형이 되어 부귀를 누리고, 죽어서

는 또한 불자(佛者)의 형이 되어 보리(菩提)에 오를 터이니, 또한 즐겁지 아니한가." 하매, 효령이 대답할 말이 없었다.

성종 17년(1486) 5월 11일
효령대군 이보의 졸기

···(전략)··· 이보(李補)가 일찍이 절[寺]에 예불(禮佛)하러 나아갔는데, 양녕대군 이제(李禔)가 개[犬]를 끌고 팔에는 매[鷹]를 받치고는 희첩(姬妾)을 싣고 가서 절의 뜰에다 여우와 토끼를 낭자하게 여기저기 흩어 놓으니, 이보가 마음에 언짢게 여겨, 이에 말하기를,

"형님은 지옥이 두렵지도 않습니까?" 하니, 이제가 말하기를,

"살아서는 국왕의 형이 되고 죽어서는 보살의 형이 될 것이니, 내 어찌 지옥에 떨어질 이치가 있겠는가?" 하였다.

하지만 불교에 가장 적극적인 것은 누가 뭐래도 세조였다. 많은 사람들이 조카를 죽이고 왕위를 찬탈한 계유정난에 대한 심리적인 압박감 때문에 세조가 불교에 심취한 것으로 알고 있는데, 이는 사실이 아닐 가능성이 높다. 왜냐하면 세조는 수양대군 시절부터 유난히 불교에 우호적인 경향을 많이 보여왔기 때문이었다. 수많은 불교경전 간행사업에 관여를 했고, 세종이 월인천강지곡을 지은 것도, 실은 수양대군이 엮은 석보상절(세종의 명으로 수양대군이 석가모니의 일대기와 설법을 담아 편찬한 책)을 보고, 그것을 훈민정음으로써 가사를 지은 것이다.

또한 세조와 관련된 유명한 일화로 상원사의 동자승 이야기도 있다. 세조가 월정사를 참배하고 상원사로 가던 도중, 더위를 식히고자 주위 신하들을 물리치고 맑은 계곡물로 목욕을 하였는데, 그때 마침 한 동자승이 지나가기에 등을 씻어 달라고 하였다. 세조는 종기 때문에 보기 흉한 등을 씻고 있는 동자승에게 "임금의 옥체를 보았다고 아무에게도 이야기하지 마라."라고 하자, 이번에는 동자승이 "대왕도 문수를 친견했다고 아무에게도 말하지 마시오."하고는 홀연히 사라졌다. 세조가 정신을 가다듬고 나서 몸을 살펴보니 종기가 씻은 듯이 나아 있었다는 이야기다. 이 이야기는 얼핏 들으면 야사인 듯 하지만, 실록에도 엄연히 기록되어 전하고 있다.

세조 8년(1462) 11월 5일
상원사에 거둥할 때 관음 보살이 현상(現相)하자
살인, 강도 이외의 죄를 사면하다
임금이 상원사(上元寺)에 거둥할 때에 관음 보살이 현상(現相)하는 이상한 일이 있었기 때문에 백관들이 전(箋)을 올려 진하(陳賀)하고, …(후략)…

단종의 아픔을 품고 있는 함원전

함원전에 관한 기록 중에서 또 다른 것에는 단종과 관련된 기사가 실려 있다.

단종실록 총서

노산군(魯山君)의 휘(諱)는 이홍위(李弘暐)이고, 문종 공순왕의 외아들인데 어머니는 권씨(權氏)다. 정통(正統) 6년 신유년 7월 23일 정사(丁巳)에 나서 무진년 4월 초3일 무오(戊午)에 세종이 왕세손으로 봉하고, 경태(景泰) 원년(元年) 경오년 8월에 문종이 영의정 황보인을 보내어 국저(國儲)로 삼도록 청하였는데, 신미년 정월에 황제가 칙서로 봉하여 왕세자를 삼았다.
경태(景泰) 3년 임신년 5월 14일 병오(丙午)에 문종이 경복궁 천추전에서 훙(薨)하니, 의정부에서 노산군을 받들어 함원전(含元殿)에 들어가 거처하게 하였다.

단종을 한마디로 표현하면 비운의 소년왕이다. 아버지 문종이 재위 2년만에 병사하자, 12살의 어린 나이로 제6대 조선왕으로 즉위했다. 하지만 12세라는 나이가 문제는 아니었다. 조선후기 헌종은 훨씬 더 어린 8세, 순조는 11세, 명종도 12세, 성종은 13세에 즉위했다. 다만 어린 나이로 즉위한 다른 왕들은 대비나 왕대비 또는 대왕대비의 수렴청정을 거쳤기 때문에, 성인이 될 때까지 왕권이 크게 위협받지는 않았다. 심지어 숙종은 14세의 어린 나이로 즉위했지만, 수렴청정을 거치지 않고 곧바로 친정체제로 들어갔다. 이는 숙종의 자질이 얼마나 뛰어났는지를 단적으로 말해주고 있는 것이다.

하지만 단종은 생모인 현덕왕후가 단종을 낳자마자 하루만에 세상을 떴다. 게다가 할머니인 세종의 왕비 소헌왕후도 없는 상태라, 주변에 왕실 후견인이 전혀 없는 것이 문제가 된 것이다. 현덕왕후가 단종을 낳자마자 세상을 떴다 하더라도, 만약 아버지 문종이 곧

바로 계비를 맞아들였다면 이야기는 또 달라졌을 지도 모른다. 하지만 문종은 역대 조선왕들 중에서 정실 부인에 대한 태도가 참으로 남달랐다. 단종을 낳은 현덕왕후는 세 번째 부인이었는데, 현덕왕후를 맞아 들이기 전인 문종의 세자 시절, 두 명의 부인이 더 있었다.

첫 번째 부인은 휘빈 김씨였는데, 세자가 세자빈에게 도통 관심을 보이지 않자, 세자빈은 세자의 사랑을 받기 위해 시녀에게 민간에서 쓰는 갖가지 비법을 물어 주술적인 비방을 썼다. 그러나 이런 사실이 증거와 함께 드러나자, 시아버지인 세종은 세자빈을 사가로 폐출시켜버렸다.

세종 11년(1429) 7월 19일
휘빈 김씨를 폐하고 그 일을 종묘에 고하다
지신사(知申事) 정흠지에게 명하여 휘빈(徽嬪)을 폐(廢)하는 것을 종묘에 고하는데 쓸 향과 축문을 전달하게 하였다. 그 축문에 말하기를,
"총부(冢婦)가 덕을 잃어 세자의 배필이 될 수 없으므로 대의를 위하여 사사로운 은의를 끊고, 감히 폐빈(廢嬪)을 고유하오니 밝게 살피소서." 하였다.

두 번째 부인은 순빈 봉씨였는데, 부인에 대한 세자의 태도는 여전히 변화가 없었다. 이에 봉씨는 한동안 방황을 하다가, 드디어는 자신이 부리는 궁녀 소쌍(召雙)과 동침하는 등 동성애 행각을 벌였는데, 이를 세종에게 발각 당해, 그녀 역시 사가로 폐출당하였다. 이

런 문종이었기에 현덕왕후 사후에도 새로 왕비를 들일 생각을 전혀 하지 않아서, 결국 단종을 고립무원의 상태로 만들게 되었다.

세종 18년(1436) 10월 26일
두 번째 세자빈 봉씨를 폐출시키다
임금이 사정전에 나아가서 도승지 신인손과 동부승지 권채를 불러 어탑(御榻) 앞에 나아오게 하여 측근의 신하를 물리치고 말하기를, …(중략)…
세족인 김씨(金氏)를 간택하여 빈으로 삼았으나 김씨는 정말 어리석고 못나고 총명하지 못하여, 기유년(세종 11년)의 사건을 초래하였으므로 이를 폐하고 다시 봉씨(奉氏)를 간택했는데, 뜻밖에도 세자가 친영(親迎)한 이후로 금슬(琴瑟)이 서로 좋지 못한 지가 몇 해나 되었다. …(중략)…
요사이 듣건대, 봉씨가 궁궐의 여종 소쌍(召雙)이란 사람을 사랑하여 항상 그 곁을 떠나지 못하게 하니, 궁인들이 혹 서로 수군거리기를, '빈께서 소쌍과 항상 잠자리와 거처를 같이 한다.'고 하였다. …(후략)…

그런데 숙부에게 쫓겨나고 죽임을 당한 비운의 소년왕이라는 세상의 평가와는 달리, 매우 아이러니한 사실은 단종이야말로 조선왕조 전체를 통틀어, 가장 완벽한 정통성을 갖춘 왕이라는 것이다. 원래 유교를 국시로 하는 조선왕조는 왕통과 가통의 계승에 있어 '적장자 계승'이 기본 원칙이었다. 하지만 실제로 재위에 올랐던 27명의 조선왕 중에서 적자이면서 장자인 경우는 매우 드물었는데, 심지어 2대에 걸쳐 완벽하게 적장자인 경우는 단종이 유일했다. 즉 단종은 태어나자마자 원손, 세손, 세자, 왕이라는 가장 이상적인 제왕코스를 완벽하게 밟았던 것이다.

탄생과 함께 벌어진 불길한 징조

그러나 그의 일생은 비극으로 얼룩졌는데, 태어나는 날부터 불길한 징조가 있었고, 이는 실록에도 기록되어 있다.

> 세종 23년(1441) 7월 23일
> 왕세자빈 권씨가 원손을 낳아 대사면령을 내리다
> 왕세자빈 권씨가 동궁 자선당에서 원손을 낳아 도승지 조서강 등이 진하하매, 임금이 말하기를,
> "세자의 연령이 이미 장년이 되었는데도, 후사가 없어서 내가 매우 염려하였다. 이제 적손이 생겼으니 나의 마음이 기쁘기가 진실로 이와 같을 수 없다." 하였다. …(중략)…
> "임금이 그대로 따라, 근정전에 나아가 교서(敎書)를 반포해 내렸는데 …(중략)… 의당 관대한 은전을 베풀어서 홍도의 경사(慶事)를 크게 넓힐 것이다." 하였다.
> 교지 읽기를 끝마치기 전에 전상(殿上)의 대촉(大燭)이 갑자기 땅에 떨어졌으므로, 빨리 철거하도록 명하였다.

단종이 태어났다는 기쁜 소식에 접한 세종대왕은 2급 이하의 죄

수를 모두 사면하는 대사면 교지를 발표했는데, 이 교지를 다 읽기도 전에 용상 근처의 큰 촛대가 땅에 떨어져 버린 것이다. 세종 역시 예감이 좋지 않았던지 그 촛대를 빨리 치우라고 명했는데, 바로 다음날 단종의 생모인 세자빈 권씨는 숨을 거두고 말았다.

세종 23년(1441) 7월 24일
왕세자빈 권씨가 졸하여 조례(弔禮)를 행하다
왕세자빈 권씨가 졸(卒)하였다. 빈(嬪)은 아름다운 덕이 있어 동정(動靜)과 위의(威儀)에 모두 예법(禮法)이 있으므로, 양궁(兩宮, 왕과 왕비)의 총애가 두터웠다. 병이 위독하게 되매, …(후략)…

단종이 죽은 곳은 영월의 청령포가 아니다?

흔히들 단종하면 떠오르는 장소가 어디냐고 물으면, 아마도 영월의 청령포라는 답이 제일 많을 것이다. 청령포는 단종의 유배지로 유명한데, 남한강 상류의 지류인 서강(西江)이 휘돌아 흘러 삼면이 강으로 둘러싸여 있고, 나머지 한쪽으로는 육륙봉(六六峰)이라는 험준한 암벽이 솟아 있어서, 마치 고립된 섬과 같기 때문에 육지고도(陸地孤島)라고도 불린다. 이런 이유 때문에 일반인들은 단종이 영월 청령포에서 최후를 맞은 것으로 알고 있는데, 사실 단종이 최후를 마친 곳은 청령포가 아니라, 강 건너 영월부의 객사인 관풍헌(觀風軒)이었다. 왜냐하면 그 해 여름에 홍수로 서강이 범람하여 청령포가 물에 잠기게 되자, 그의 처소를 영월부의 관아로 옮겼기 때문이었다.

그럼 단종은 어떻게 죽었을까? 당시의 실록을 살펴보자.

세조 3년(1457) 10월 21일
송현수는 교형에 처하고 화의군 등을 금방에 처하다. 노산군이 자살하자 예로써 장사지내다
···(전략)··· 임금이 이르기를,
"불가하다. 옛사람의 말에 '저들 괴수들은 섬멸할 것이로되, 협박에 못이겨 따른 자는 다스리지 않는다.' 하였고, 또 성인(聖人)은 너무 심한 것은 하지 않았으니, 이제 만약 아울러서 법대로 처치한다면 이는 너무 심하다." 하고, 명하여 송현수는 교형(絞刑)에 처하고, 나머지는 아울러 논하지 말도록 하였다.
다시 화의군 이영(瓔) 등의 금방(禁防)을 청하니, 이를 윤허하였다. 노산군이 이를 듣고 또한 스스로 목매어서 졸(卒)하니, 예(禮)로써 장사지냈다.

세조실록에는 '노산군(단종)이 장인 송현수와 숙부 화의군의 죽음 소식을 듣자, 슬픔을 못 이겨 목을 매고 자살하였고, 후에 예를 갖춰 장사지냈다'라고 되어있다. 그러나 이는 사실이 아닐 가능성이 매우 크다. 우선 예로써 장사지냈다는 기록과는 달리, 시신과 무덤을 그냥 방치해 두었고, 왕실족보인 선원록에서도 삭제했으며, 더군다나 후대 왕들의 실록내용을 보면 타살이라는 증거가 확실해 보인다. 그럼에도 세조실록에 자살로 기록되어 있는 이유는 역사는 승자의 기록이기 때문에, 세조실록에는 세조에게 불리한 기록은 없애거나 조작했을 가능성이 높다고 하겠다.

선조 2년(1569) 5월 21일
석강에 '근사록'을 강하고 기대승이 단종의 일 등을 소개하다
…(전략)… 기대승이 아뢰기를,
"경복궁에 있었다 하나 영월로 옮겨가 있었고, 그 때 정인지가 영의정이 되어 백관을 거느리고 처치(處置)하기를 청하니, 세조는 물정(物情)에 구애되어 허락하셨습니다. 이에 금부도사를 보내어 영월에서 사약(賜藥)하였으니 그 공사(公事)가 지금도 금부(禁府)에 남아 있습니다. 당시 영월 사람이 그 일을 기록하여 간직해둔 것이 있었는데 김취문이 관찰사로 있을 때 또한 그것을 보았다고 합니다."

숙종 25년(1699) 1월 2일
하직하는 수령을 인견하고 면유하다
하직하는 수령을 인견(引見)하고 면유(勉諭)하였다. 임금이 말하기를,
"군신의 대의는 천지 사이에서 피할 수 없는 것이다. 단종대왕이 영월에 피하여 계실 적에 금부도사 왕방연이 고을에 도착하여 머뭇거리면서 감히 들어가지 못하였고, 정중(庭中)에 입시(入侍)하였을 때에 단종 대왕께서 관복을 갖추고 마루로

나아오시어 온 이유를 하문하셨으나, 왕방연이 대답하지 못 하였었다. 그가 봉명신(奉命臣)으로서도 오히려 그러했는데, 그때 앞에서 늘 모시던 공생(貢生) 하나가 차마 하지못할 일을 스스로 하겠다고 자청하고 나섰다가, …(후략)…"

흠경각

조선의
표준시는
이곳에서부터

조선에서 공식적인 시간의 출발점은 흠경각이었다

흠경각(欽敬閣 / 欽: 공경할 흠, 敬: 공경 경, 閣: 집 각)은 조선 전기에 자동으로 작동하는 천문시계인 옥루(玉漏)를 설치했던 전각으로, 세종 당시 조선의 과학기술 수준이 세계 최고수준임을 증명하고 있다. 흠경각의 뜻은 「서경(書經)」 요전(堯典)편에 나오는 내용으로, 요(堯)임금이 천지사시(天地四時)를 관장하던 관리 희씨(羲氏)와 화씨(和氏)에게 명하여, '하늘을 공경하여 백성에게 시간을 일러주게 했다〔'흠'약호천(欽若昊天), '경'수인시(敬授人時)〕'라는 두 문구의 첫 글자에서 유래한 것이

경복궁 실록으로 읽다
함원전과 흠경각

다. 이 문구에서 시간을 알기 위해서는 천문학 관련 지식이 필요했음을 알 수 있다.

서경 요전(堯典) 제2절 시작 부분

乃命羲和: (요(堯)임금이) 이내 희씨와 화씨에게 명령하여,

欽若昊天: 넓고 큰 하늘을 공경하면서 관찰한 것에 따라서

歷象日月星辰: 일월성신의 (모습과 움직임을) 계산하고 상세히 기술하여

敬授人時: 사람들에게 공손히 시간을 전해 주었다.

이 흠경각 속에 들어있던 옥루는 1438년(세종 20) 1월 호군(護軍) 장영실에 의해 완성되었는데, 총 제작에 최소 6년 이상이 소요되었고, 그 경위와 이 장치의 교묘한 작용에 대한 설명은 김돈의 흠경각기(欽敬閣記)와 실록에 자세히 남아 있다. 비록 전체 내용의 분량은 많지만 옥루를 설명하는 부분만 발췌해서 자세히 읽으면, 당시 조선의 과학기술 수준을 짐작할 수 있기 때문에 천천히 곱씹으며 읽을 필요가 있다.

세종 20년(1438) 1월 7일
흠경각이 완성되어 김돈에게 기문을 짓게 하다

흠경각이 완성되었다. 이는 대호군 장영실이 건설한 것이나 그 규모와 제도의 묘함은 모두 임금의 결단에서 나온 것이며, 각은 경복궁 침전 곁에 있었다. 임금이 우승지 김돈에게 명하여 기문을 짓게 하니, 이에 말하기를, …(중략)…

흠경각

"지금 이 흠경각에는 하늘과 해의 돗수와 날 빛과 누수 시각이며, 또는 사신(四神), 십이신(十二神), 고인(鼓人), 종인(鍾人), 사신(司辰), 옥녀(玉女) 등 여러 가지 기구를 차례대로 다 만들어서, <u>사람의 힘을 빌리지 않고도 저절로 치고 저절로 운행하는 것이 마치 귀신이 시키는 듯하여</u> 보는 사람마다 놀라고 이상하게 여겨서 그 연유를 측량하지 못하며, <u>위로는 하늘 돗수와 털끝만큼도 어긋남이 없으니</u> 이를 만든 계교가 참으로 기묘하다 하겠다.

또 누수의 남은 물을 이용하여 기울어지는 그릇을 만들어서

경복궁 실록으로 읽다
함원전과 흠경각

하늘 돗수의 차고 비는 이치를 보며, 산 사방에 빈풍도(豳風圖)를 벌려 놓아서 백성들의 농사하는 어려움을 볼 수 있게 하였으니, 이것은 또 앞 세대에는 없었던 아름다운 뜻이다. 임금께서 여기에 항상 접촉하고 생각을 깨우쳐서, 밤낮으로 근심하는 뜻을 곁들였으니, 어찌 다만 성탕(成湯)의 목욕반(沐浴盤)과 무왕의 호유명(戶牖銘)과 같을 뿐이리오.

그 하늘을 본받고 때를 좇음에 흠경하는 뜻이 지극하며 백성을 사랑하고 농사를 중하게 여기시니, 어질고 후한 덕이 마땅히 주나라와 같이 아름답게 되어 무궁토록 전해질 것이다. 흠경각이 완성되자 신에게 명하시어 그 사실을 기록하게 하심으로, 삼가 그 줄거리를 적어서, 절하고 머리를 조아리며 바치나이다." 하였다.

흠경각 옥루기륜의 상세설명

위의 실록 기사에서 보듯 옥루 물시계는 작동법이 수동이 아닌 완전자동 천문시계였으며, 그것도 북을 치는 고인(鼓人)과 종을 치는 종인(鍾人) 등을 인형으로 만들어, 시각까지도 자동으로 알려주었다. 게다가 하늘의 돗수와 털끝만큼도 어긋남이 없었다는 표현은 옥루 물시계의 정밀도가 어느 정도 였는지를 알려주고 있다.

실제로 세종시대 완성한 우리 자체의 역법인 '칠정산 내외편'은 당시 세계의 표준역할을 하고 있었던 중국 명나라의 대통력과 아랍의 회회력을 정밀 검토한 뒤 각각의 오류를 수정했고, 또한 역법의

「시경」의 빈풍칠월편 [국립중앙박물관]

기준인 역점을 북경이 아닌 한양으로 설정하여, 조선의 달력을 우리 하늘의 천문현상과 완전히 일치하도록 했으며, 날짜와 절기까지도 완벽하게 일치시킨, 당시로서는 세계 최고수준의 역법서였다.

다만 세종 이후 사대주의 사상때문에 중국 역법에 밀려 칠정산의 사용빈도가 점점 낮아지더니, 임진왜란을 계기로 자체 역법을 사용하는 것을 명나라가 알면 원조가 끊어질 것을 우려한 선조가 우리 역법사용을 법으로 금지시킴으로써, 우리 자체 역법은 역사 속에 묻히게 되었다.

그 아래쪽에 백성들이 농업과 잠업에 종사하는 장면을 그린 빈풍도(「시경」의 빈풍칠월편의 내용을 묘사)를 벌려 놓아, 백성들의 농사짓는 어려움을 알게 했다는 부분은, 천문현상을 관측하고 시간을 알아내는

경복궁 실록으로 읽다
함원전과 흠경각

궁극적인 목적이 백성들의 농경생활에 도움을 주고자 함에 있다는 것을 의미한다. 따라서 흠경각이라는 전각 이름의 본 뜻을 다시 한 번 일깨워주는 대목이다.

한편 그 아래쪽에는 빈풍도를 통해 농사의 어려움을 임금이 항상 잊지않도록 노력한다는 대목과 관련하여 2가지의 고사성어를 예로 들고 있다. 먼저 '성탕(成湯)의 목욕반(沐浴盤)'이라는 표현은 「대학(大學)」에 나오는 구절로, 상(商)나라의 탕왕이 매일 매일 목욕하는 세수대야〔盤(반)〕에 새긴 문구를 가리키는데, 원문은 '구일신(苟日新) 일일신(日日新) 우일신(又日新)〔언젠가 한때 새로워진다면 나날이 새로워질 것이고 또한 새로워질 것이다〕'이지만, '일신일신우일신(日新日新又日新)'이라는 축약된 형태로도 많이 쓰인다. 매일 세수할 때 마다 쳐다보면서 잊지 말라는 뜻이다.

그 다음에 나오는 '무왕(武王)의 호유명(戶牖銘)' 역시 매일 매일 잊지 말라는 뜻으로, 무왕이 호유(창문)에 새겨둔 글귀를 가리키는데, 그에 대한 상세한 내용이 문종실록에 전하고 있다.

문종 즉위년(1450) 7월 5일
사헌부에서 임금에게 정치의 도를 상서하고, 장령 하위지가 안숭선의 국문을 청하였으나 불허하다
…(전략)… 무왕이 천자의 자리에 오른 지 3일 만에, 스승 상보(尙父=강태공)를 불러 묻기를
"황제(黃帝), 전제(顓帝)의 도(道)가 있는가?" 하니 대답하기를,
"'단서(丹書)'에 있습니다. 왕이 듣고자 하시면 재계(齋戒)하소

서." 하고, 재계한 지 3일 만에 왕이 현단복에 면류관을 쓰고, 상보도 현단복에 면류관을 쓰고 '단서'를 받들고 들어왔다. '단서'에 말하기를,

"공경하는 것이 게으른 것을 이기면 길(吉)하고, 게으른 것이 공경하는 것을 이기면 멸(滅)하며, 의리가 욕심을 이기면 순(從)하고, 욕심이 의리를 이기면 흉(凶)하다." 하니, 왕이 '단서'의 말을 듣고 척연히 두려워하여 이것을 <u>계명(戒銘, 경계하는 글귀)으로 삼고, 궤석(几席), 상두(觴豆), 장구(杖屨), 감반(鑑槃), 호유(戶牖), 궁검(弓劍)</u>에 새기지 아니한 데가 없었습니다.

좌우명은 술독에 쓰여진 글자였다

이렇듯 항상 쳐다보면서 스스로 수양의 재료로 삼는 성현의 격언을 좌우명(座右銘)이라고 하는데, 직역하면 의자의 오른쪽에 새긴 글귀란 뜻으로, 이는 '제나라 환공과 공자'의 고사에서 유래된 것이다. 공자는 좌우명이란 글자를 새긴 술독을 하나 만들어서 자신이 앉던 의자 오른쪽에 두었는데, 그 이유를 묻자 그것은 교만으로 인해 패가망신함을 경계하기 위함이며, 춘추시대 최초의 패자였던 제나라 환공의 사당에 있던 것을 보고, 그대로 따라 만든 것이라고 했다. 그런데 특이하게도 그 술독의 모양은 한쪽으로 기울어져 있었고, 술을 절반쯤 담으면 똑바로 섰다가, 가득 채우면 엎어졌는데, 이는 과욕과 교만이 넘치는 것을 경계하기 위함이었다.

효종 6년(1655) 7월 28일

전 영돈녕부사 이경석이 간원의 상소를 받아들이고 백성을 보살필 것을 청하다

전 영돈녕부사 이경석이 교지에 응하여 상소하기를, …(중략)…

온갖 변화에 대응하고 일세를 잘 다스리는 것은 오직 전하의 마음에 달려 있고, 마음대로 할 수 있는 처지에서 감히 마음대로 하지 않는 것도 또한 오직 항상 스스로 공경하고 두려워하는 데 달려 있으니, 이것이 <u>탕(湯)임금이나 무(武)임금이 좌우명을 만들어서 스스로를 경계하는 뜻을 붙여 놓은 까닭입니다</u>. …(중략)…

또, 술잔 중에는 계영배(戒盈杯)라는 특수잔이 있다. 뜻은 '가득 참〔盈〕을 경계〔戒〕하는 잔〔杯〕'인데 이것 역시 술잔의 70% 이상 술을 채우면 모두 밑으로 흘러내려서, 인간의 끝없는 욕심을 경계해야 한다는 상징적인 의미를 지니고 있는데, 좌우명과 마찬가지로 공자와 제나라 환공의 고사에서 비롯된 것이다.

백성들을 위해서는 국민해시계 앙부일구를 만들었다

세종 19년(1437) 4월 15일

주야 측후기인 일성정시의가 이룩되다

…(전략)… 경회루 남쪽에 집 3간〔楹〕을 세워서 누기(漏器)를 놓고 이름을 '보루각(報漏閣)'이라 하였다. 동쪽 간〔東楹〕 사이에 자리를 두 층으로 마련하고 3신이 위에 있어, 시(時)를 맡은

자는 종을 치고, 경(更)을 맡은 자는 북을 치며, 점(點)을 맡은 자는 징(鉦)을 친다. 12신은 아래에 각각 신패(辰牌)를 잡고, 사람이 하지 아니하여도 때에 따라 시각을 보(報)한다.

천추전(千秋殿) 서쪽에 작은 집을 짓고 이름을 '흠경각(欽敬閣)'이라 하고, 종이를 붙여서 산 모양을 만들어 높이는 일곱 자 가량인데, 집 가운데 놓고 안에는 기륜(機輪)을 만들어서 옥루수(玉漏水)를 이용하여 치게 하였다. …(중략)…
무지한 남녀들이 시각에 어두우므로 앙부일구(仰釜日晷) 둘을 만들고 안에는 시신(時神)을 그렸으니, 대저 무지한 자로 하여금 보고 시각을 알게 하고자 함이다. 하나는 혜정교(惠政橋) 가에 놓고, 하나는 종묘 남쪽 거리에 놓았다.

 한편 궁궐 내에 물시계는 하나만이 아니었다. 세종 19년 실록 기사에도 흠경각의 옥루뿐만 아니라, 경회루 남쪽의 보루각에도 물시계가 있어, 자동으로 시간을 알려주고 있었다는 내용이 나온다. 뿐만 아니라 무지한 백성들을 위해서 통행량이 많은 혜정교와 종묘 남쪽 거리에, 해시계인 앙부일구를 제작해서 설치했다는 기록도 담고 있다.
 해시계(日晷)는 크게 평면 해시계와 오목형 해시계로 나눠진다. 평면해시계는 구조는 간단하지만 계절의 변화에 따라서 그림자의 길이가 많이 달라지기 때문에, '시각선'의 간격이 일정하지 않아서 시각선 눈금 그리기가 힘들고, 또한 정확하게 읽기도 힘든 단점이 있다.

앙부일구 [국립고궁박물관]

그런 평면해시계의 단점을 극복하고, 누구나 계절까지 쉽게 알 수 있는 오목형 해시계가 만들어졌는데, 대표적인 것이 '앙부일구(仰釜日晷)'다. 우러를 앙(仰), 가마솥 부(釜)라는 이름에서도 알 수 있듯이 앙부일구는 뚜껑이 열린 솥 모양인데, 1434년(세종 16) 장영실이 처음 만든 앙부일구는 종로 혜정교(惠政橋)와 종묘 남가(南街)에 각각 쌓은 석대 위에 설치하여, 한국 최초의 공중시계 역할을 했다고 하니 조선판 국민 해시계라고 할 만 하다.

세종 16년(1434) 10월 2일
처음으로 앙부일구를 혜정교와
종묘 앞에 설치하여 일영을 관측하다

처음으로 앙부일구를 혜정교와 종묘 앞에 설치하여 일영(日影, 해 그림자)을 관측하였다. 집현전 직제학 김돈이 명(銘)을 짓기를, "모든 시설에 시각보다 큰 것이 없는데, 밤에는 경루(更漏)가 있으나 낮에는 알기 어렵다. 구리로 부어서 그릇을 만들었으니 모양이 가마솥과 같고, 지름에는 둥근 송곳톱니를 설치하였으니 자방(子方)과 오방(午方)이 서로 마주보았다. 움푹 패인 곳에서 휘어서 돌게 했고 겨자씨를 점찍은 듯하고, 도수(度數)를 안에 그었으니 주천(周天)의 반이요. 12지신(神)의 몸을 그렸으니 어리석은 백성을 위한 것이요. 각(刻)과 분(分)이 소소(昭昭)하니 해에 비쳐 밝은 것이요, 길 옆에 설치한 것은 보는 사람이 모이기 때문이다. 지금부터 시작하여 백성들이 만들 줄을 알 것이다." 하였다.

명종 2년(1547) 11월 2일
관상감에서 종묘 동구 · 혜정교 해시계 동지 획의 오차를 보고하다
관상감이 아뢰었다.
"종묘(宗廟) 동구(洞口)와 혜정교(惠政橋) 두 곳의 앙부일구(仰釜日晷)를 보니 태양(太陽)의 행도(行度)와 동지 획(冬至畫)이 모두 차이가 있었습니다. 간의대(簡儀臺)의 대규표(大圭表)의 그림자는 길이가 7장(丈) 3척(尺) 6촌(寸)이었으며 소규표(小圭表)의 그림자는 1장 4척 5촌 6분이었습니다."

경회루와
수정전

경회루

아무나
볼 수 없었던
비경을
간직한 곳

조선 초기 최고의 토목기술자 박자청

경회루(慶會樓 / 慶: 경사 경, 會: 모일 회, 樓: 누각 루)는 경복궁의 서쪽 네모난 연못 안에 세워진 중층 누각인데, 나라의 경사가 있을 때 연회를 베풀기 위한 곳이었다. 경복궁의 창건 당시인 1395년에는 경회루가 없었다. 다만 그 자리에는 작은 연못과 누각만이 있었을 뿐이었는데, 1412년(태종 12)에 개성에서 한양으로 재천도가 이루어졌을 때, 이 작은 누각이 기울어지자 곧바로 수리에 들어갔다. 당시 공사의 총감독은 공조판서인 박자청이 맡았는데, 그는 고려말 대건축가

경복궁 실록으로 읽다
경회루와 수정전

경회루 후경(後景)

이자 환관인 김사행으로부터 토목일을 배워, 조선초기 왕릉과 궁궐의 주요한 공사는 도맡아 처리하던 인물이었다.

 박자청은 누각이 있던 땅이 습하고 물러서 건물이 기울어지는 것을 해결하기 위해 역발상을 했다. 즉 누각을 둘러싸는 커다란 못을 파고, 누각은 연못 속 큰 섬 위에 대규모로 다시 만든 것이다. 일반인들의 상식과는 달리 건물을 둘러싸고 큰 못을 조성하면, 지반의 구조가 너 난난해지는 보양으로 캄보디아의 유명한 앙코르와트 사원도 기본적인 토목구조는 경회루와 같다고 볼 수 있다. 경회루 연못을 파면서 나온 많은 양의 흙은 중궁전인 교태전의 뒤쪽에 쌓아서, 인공산인 '아미산'을 만들었다. 경회루 건설 직후 경회루 연못 어딘가에 새는 곳이 있어, 물이 가득 차지 못하는 현상이 발생하자,

교태전에서 본 아미산

그 문제도 박자청이 곧바로 해결을 했다.

태종 12년(1412) 7월 19일
정용수의 과전을 진고한 대호군 김중균을 논죄하다
…(전략)… 경회루(慶會樓)의 못(池)을 파던 역도(役徒)에게 저화(楮貨) 1천 장(張)을 내려 주었다. 못을 다 팠으나 물이 새는 곳이 있어 가득 차지 못하였다. 박자청이 계책을 올려 말하기를,
'물흐름이 다한 곳을 트고, 물이 새는 곳은 다시 검은 진흙으로 메우면 물을 고이게 할 수 있습니다.' 하므로, 임금이 이를 시험하니 과연 효험이 있었다.

경복궁 실록으로 읽다
경회루와 수정전

지금은 경회루가 한쪽 방향만 담장이 있고, 나머지는 개방되어 있지만, 원래는 사방이 모두 높은 담으로 막혀있었다. 따라서 경회루의 아름다운 풍경은 소문만 무성했지, 실제로 본 사람은 극소수였다. 조선 선조때 오산 차천로가 지은 시화 수필집 '오산설림'과 조선 후기 실학자 이긍익의 '연려실기술'에는 경회루의 비경과 구종직이라는 사람의 일화가 다음과 같이 기록되어 있다.

　…(전략)… 구종직이 문과에 급제하여 나뉘어져 교서관 숙직을 할 때, 경회루의 절승함을 듣고 마음에 보고 싶어 하였으므로 숙직 복장인 편의를 입은 채 <u>몇 개의 문을 거쳐 경회루 아래에 당도하여 연못가를 거니는데, 갑자기 성종이 편여(가마)를 타고 환관 몇 명을 데리고 후원으로부터 이르렀다.</u> 종직이 어쩔 줄 모르다가 가마길 아래 엎드렸는데, 임금이 묻기를, "누구냐." 하니, 종직이 대답하기를, "교서관 정자 구종직이올시다." 하였다.

임금이 또 묻기를, "어떤 일로 여기 왔는가." 하니, 종직이 대답하기를, "신이 일찍이 경회루는 옥계요지라 바로 천상선계라는 말을 들었습니다. 오늘 밤 다행히 예각의 숙직을 하게 되있사온데, 예각은 경회루와 그리 멀지 아니한 까닭으로, 초야의 신이 감히 이렇게 몰래 와 보던 길이옵니다." 하였다.
임금이 "네가 편복(편의)으로써 나를 볼 수는 없다. 의관을 갖추고 오라." 하니, 종직이 곧 옷을 입고 대령하였다.

임금이 교의를 누 아래 놓게 하고, 종직에게 명하여 앞으로 오라 하고 묻기를, "너는 노래를 잘 하는가." 하니, 대답하기를, "신이 젊었을 때 노래를 배웠습니다만, 농사꾼의 노래이오니, 어찌 성률에 맞으리까." 하였다. 임금이 "어디 불러보라." 하니, 종직이 아름다운 소리로 길게 부르니, 임금이 잘한다 하고 또 명하자, 목을 제쳐 높이 부르니, 소리가 들보를 흔드는지라, 임금이 크게 기뻐하고 또, "경전을 외는가." 하고 물었다. "신이 「춘추」를 잘 기억하옵니다." 하자, 임금은 "소리 내어 읽으라." 했다. 말이 떨어지기가 무섭게 받아서 외는데, 흐르는 물과 같이 막힘없이 한 권을 마치었다. 임금이 크게 기뻐하여 술을 내주고 파했다.

다음날 임금은 특별히 구종직을 대사간으로 삼았다. 제수한 문안이 내려오자, 사람들이 모두 크게 괴이하게 여겼고, 삼사에서는 번갈아 글을 올려 극론하였으나 듣지 아니했다. 5, 6일이 지난 다음, 임금은 편전에 나아가 삼사의 관원을 모두 불러들이고, 또 구종직도 오라고 명하였다. 작은 환자에게 명하여 '춘추'를 가져오라 하고, 대사헌 이하에 명하여 외도록 하니, 한 구절도 잘 외는 사람이 한 사람도 없었다.

임금이 종직을 불러 입시하게 하고 제1권을 외우게 한 다음, 마구 다른 책에서 뽑아 물어도 즉석에서 외지 못함이 없었다. 임금이 그만두게 하고, 삼사의 제관에게 이르기를, "너희들은 한 구절도 욀 수 없으면서 오히려 높은 벼슬에 앉았는데, 구종직

같은 사람이 어찌 이 직무를 담당하지 못하겠는가. 너희들은 모두 물러가거라." 하고, 종직에게 명하여 곧 숙배하고 출사하게 했다. 뒤에 벼슬은 정1품에 이르고, 수명은 79세를 누렸다.

원래 경회루의 주 고객은 왕이 아니라 중국 사신이었다

경회루의 뜻은 글자 그대로, 군신간에 서로 덕으로써 경사스럽게 〔慶〕 만나는〔會〕 것을 뜻한다. 그리고 태종이 경회루를 만든 목적을 실록에서 소상히 밝히고 있다.

태종 12년(1412) 5월 16일
경복궁의 새 누각의 이름을 경회루라고 명하다
경복궁 새 누각〔新樓〕의 이름을 경회루(慶會樓)라고 명하였다. 임금이 경회(景會), 납량(納涼), 승운(乘雲), 과학(跨鶴), 소선(召仙), 척진(滌塵), 기룡(騎龍) 등의 이름을 가지고 지신사 김여지에게 보이며 말하였다.
"내가 이 누각을 지은 것은 중국 사신에게 잔치하거나 위로하는 장소를 삼고자 한 것이요, 내가 놀거나 편안히 하자는 곳이 아니다. 실로 모화루(慕華樓)와 더불어 뜻이 같다. 네가 가서 하륜에게 일러 이름을 정하여 아뢰어라." 김여지가 복명하는데, 경회루로 정하였다.

경회루의 용도가 비록 외국 사신을 접견하기 위해 만들어졌다고는 하지만, 임금과 신하가 덕으로써 만난다는 이름에 걸맞게, 임금과 신하들이 함께 연회를 베푸는 공간으로도 자주 활용되었다.

세종 6년 12월 13일
경복궁 경회루에서 군사, 귀화인에게 활을 쏘게 하고 연회를 베풀다

세종 8년 4월 10일
윤봉이 서대와 각궁을 바치기 위해 하례하니,
경회루에서 연회를 베풀다

세종 14년 3월 3일
경회루에서 왕세자와 종친 2품이상의 관원들이 잔치에 모시다

세종 15년 윤8월 26일
경회루에서 잔치를 베풀어 안순, 노한, 정초 등을 위로하다

단종 3년 3월 3일 / 경회루에서 연회하다

세조 1년 12월 26일
경회루에서 올량합(여진족) 60여 인을 인견하고 술을 하사하다

세조 3년 7월 2일
경회루 아래에 나가 잔치를 베풀고 제신과 군사들에게 술을 내리다

세조 4년 9월 15일 / 경회루에 나아가 양로연을 베풀다

세조 5년 2월 10일
경회루 아래에 나아가 활쏘기를 구경하고 술자리를 베풀다

예종 1년 5월 20일
임금이 경회루에 나아가 익대 공신에게 교서를 내리고, 술을 내려 주다

성종 12년 3월 3일
경회루 아래에서 종친, 의빈의 진연을 받고 종친의 사예를 보다

성종 20년 5월 17일
경회루에서 시위하는 장수들에게 술을 내리다

그런데 경회루에서 연회를 베푸는 주인공이 '왕'이 아니라 '왕비'인 실록 기사가 몇 있어, 주목을 해 볼 필요가 있다.

세종 9년(1427) 7월 18일
중궁이 경회루에 나가 처녀 7인을 불러 보고 전별연을 베풀다
중궁(中宮)이 경회루에 나가서 처녀 7인을 불러 보고 전별연을 베풀었는데, 처녀의 어머니와 친족들도 또한 연회에 참여하였다. 집찬비(執饌婢) 10인과 수종(隨從)하는 비(婢) 16인은 루

(樓) 아래에서 음식을 먹이었다. 성씨(成氏), 차씨(車氏)에게 따르는 비(婢)는 각기 3인이고, 그 나머지는 각기 2인이었다. 밤에 날씨가 맑고 고요한데 슬피 우는 소리가 밖에까지 들리니, 이를 듣는 사람은 슬퍼하지 않는 이가 없었다.

위의 실록 기사의 내용을 보면 왕비가 처녀 7인에게 전별연을 베푸는데, 즐거워야 할 잔치분위기가 영 심상치가 않다. 이는 왜 일까? 이해하기 힘든 이 실록의 기사내용을 쉽게 설명해 줄 수 있는 다른 실록 기사가 몇 있다. 한번 자세히 살펴보자.

세종 9년(1427) 5월 1일
진헌할 처녀로 간택된 한영정의 막내딸이
혼수로 준비했던 재물을 나눠주다
처녀 한씨는 한영정의 막내딸이다. 맏딸은 명나라 태종 황제의 궁에 뽑혀 들어갔다가, 황제가 죽을 때에 따라 죽었다. 창성과 윤봉이 또 막내딸이 얼굴이 아름답다고 아뢰었으므로, 와서 또 뽑아 가게 되었는데, 병이 나게 되어 그 오라비 한확이 약을 주니, 한씨가 먹지 않고 말하기를,
"누이 하나를 팔아서 부귀가 이미 극진한데 무엇을 위하여 약을 쓰려 하오." 하고, 칼로 제 침구(寢具)를 찢고 갈마두었던 재물을 모두 친척들에게 흩어 주니, 침구는 장래 시집갈 때를 위하여 준비했던 것이었다.

세종 10년(1428) 10월 1일
중궁이 경회루에서 한씨에게 전별연을 베풀다
중궁(中宮)이 경회루 아래에서 한(韓)씨에게 전별연을 베풀었다.

세종 10년(1428) 10월 4일
세 사신이 한씨를 모시고 떠나다
세 사신이 한씨를 모시고, 화자(火者) 정선, 김안명을 인솔하고서 해청(海靑) 1연(連), 석등잔석(石燈盞石) 10개를 가지고 돌아가니, 임금이 모화루에서 전별연을 베풀어 보내고, 진헌사(進獻使) 총제 조종생과 한씨의 오라비 광록시소경(光祿寺少卿) 한확이 함께 갔다. 도성 안 사람과 사녀(士女)들이 한씨의 행차를 바라보고 탄식하여 말하기를,
"그의 형 한씨가 영락궁인(永樂宮人)이 되었다가 순장(殉葬)당한 것만도 애석한 일이었는데, 이제 또 가는구나."하고, 눈물을 흘리는 자도 있었으며, 이때 사람들이 이를 생송장(生送葬)이라 하였다.

중국에 공녀로 끌려가는 조선 처녀들

이런 장면이 연출되는 것은 고려후기에 몽골(원나라)이 고려를 지배하면서, 공녀(貢女)를 바치도록 요구했기 때문이었다. 시간이 흘러 중국대륙에서는 원나라의 뒤를 이어 명나라가 들어섰지만, 명나라조차 비록 규모를 많이 줄이기는 했어도 공녀를 계속 요구해 왔고, 이 공녀제도는 중종 16년인 1521년에 가서야 끝이 났다. 처음에는

공녀들을 원나라가 정벌한 중국 변방지역 귀순병사들의 아내로 삼기도 했지만, 차차 공녀들의 대부분은 궁녀가 되었거나 귀족 집안의 첩이나 일꾼으로 배치가 되었다.

그런데 궁녀가 된 공녀 중에는 황제의 사랑을 받아서 황후의 자리까지 차지한 경우도 있었는데, 고려말 역사에 등장하는 기황후(奇皇后)가 바로 그 예다. 기황후는 행주기씨 기자오(奇子敖)의 딸이었는데, 공녀로 차출되어서 궁중에서 시중을 드는 궁녀로 있다가, 원나라 황제인 순제의 눈에 들어 제2황후가 된 인물로, 황태자까지 낳고 한 때는 원나라 조정의 실권을 장악하기도 했다.

하지만 그런 와중에 기황후의 경우와는 정반대로 비극적인 최후를 맞은 공녀도 있었는데, 조선에서 공출되어서 명나라 영락제의 후궁이 된, 공헌현비 한씨(韓氏)가 그 주인공이다. 중국은 명나라 때 까지도 왕이나 귀족이 죽으면, 살아있는 그의 아내나 신하들 또는 노비들을 죽여서 함께 묻었던, 순장이라는 비인간적인 제도가 있었다. 그런데 1424년 명나라의 제3대 황제인 영락제가 죽자, 후궁 등 30여명이 순장되었는데, 그 때 공헌현비 한씨도 포함되었다.

공헌현비가 누구냐 하면 영의정으로 추증받은 한영정의 딸이자, 인수대비의 아버지이며, 좌의정까지 오른 한확의 누이였다. 그런데 바로 그 한씨 집안에 비극이 또 발생 했는데, 공헌현비의 순장 이후 맏언니에 이어서 한확의 막내 여동생마저도 명나라에 공출녀로 차출되어 나가게 된것이다. 위의 실록 기사들은 바로 한확의 막내 여동생이 공출되어 가는 과정을 기록한 내용이다.

주제에서는 조금 벗어난 이야기이지만, 세종대왕 당시 좌의정을 지낸 사람의 누이와 누이동생까지도 공녀로 차출할 정도라면, 그 때의 조선의 지배계층은 스스로 타의모범을 보인 셈이라고 할 수 있다. 그래서 세종때를 역사상 가장 태평성대라고 하는지도 모르겠다. 요즘 사회지도층이 자식을 군대에 안보내려고 별 짓을 다하는 것과는 묘한 대조를 이룬다.

그렇다면 중국에 공녀로 바쳐진 한씨의 막내딸은 어떻게 되었을까? 이때 명나라 황실에 들어간 한비(韓妃)는 순장당한 언니와 구별하기 위해서, 사서에는 소한(小韓)으로 기록되었다. 1412년에 태어난 그녀는 입궁한 뒤 선덕제, 정통제, 경태제, 성화제 등 4명의 황제를 겪었고, 영종[정통제]의 아들 성화제 주견심(朱見深)을 기르기까지 했다. 성화제의 비빈들은 그녀를 존경하여 여사(女師)로 칭했다고 한다.

말년에 한비는 한태비로 불리며 태후와 매우 가까웠는데, 조선출신의 환관을 조선에 파견해서 고향의 옷, 노리개, 음식을 가져오게 했다고 한다. 1482년 5월 18일 한태비는 74세로 세상을 떠났는데, 똑같은 과정을 거쳐 황실에 들어갔건만, 언니 한씨는 영락제가 죽자 비통하게 순장되었고, 동생 한씨는 태비로서 천수를 누렸으니, 자매의 말로가 그처럼 달랐던 것은 운명의 장난인 것 같다.

공녀제도 때문에 생겨난 조혼 풍습

또한 공녀라는 제도 때문에, 이 땅에서는 어린 나이에 일찍 결혼하던 조혼(早婚)풍습이 생겨났는데, 그 이유는 공녀를 처녀 중에서 선발하였기 때문이었다.

태종 8년(1408) 11월 25일
처녀 진헌 문제와 관련, 일반 처녀로서
스무 살이 지난 경우는 혼인을 허락하다
서울과 외방의 처녀 20세 이상은 혼가(婚嫁)하도록 허락하였다. 의정부에서 아뢰기를,
"서울과 외방의 처녀를 도목장(都目狀)을 상고하여 <u>그 나이 19세 이하는 전과 같이 혼인을 금하고, 사신(使臣)이 친히 점고(點考)하여 머물러 둔 처녀와 추쇄(推刷)할 때 나타나지 않은 처녀는 나이를 한정하지 말고 혼인을 금하소서</u>." 하니, 그대로 따랐다.
처음에 사신 황엄이 돌아갈 때에, 황엄이 임금에게 이르기를,
"2등으로 입격(入格)한 처녀 27인은 혼인을 금해야 합니다."
하니, 임금이 대답하기를,
"여자는 혼인 시기를 지나게 할 수 없으니, 만일 대인(大人)께서 그 연수(年數)를 정한다면, 내가 마땅히 혼인을 금하겠소."
하였다. 황엄이 말하였다.
"이문화가 돌아올 때에 내가 마땅히 정하여 기별하겠습니다."

그렇다면 공녀제도가 끝난 다음에는 조혼 풍습이 완전히 없어졌을까? 아니다. 그 이후로도 조혼 풍습은 계속 이어졌는데, 조선사회는 가부장제 농경사회였기 때문에, 자녀를 빨리 결혼시켜서 자손을

많이 얻고 가족을 안정시키려는 경향이 강했다. 옛날에는 한사람 한 사람이 곧 경제력, 즉 노동력이었기 때문이었다.

옛날 영화나 TV 사극드라마를 보면, 꼬마신랑이 누나뻘인 신부와 혼례를 치르던 장면이 간혹 나온다. 그런 경우를 조혼의 특징인 부장부유(婦長夫幼)라고 부르는데, 부인이 나이가 많고 남편이 어리다는 뜻이다. 조혼의 경우에, 어린 신랑은 10세 전후이기 때문에 아직 사춘기가 되지 않아서 여자를 모를 때고, 오히려 신부는 15세 전후로 사춘기를 겪거나 지났기 때문에 이미 이성을 알 때다. 그래서 그런 사례를 에피소드로 해서 영화나 드라마를 만든 것이다.

그렇다면 신부가 신랑보다 나이가 많은 것은 왜일까? 그 이유는 조선과 같은 농경사회에서는 며느리를 중요한 노동력으로 생각했기 때문이다. 어차피 할 결혼이라면 한 사람의 노동력이라도 가능한 빨리 추가함으로써, 그 가족의 경제적인 이익을 도모하고자 하였던 것이다. 특히 시어머니 입장에서는 며느리에게 집안일을 시킴으로써, 자기자신은 여유를 가지고 편안한 생활을 누릴 수 있다는 이점이 있었다.

연산군때 퇴폐의 절정에 다다른 경회루

한편 경회루하면 빠질 수 없는 것이 연산군이다.

연산 12년(1506) 1월 9일
경복궁에서 곡연을 베풀고 경회루에서 운평악을 공궤하게 하다
경복궁에서 곡연(曲宴)을 베풀고 경회루 서남 언덕에서 운평악

(運平樂)을 공궤(윗분에게 드림)하게 하였다.

연산 12년(1506) 2월 7일
군인을 뽑아 서호의 배를 운반하여 경회루에 띄우게 하다
군인을 뽑아서 서호(西湖)에 있는 배 십수 척을 끌어 경회지(慶會池)에 띄웠다. 배 한 척을 육지로 운반하는데, 민정 5백여 인이 들었으므로 호야(呼耶)하는 소리가 온 도성안을 진동하였다.

연산 12년(1506) 3월 17일
경회루 못가에 만세산을 만들어 꾸미게 하여 흥청 등을 모아 놀다
경회루 못(池)가에 만세산을 만들고, 산위에 월궁(月宮)을 짓고 채색 천을 오려 꽃을 만들었는데, 백화가 산중에 난만하여, 그 사이가 기괴 만상이었다. 그리고 용주(龍舟)를 만들어 못 위에 띄워 놓고, 채색 비단으로 연꽃을 만들었다. 그리고 산호수(珊瑚樹)도 만들어 못 가운데에 푹 솟게 심었다. 누(樓) 아래에는 붉은 비단 장막을 치고서 흥청, 운평 3천여 인을 모아 노니, 생황(笙簧)과 노랫소리가 비등하였다.

연산 12년(1506) 7월 3일
모옥(茅屋)을 짓고 울타리를 치게 하다
전교하기를,
"경회루 연못가에 모옥(茅屋) 3칸을 짓고 울타리를 둘러치라."
하였는데, 사람들이 음궁(淫宮)이라 일렀다.

상식적으로 알고 있듯이 연산군은 조선 최고의 폭군이며, 이 점에 대해서는 이론의 여지가 거의 없다. 그러나 12년에 가까운 재위기간 내내 연산군이 폭군이었던 것은 아니었다. 대체로 재위 10년째인 갑자사화 이후로 폭군으로 돌변했고, 그 이전까지는 무오사화가 있기는 했으나, 국가운영에는 특별히 문제삼을 부분은 없다라는 것이 역사학계의 중론이다.

그럼 갑자사화가 무엇이길래 연산군이 그토록 돌변하게 되었을까? 표면적으로 갑자사화는 연산군이 성종 때 폐비되었다가 사사(賜死)된 자신의 생모 폐비 윤씨의 이야기를 전해 듣고, 희대의 복수극을 펼친 사건이다. 하지만 여러 증거들을 종합해 볼 때, 연산군이 폐비 윤씨 사건을 갑자사화때 처음 안 것은 아니었다.

연산 1년(1495) 3월 16일
성종의 묘지문 관계로 생모 윤씨가 죄로 폐위되어 죽은 줄 알다
왕이 성종의 묘지문을 보고 승정원에 전교하기를,
"이른바 판봉상시사 윤기견이란 이는 어떤 사람이냐? 혹시 영돈녕 윤호를 기견이라 잘못 쓴 것이 아니냐?" 하매, 승지들이 아뢰기를,
"이는 실로 폐비(廢妃) 윤씨(尹氏)의 아버지인데, 윤씨가 왕비로 책봉되기 전에 죽었습니다." 하였다. 그제서야 왕이 비로소 윤씨가 죄로 폐위(廢位)되어 죽은 줄을 알고, 수라(水剌)를 들지 않았다.

아마 연산군은 왕위에 오른지 1년차에 친모가 폐비되고 사사된 것을 안 듯 하다. 그래서 수라(水剌)를 들지 않았다고 했는데, 왕조사회에서 왕이 굶는다는 것은 대단한 사건이다. 하지만 연산군은 이 이야기를 듣고도 특별한 일을 벌이지는 않았고, 그저 폐비 윤씨의 초라한 무덤을 손질하고 비석이나 세워주라는 정도로 말했다.

그리고 3년 후에 무오사화가 일어났다. 무오사화는 성종대를 지나면서 언론을 장악한 대간들의 권세가 지나치게 커지자, 조의제문을 빌미로 연산군이 대간들의 세력을 쳐내버린 사건이다. 무오사화에서도 처벌받은 사람은 직접적으로 관련된 소수에 불과했다.

갑자사화는 연산군의 폭정을 알리는 신호탄이었다

그러나 갑자사화는 달랐다. 사림파뿐만 아니라 훈구파까지 포함해서, 연산군의 정책에 반대하는 모든 세력을 연좌제까지 적용하여 일망타진했다. 물론 빌미는 폐비 윤씨의 사건을 핑계로 삼았다. 하지만 피해규모가 너무 광범위하여, 폐비 윤씨에 대한 보복으로만 보기에는 설득력이 부족하다. 오히려 갑자사화는 폐비 윤씨 사건을 핑계삼아 주변의 견제세력들을 모두 쳐내고, 연산군이 자신의 왕권을 무한대로 강화한 사건으로 보는 것이 합당할 듯 하다.

실제로 갑자사화를 지나면서 왕의 모든 견제세력이 완전히 사라졌기 때문에, 이때부터의 연산군은 그 전의 연산군이 아니었다. 그는 강력해진 왕권을 국정에 반영한 것이 아니라, 개인적인 사치와 향락에 쏟아부었다. 그 대표적인 것이 궁궐의 유흥장화이며, 그에 대한 기록의 일부가 위에서 본 경회루와 관련된 실록 기사다.

경복궁 실록으로 읽다
경회루와 수정전

연산군은 전국에 채홍준사(採紅駿使)를 파견해서 미녀와 좋은 말을 구해오게 했다. 여기서 홍(紅)은 여자, 준(駿)은 말을 의미하는 것인데, 채홍준사를 줄여서 채홍사(採紅使)라고도 했다. 또한 시집가지 않은 처자들을 청녀(靑女)라고 했기 때문에, 채청사(採靑使)라고도 불렀다. 이들은 전국 각지에서 수천 명의 미녀들을 강제로 징집했는데, 이렇게 모인 여자들을 '운평'이라고 칭했다.

그리고 그 중에서도 더욱 예쁘거나 노래를 잘하는 자들을 가려뽑아, '흥청'이라고 이름 붙였는데, 이 흥청들에게는 모두 집이 제공될뿐더러 가족의 납세와 노역도 면제되었으니, 이들을 관리하는데 수많은 비용이 들어갔다. 그래서 이 흥청으로부터 생겨난 말이 '흥청망청'이다.

연산군의 폭정으로 백성들의 삶이 갈수록 피폐해지자, 민간에서는 연산군의 악행을 비방하는 투서가 나돌았는데, 그것이 언문(한글)으로 쓰여 있었다는 이유로 훈민정음 교습을 중단시키고, 언문 구결을 모조리 수거하여 불태웠다.

연산 10년(1504) 7월 22일
언문 구결 단 책을 불사르고 한어를 언문으로 번역하는 것을 금하다
진교하기를,
"언문을 쓰는 자는 기훼제서율(棄毁制書律)로, 알고도 고하지 않는 자는 제서유위율(制書有違律)로 논단(論斷)하고, <u>조사(朝士)의 집에 있는 언문으로 구결(口訣)단 책은 다 불사르되</u>, 한어(漢語)를 언문으로 번역한 따위는 금하지 말라." 하였다.

•• 뱀의 발

과연 공자는 인육을 즐겼는가?

공자에 관한 논쟁의 하나로 공자가 인육을 즐겼느냐 아니냐 하는 것이 있다. 아니땐 굴뚝에 연기가 날리 없는 것처럼 공자가 인육을 즐겼다는 것을 유추할 수 있는 자료는 있다. 그러나 문제는 얼마나 그 자료를 객관적으로 해석하느냐에 따라 전혀 다른 결론을 내릴 수 있다. 먼저 공자가 인육을 즐겼다는 측의 주장을 살펴보면 가장 대표적인 것이 「예기」의 기록이다.

예기禮記 단궁檀弓 상上 제5장:

孔子哭子路於中庭, 공자가 중정(中庭)에서 자로(子路, 공자의 제자)를 위해서 곡(哭)을 하고 있었는데,

有人弔者而夫子拜之. 어떤 사람이 조문(弔問)하러 오니, 부자(夫子, =공자)가 그에게 배례[拜]하였다.

旣哭, 進使者而問故. (공자가) 곡(哭)을 마치고 사자에게 다가가서 (자로가) 죽은 정황을 물었다.

使者曰: 「醢之矣!」 (A) 사자가 말하길: 「(자로는) 해(醢, 육고기로 만든 젓갈)가 되었습니다」 라고 하였다.

遂命覆醢. (B) 그리하여 공자는 명하여 모든 해(醢)를 엎어버리게 하였다.

평소에 공자는 해(醢)를 매우 좋아했다고 기록은 전한다. 해(醢)는 말 그대로 육고기로 만든 젓갈이다.

우리는 식해(食醢)라는 음식을 알고 있다. 동해안의 가자미식해는 꽤 유명하다. 식해는 '곡식과 해(醢)'를 한꺼번에 부르는 말이다. 우리나라의 식해는 '토막친 생선에 소금과 밥을 섞어 발효시킨 음식'인데 반해서 공자시대의 중국에

서는 주로 '육고기로 만든 젓갈'을 뜻했다. 엿기름가루를 우려낸 물에 밥을 삭혀서 만드는 우리 고유의 전통음료인 식혜(食醯)는 식해(食醢)가 아니다.

그런데 공자의 제자인 자로는 권력투쟁과정에서 죽임을 당하고 정적에 의해 해(醢)가 된다. 공자는 평소 해(醢)를 매우 좋아했으나 자신의 제자인 자로가 죽임을 당한 후 비참하게도 해(醢, A)가 되었다는 소식을 듣고는 집안에 있던 모든 해(醢, B)를 엎어버리게 했다. 여기서 우리는 같은 해(醢)라는 글자가 다른 의미로 쓰인 것임을 알 수 있다. 우선 (B)는 일반적인 해(醢)를 가리킨다. 즉 모든 육고기로 만든 젓갈이다. 하지만 자로가 죽임을 당한 후 해(醢, A)가 된 것은 사람고기로 만든 젓갈을 뜻한다.

따라서 공자가 평소 인육을 즐겼다는 것은 (B)를 (A)로 잘못 해석한 것이다. 고대 중국에는 사람을 죽이는 잔혹한 형벌이 여럿 있었는데, 해(醢)로 만드는 것도 그것의 한 종류다. 한편, 우리나라에도 사람을 죽여 젓갈을 담았다는 기록이 조선왕조 실록에 전한다. 바로 연산군이 자신의 생모인 폐비 윤씨를 죽이는데 가담한 성종의 후궁 엄귀인과 정귀인을 무참히 때려 죽이게 하고 그 시신을 젓갈[醢]로 담아 산천에 뿌린 것이다.

연산 10년(1504) 3월 20일
안양군과 봉안군을 곤장 때리다

전교하기를,

"안양군 이항(李㤚)과 봉안군 이봉(李㦀)을 목에 칼을 씌워 옥에 가두라."
… (중략) … 항과 봉은 귀인 정씨(鄭氏)의 소생이다. 왕이, 모비(母妃) 윤씨(尹氏)가 폐위되고 죽은 것이 귀인 엄씨(嚴氏), 정씨(鄭氏)의 참소 때문이라 하여, 밤에 엄씨, 정씨를 대궐 뜰에 결박하여 놓고, 손수 마구 치고 짓밟다

가, 항과 봉을 불러 엄씨와 정씨를 가리키며 "이 죄인을 치라." 하니 항은 어두워서 누군지 모르고 치고, 봉은 마음 속에 어머니임을 알고 차마 장을 대지 못하니, 왕이 불쾌하게 여겨 사람을 시켜 마구 치되 갖은 참혹한 짓을 하여 마침내 죽였다. … (중략) …
뒤에 내수사(內需司)를 시켜 엄씨, 정씨의 시신을 가져다 찢어 젓을 담그어 산과 들에 흩어버렸다.
[後令內需司取嚴、鄭屍，裂而醢之，散棄山野。]

수정전

집현전이라 불리웠던 전각

수정전은 집현전 건물터 위에 세워졌다

　수정전(修政殿 / 修: 닦을 수, 政: 정사 정, 殿: 전각 전)은 바로 뒤에 있는 화려한 경회루 때문에 제대로 주목을 받지 못하는, 조금은 억울한 전각이다. 그렇지만 수정전은 단일건물로서는 정면 규모만 10칸에 이를 정도로 대단할 뿐 아니라, 당당히 월대까지 갖춘 건물이기 때문에, 한눈에도 예사로운 건물이 아님을 알 수 있는데, 이름에 정사 정(政)이 들어가 있어서, 편전의 역할을 담당했음을 알 수 있다. 그러나 수정전은 무너진 건물터 위에 새로 만든 전각이었는데, 옛 전

수정전

각의 이름은 일반인들에게는 수정전보다 훨씬 더 친숙한 이름이었으니, 바로 그 유명한 집현전(集賢殿 / 集: 모을 집, 賢: 현명할 현, 殿: 전각 전)이다.

  학문연구를 위해 궁중에 설치한 집현전 제도는 원래 중국에서 시작된 것으로 한나라 때부터 있어 왔는데, 당나라 현종때 제도가 완벽히 정비되었고, 이후 우리나라로 전해져서 고려 인종때 이미 집현전이라는 명칭을 사용하기 시작했다. 그러나 세종이 즉위하면서 집현전을 확대 개편하였는데, 학자양성과 학문연구라는 본연의 업무 외에도 왕을 교육하는 경연, 세자를 교육하는 서연을 담당했고, 왕립도서관, 국왕의 자문기능까지도 담당했다.

  세종은 집현전 학사들이 오랜기간 동안 오직 연구에만 전념할 수 있도록 편의를 주기 위하여, 많은 도서를 구입하거나 인쇄하여 집현전에 보관시키는 한편, 재주 있는 소장 학자에게는 특별휴가를 주어, 산사(山寺) 등에서 마음대로 독서하고 연구하게 하는 사가독서(賜暇讀書)의 특전을 베풀었다. 이로써 37년이란 짧은 기간 동안에도 수많은 뛰어난 학자들이 집현전을 통해 배출되어, 세종대의 황금기뿐만 아니라 그 이후의 정치문화 전반에 걸쳐 큰 발전을 가져올 수 있게 되었다.

하지만 1456년(세조 2)에 단종 복위를 꾀한 사육신, 생육신 등을 비롯하여, 반대파 인사가 집현전에서 많이 나오자, 세조는 집현전을 폐지하는 한편, 기능은 홍문관에서 대신하게 하고, 소장된 서적은 예문관에서 관장하게 하였다.

세조 2년(1456) 6월 6일
모반에 참여했던 전 집현전 부수찬 허조가 스스로 죽다
전 집현전 부수찬 허조가 스스로 목을 찔러 죽었다. 허조는 이개(李塏)의 매부로 역시 모반에 참여하였기 때문이었다.

세조 2년(1456) 6월 6일
집현전을 파하고 경연을 정지하며,
소장하던 책을 예문관으로 옮기다
명하기를,
"집현전을 파하고, 경연을 정지하며, 거기에 소장하였던 서책(書冊)은 모두 예문관에서 관장하게 하라." 하였다.

세조 14년(1468) 6월 2일
신숙주, 최항이 문장에 능한 자를 가려
제술을 주도록 건의하였으나 물리치다

고령군 신숙주, 영성군 최항 등이 문장에 능한 자 20여 인을 가려서 아뢰기를,

"무릇 국가에 제술(製述)은 이들에게 주소서." 하니, 임금이 말하기를,

"예문관, 홍문관의 관원도 또한 문학하는 자를 가려서 두었으니, 이들로 하여금 하게 하는 것이 옳거든, 만약에 다시 다른 사람을 가리면 무엇이 집현전과 다르겠느냐?" 하였는데, 병자(丙子)의 난(亂)〔단종복위사건〕에 의논을 부르짖은 자가 모두 집현전에서 나온 까닭으로, 임금이 많은 가운데서 견식이 높은 의논을 미워하여 다시 세우려 하지 않음에서이다.

사육신을 둘러싼 상반된 기술들

사육신(死六臣)은 단종의 복위를 꾀하다가 사전에 발각되어, 세조에게 죽임을 당한 6명의 충신들을 말하는데, 대체로 성삼문, 박팽년, 이개, 하위지, 유성원, 유응부를 일컫는다. 이들은 수양대군이 단종을 몰아내고 왕위를 찬탈하자, 동조자를 규합하여 단종복위를 결의하고, 거사를 일으킬 기회를 엿보고 있었다.

그러던 중 1456년 6월 1일, 조선에 왔다가 본국으로 떠나는 명나라 사신의 환송연이 창덕궁에서 열렸다. 이때 성삼문의 아버지 성승과 유응부는, 평소 운검이라는 큰 칼을 차고 임금의 좌우에서 호

위하는 임시관직인 별운검 직을 맡았는데, 그 기회를 살려 세조를 제거하려 했으나, 별안간 세조가 별운검을 취소시키는 바람에 거사에 성공하지 못했다.

최초의 계획이 실패로 돌아가자, 함께 거사를 모의했던 집현전 출신 김질은 뒷일이 두려워서 이튿날인 6월 2일 세조에게 거사계획을 밀고해 버렸다. 김질이 고변할 때 가장 먼저 성삼문이 언급되자 성삼문이 제일 먼저 끌려왔고, 이어 성삼문의 입을 통해 나머지 사람들이 줄줄이 엮이게 되었다.

비록 사육신이 후대에는 충절의 표상으로 다시 재조명을 받았지만, 역사는 승자의 기록이라는 말이 있듯이 사육신에 대한 실록의 공식기록은 철저히 세조의 입장에서 써졌을 것이다. 사육신의 가장 대표라고 할 수 있는 성삼문에 대한 세조실록의 기사만 봐도 알 수 있는데, 세조가 성삼문에게 죄를 무겁게 줄 수 있다고 겁을 주자 성삼문은 동조자 명단을 죄다 줄줄이 불어버린다.

세조 2년(1456) 6월 2일
성균 사예 김질과 우찬성 정창손이 성삼문의 불궤를 고하다
…(중략)… 내금위 조방림에게 명하여 성삼문을 잡아 끌어내어 끓이앉힌 다음에 묻기를, …(중략)…
임금이 같이 공모한 자를 물었으나 성삼문은 말하지 아니하였다. 임금이 말하기를,
"너는 나를 안 지가 가장 오래 되었고, 나도 또한 너를 대접함이 극히 후하였다. 지금 네가 비록 그 같은 일을 하였다고

하더라도 내 이미 친히 묻는 것이니, 네가 숨기는 것이 있어서는 안된다. 네 죄의 경중(輕重)도 역시 나에게 달려 있다."
하니, 대답하기를,
"진실로 상교(上敎)와 같습니다. 신은 벌써 대죄를 범하였으니, 어찌 감히 숨김이 있겠습니까? 신은 실상 박팽년, 이개, 하위지, 유성원과 같이 공모하였습니다." 하였다. 임금이 말하기를,
"그들뿐만이 아닐 것이니, 네가 모조리 말함이 옳을 것이다."
하니, 대답하기를,
"유응부와 박쟁도 또한 알고 있습니다."

그러나 생육신의 한명인 남효온의 육신전(六臣傳)에는 성삼문의 추국장면에 대해 전혀 다른 내용이 나온다.

성삼문은 시뻘겋게 달군 쇠로 다리를 꿰고, 불로 입을 지져버려도, 팔을 잘라내는 잔학한 고문에도 굴하지 않고 세조를 '전하'라고 하지 않고 '나으리'라고 불러, 왕으로 대하지 않았다. 세조가 "네 놈이 나를 나으리라고 부르는데, 그럼 내가 준 녹(급여)은 왜 처먹었냐?"며 묻자, 성삼문은 "우리 집 곳간에 가 보면 나으리가 준 녹 따위, 하나도 안 썼으니까 못 믿겠으면 가서 확인해 보시오."라고 고문을 당하면서도 패기있게 말했는데, 확인을 해 보니 정말로 녹이 그대로 있었다. -육신전 중

다른 사람들도 마찬가지다. 박팽년도 실록의 기사에는 '곤장을 치자 아버지를 포함해 가장 많은 인원을 말하면서, 왜 더 대지 않냐고 하니, 아버지까지 대었는데 더 댈게 뭐가 있느냐면서 별운검을 통해 거사하려고 했다는 것까지 몽땅 다 고백'하는 것으로 나온다. 하지만 육신전에서는 세조가 "네 놈은 관찰사로 나가 있을 때, 나에게 올리는 공문에 분명히 '신(臣)'이라고 써 놓고 이제 와서 반역질이냐?"라고 화를 내자, 박팽년은 "나는 신(臣)이라고 쓴 적 없으니까, 잘 찾아보시오."라고 대답했고, 이에 세조가 분개하여 그의 공문을 찾아봤는데, '신(臣)자가 아니라 거(巨)자였다'라고 적고 있다.

지금에서야 당시의 일을 정확히 확인할 길이 없지만, 세조실록은 분명 세조에게 유리하게 내용이 기술되었을 가능성이 크다고 하겠다. 비슷한 예로 정도전의 최후를 기록한 태종실록도 정도전이 매우 비굴하게 죽은 것으로 나오는데 평소 정도전의 언행에 비추어 보아 세조실록처럼 태종실록 역시 왕에게 유리하게 편집되었을 가능성이 크다. 아무튼 이들 사육신의 최후를 기록한 세조 실록을 들여다보면 충신들의 비참한 최후를 엿볼 수 있다.

세조 2년(1456) 6월 8일
의금부에서 성삼문 등의 반역죄를
고하니 연루된 자들의 처벌을 명하다
사정전에 나아가서 명하여 …(중략)… 승지, 대간 등을 불러서 입시(入侍)하게 한 다음, 성삼문, 이개, 하위지, …(중략)… 등을 끌어 와서 장(杖)을 때리면서 당여(黨與)를 신문하였다. 의

금부에서 아뢰기를,

"<u>이개, 하위지, 성삼문 …(중략)… 등이 결당하여 어린 임금을 끼고 나라의 정사를 마음대로 할 것을 꾀하여, 6월 초1일에 거사하려 하였으니, 그 죄는 능지처사(凌遲處死)에 해당합니다.</u> 적몰(籍沒)과 연좌(緣坐)도 아울러 율문(律文)에 의하여 시행하소서." 하니, 임금이 명하기를,

" …(중략)… <u>나머지는 아뢴 대로 하라.</u>"

하고, 드디어 백관들을 군기감 앞 길에 모아서, 빙 둘러서게 한 다음, <u>이개 등을 거열형을 하여 두루 보이고, 3일 동안 저자에 효수하였다.</u> …(후략)…

그렇지만 이들의 불행은 사육신 자신들에게만 한정된 것은 아니었다. 직계가족은 물론이고 형제, 조카까지 모두 연좌되어 처형당했고, 생후 1년, 2년된 어린 남자아이는 입에 소금을 채워 질식사시키거나 나이가 찬 뒤에 처형하여 그야말로 멸문지화를 당했다. 게다가 사육신 집안의 여성들은 공신들의 노비나 노리개, 관청의 기생, 관비로 분배되었다.

변절의 대명사 신숙주

사육신과 관련되어 항간에 떠도는 일화 중에는 신숙주의 변절 때문에 남편을 부끄럽게 여긴 신숙주의 부인이 스스로 목을 매어 자결했다는 이야기도 있으나, 이는 사실이 아니다. 왜냐하면 신숙주의 부인은 사육신의 죽음이 있기 5개월전에, 이미 병으로 세상을 떠났

다는 기사가 실록에 전하고 있기 때문이다.

세조 2년(1456) 1월 23일
신숙주의 처 윤씨의 상에 사재감 정 조효문을 보내어 호상하게 하다
임금이 대제학 신숙주의 처(妻) 윤씨(尹氏)의 병이 위독하다는 말을 듣고, 명하여 그 오빠 동부승지 윤자운에게 약을 가지고 가서 구료하게 하였더니, 갑자기 부음을 듣고 임금이 놀래고 애도하여 급히 철선(撤膳)하게 하였다. …(후략)…

신숙주 초상 [문화재청]

그리고 더운 날씨에 쉽게 잘 상하는 특징이 있는 숙주나물〔원래 이름은 녹두나물〕의 이름이 생겨난 민간 어원설도 있는데, 세종이 그토록 단종을 신신당부했음에도 불구하고, 쉽게 변절하여 세조편에 붙은 신숙주의 이름을 나물에 비유했다는 설이다. 백성들은 변절한 그를 미워해서 녹두나물에 숙주라는 이름을 붙였고, 숙주나물로 만두소를 만들 때 짓이겨서 하기 때문에, 신숙주를 나물 짓이기듯이 하라는 뜻이 담겨 있다고 한다.

자경전
일 원

자경전

남편보다
더 대접받은
조대비

자경전은 창경궁의 자경당이 원조다

자경전(慈慶殿 / 慈: 자애로울 자, 慶: 경사 경, 殿: 전각 전)은 대비전이다. 경복궁 내의 많은 전각들은 고종 때 중건된 이후로 몇차례 화재를 겪기도 했고, 일제강점기에는 일제에 의해 강제로 철거당하는 등 많은 시련을 겪었지만, 다행히도 자경전만큼은 용케도 지금까지 잘 버티고 있다.

그런데 이 자경전은 고종의 양어머니인 신정왕후(神貞王后) 조씨[조대비로 더 널리 알려짐]를 위하여 만들어진 건물이다. 건물 이름인 자경

자경전과 청연루

(慈慶)은 자친(慈親), 즉 임금의 어머니나 할머니 등 왕실 웃어른의 경사와 무병장수를 기원하는 뜻이 담겨 있는데, 원래 정조가 자신의 생모인 혜경궁 홍씨를 위해 지었던, 창경궁의 자경당 이름을 그대로 따온 것이다.

정조 1년(1777) 5월 16일

자경당이 완성되다

<u>자경당(慈慶堂)이 완성되었다. 이 당(堂)은 창경궁에 있는데, 이때 임금이 이어(移御)할 뜻이 있어 혜경궁을 임어하기 위하여 영건</u>하였는데, 구윤옥을 영건당상으로 삼았다. 하교하기를, "소자가 아침 저녁 시봉(侍奉)하는데 편리하게 하기 위해 이렇게 새로 짓는 것이니 절대로 크고 사치스럽게 하지 말아서, 검약하게 하려는 자의(慈意)를 우러러 본받도록 하라." 하였다.

자경전이 신정왕후, 즉 조대비를 위한 건물이라고 했는데, 그럼 조대비는 과연 누구일까? 조대비는 순조의 아들이자 왕위에 오르지 못한 채 요절한 효명세자의 부인으로, 훗날 효명세자가 익종〔다시 문조익황제로 재추존〕으로 추존되었기 때문에, 세자빈 역시 신정왕후로 추존이 되었다.

그런데 고종에게 조대비는 하늘과도 같은 존재였다. 왜냐하면 고종이 왕위에 즉위하는 과정에서 조대비의 역할은 실로 막강했고, 따지고 보면 고종이 왕이 될 수 있었던 것도 고종의 친아버지인 흥선

경복궁 실록으로 읽다
자경전 일원

대원군과 정치적으로 결탁된 조대비의 적극적인 후원이 없었다면, 절대 불가능했을 것이기 때문이었다. 심지어 경복궁 재건사업도 형식적으로는 조대비의 명을 받들어서 시행하는 것으로 진행되었다.

고종 2년(1865) 4월 2일
대왕대비가 경복궁을 중건할 것을 명하다
대왕대비(大王大妃)가 전교하기를,
"경복궁은 우리 왕조에서 수도를 세울 때 맨처음으로 지은 정궁(正宮)이다. 규모가 바르고 크며 위치가 정제하고 엄숙한 것을 통하여 성인(聖人)의 심법(心法)을 우러러 볼 수 있거니와 정령(政令)과 시책이 다 바른 것에서 나와 팔도의 백성들이 하나같이 복을 받은 것도 이 궁전으로부터 시작되었다. 그러나 불행하게도 전란에 의하여 불타버리고 난 다음에 미처 다시 짓지 못한 관계로 오랫동안 뜻있는 선비들의 개탄을 자아내었다. …(중략)…

돌이켜보면, 익종(翼宗)께서 정사를 대리하면서도 여러 번 옛 대궐에 행차하여 옛터를 두루 돌아보면서 개연히 다시 지으려는 뜻을 누었으나 미처 착수하지 못하였고, 헌종(憲宗)께서도 그 뜻을 이어 여러 번 공사를 하시려다가 역시 시작하지 못하고 말았다. …(중략)… 이 궁전을 다시 지어 중흥의 큰 업적을 이루려면 여러 대신들과 함께 타산해보지 않을 수 없으니 내일 음식을 내린 다음에도 시임 대신과 원임 대신들은 머물러서 기다리라." 하였다.

조대비를 극진히 모시려는 고종의 노력

고종은 조대비의 양자로 입적되었으니 법률적으로는 조대비가 고종의 양어머니였다. 그런 조대비가 고종 27년인 1890년에 세상을 떴다. 고종은 어떻게든 마지막 저승길까지도 조대비를 극진히 모시려고 했는데, 그런 흔적이 무덤의 위치선정 과정에서도 분명히 드러났다. 일반적으로 돌아가신 분을 모실 때는 서상제(西上制)라는 예법이 적용되는데, 서쪽에 서열이 더 높은 분을 모신다는 개념이다. 좌우로 19칸이나 되는 종묘의 긴 정전 건물에도 가장 서쪽 방에 태조 이성계를 모셨다.

음양오행에서는 군주남면(君主南面)이라는 원칙에 의거하여, 동쪽은 왼쪽이요 서쪽은 오른쪽에 해당된다. '좌청룡 우백호'라는 말을 '동청룡 서백호'라는 말로 바꿔쓸 수 있는 것도 같은 이치다. 다만 조심해야 할 것은 오른쪽, 왼쪽의 방향설정 기준이 무덤을 바라보는 관찰자 시점이 아니라, 궁궐, 사찰, 가옥, 무덤 등 그 시설물의 주인공이 기준이라는 것이다.

보통의 경우, 음양을 서로 비교하면 음보다는 양의 서열이 높기 때문에, 동고서저(東高西低) 또는 좌고우저(左高右低)가 된다. 이런 이유 때문에 좌의정이 우의정보다 서열이 높은 것이다. 그러나 죽은 사람의 세상은 음의 세상이기 때문에[그래서 무덤을 음택이라고 한다] 여기에서는 음양의 서열이 뒤바뀐다. 그래서 동저서고(東低西高) 또는 좌저우고(左底右高)가 된다. 서상제는 바로 동저서고(東低西高)에서 나온 개념

경복궁 실록으로 읽다
자경전 일원

이다.

지금까지의 논의를 정리해보면, 엄격한 성리학적 질서와 서열을 중요시하던 조선사회에서 남편과 부인을 무덤에 합장할 경우, 서열이 높은 남편이 오른쪽(서쪽)에 묻히고, 서열이 낮은 부인이 왼쪽(동쪽)에 묻힌다. 그래서 합장묘의 비석에서 부인의 내용을 살펴보면 대부분이 부좌(祔左) 즉, 부부를 합장할 때, 아내를 남편의 왼쪽에 묻었다는 말로 끝맺는다.

숙종 44년(1718) 윤8월 7일
민회빈의 복위 후에 임금이 지은 제문을 내리다

임금이 하교(下敎)하기를,

"민회빈(愍懷嬪, 소현세자의 세자빈 강씨)을 복위(復位)한 뒤에 아직까지 직접 글을 지어 나의 뜻을 서술하지 못했으니, 서운한 마음을 어떻게 금하겠는가? …(중략)… 예(禮)로 보아 '소현세자의 묘' 왼편에 부장함이(祔左) 적합할 듯하여 재실을 장차 옮기고자 하여 이미 좋은 날을 가리도록 명하였다." …(후략)…

영조 22년(1746) 12월 23일
공조참판 조영국이 목릉의 표석에 쓰는 글귀 문제에 대해 아뢰다

공조참판 조영국이 아뢰기를,

"목릉(穆陵)의 표석을 세 줄로 열서하라고 이미 하교하셨습니다만, 다른 능의 경우 '부좌(祔左)'로 썼지만 목릉은 왕비 두 위를 각기 다른 산등성이에 봉안하였기 때문에 이 선례를 적용하기가 어렵습니다."

그런데 조대비의 무덤은 그와는 정반대로 조대비가 서쪽(오른쪽)에 묻혀 있다. 이 부분의 실록 기사를 살펴보자.

고종 27년(1890) 5월 1일
시임대신과 원임대신 및 총호사,
산릉도감 당상을 여차에서 소견하다
시임대신(時任大臣)과 원임대신(原任大臣) 및 총호사(總護使), 산릉도감(山陵都監) 당상(堂上)을 여차(廬次)에서 소견(召見)하였다. 하

교하기를,

"산릉조성 절차를 택일한 단자를 방금 보았는데, 합부(合祔)를 왼쪽에 하는 것이 좋겠는지 오른쪽에 하는 것이 좋겠는지 신중히 해야 하기 때문에 경들을 소견하여 의논하여 정하려고 한다." 하니, 영의정 심순택은 아뢰기를,

"일전에 대략 아뢴 바 있는데, 국세와 혈성이 고르고 방정하여 지사(地師)들이 모두 상길(上吉)이라고 하였습니다. 합봉(合封)을 하는데 왼쪽이 좋은가 오른쪽이 좋은가 하는 것은 단지 주산(主山)이 안대(案對)하는 정중(正中)인지에 달렸습니다. 그러나 신은 본래 풍수 보는 법을 모르기 때문에 억측으로 대답할

동구릉에 있는 경릉인 삼연릉, 오른쪽이 왕이 묻힌 능이다.

수 없으니, 상지관을 소견하여 다시 하문하시고 전하의 생각
으로 판단하시는 것이 좋겠습니다." 하였다. …(중략)… 김홍
집이 아뢰기를,

"옛 사람이 이르기를, 장사지내는 사람은 생기를 탄다고 했
고, 선유(先儒)들 사이에도 반드시 흙이 두텁고 물이 깊은 데
를 택한다는 의논이 있었습니다. <u>신령이 오른쪽을 높인다는
것은 대개 원칙을 말한 것</u>이고, 지금 이렇게 지사(地師)들이
아뢰는 것은 산릉 용혈의 형편을 말한 것이니, 오직 전하의
처결에 달렸습니다." 하였다. 하교하기를,

"오른쪽에 합장하기로 결정하니 경들은 그렇게 알도록 하
라."

위의 실록 기사에서도 언급되었지만 무덤에서는 오른쪽(서)이 왼
쪽(동)보다 서열이 높기 때문에, 조대비(신정왕후)는 남편(효명세자, 익종)
의 왼쪽에 묻히는 것이 유교사회의 일반적인 원칙이었다. 하지만 풍
수지리의 평계를 대면서까지 결국은 조대비를 남편보다 서열이 더
높은 위치인 오른쪽에 묻음으로 해서, 고종은 조대비에 대한 마지막
예우를 최대한으로 했던 것이다.

건청궁
일　원

향원지와 향원정

중국사신마저 감탄한 곳

향원정의 시초는 취로정

    건청궁 영역으로 접근하려면 반드시 향원지(香遠池)와 향원정(香遠亭)을 거쳐야 한다. 향원지와 향원정은 경복궁 내에서도 가장 아름다운 곳으로 손꼽히는 장소다. 특히 향원정은 건축물이 아니라, 마치 하나의 공예품을 보는 듯한 착각에 빠지게 한다. 그런데 조선 전기의 기록에는 이토록 아름다운 향원지와 향원정에 관한 기록이 전혀 나타나지 않는 것으로 봐서는, 고종때 경복궁을 중건하면서 향원지와 향원정을 새로 만든 것 같다. 그렇지만 꼭 그 이름은 아니라 하

경복궁 실록으로 읽다
건청궁 일원

더라도, 비슷한 위치에 비슷한 정자에 관한 기록은 남아있다.

세조 2년(1456) 3월 5일
취로정을 낙성함에 따라 제조 금천군 박강 등에게 잔치를 내리다
경복궁의 후원에 신정(新亭)을 낙성(落成)하니, 제조 금천군 박강, 동지중추원사 김개 등에게 잔치를 내려 주고, 또 역부(役夫)에게 술을 내려 주었다. 이름은 '취로정(翠露亭)'이라 하고 앞에 못을 파서 연꽃을 심게 하였다.

세조 2년에 새로 만든 정자를 취로정이라고 했는데, 위치는 경복궁의 후원이며, 정자 앞에 못을 파서 연꽃을 심었다는 대목이 오늘날의 향원지, 향원정과 거의 비슷한 분위기로 보인다. 이 취로정 또한 절경이었던 모양이다. 그래서 중국에서 사신이 오면 꼭 이곳으로 데리고 와서 대접을 했고, 그 사신들도 이런 좋은 곳을 보여줘서 매우 고맙다는 인사를 했다는 기록이 실록에 남아있다.

중종 32년(1537) 3월 14일
천사(天使)를 접대할 때 쓸 자리와 과반을 준비하게 하다
승정원이 사옹원 세조 유보의 뜻으로 아뢰기를,
"이전에 천사(천자의 사신)를 경회루로 초청하여 잔치할 때면 더러는 다락으로 올라가 관망하는 일이 있기도 했었는데, 깔 자리 및 과반을 미처 마련하지 못했었습니다. 오늘 초청하여 잔치 할 때에는 다락 위에서 쓸 모든 것을 미리 준비하게 하는

것이 어떠하겠습니까?" 하니, 전교하였다.
"한갓 경회루 위에서 만이 아니다. 천사가 후원에서 산보하고자 한다면, 취로정(翠露亭) 등과 같은 모든 곳에서 쓸 깔개와 과반 등도 역시 미리 준비해야 한다."

중종 32년(1537) 3월 14일
사신을 맞아 경회루에서 잔치를 열고 후원을 산보하다

미시(未時). 두 사신이 경회루 남문 밖에 이르러 가마에서 내리자, 상(上)이 섬돌 아래까지 나가 맞이하여 서로 사양하면서 들어왔다. 경회루 아래에 이르러 두 사신은 나란히 동쪽에 서고, 상은 서쪽에 서서 각각 절을 하자고 청하였다. …(중략)…
취로정(翠露亭)에 이르러 잠깐 쉬는데, 정사가 말하기를,
"만일 황제의 명이 아니었다면 어떻게 이처럼 좋은 데에 오게 되었겠습니까. 한없이 감사합니다." 하고, 부사가 말하기를,
"천년에 한 번 있을 기이한 만남입니다. 한없이 감사합니다." 하였다. …(후략)

건청궁

고종의
독립의지를
상징하다

건청궁은 대원군으로부터 자립하고자 하는
고종의 의지를 보여주는 건물이다

    건청궁(乾淸宮 / 乾: 하늘 건, 淸: 맑을 청, 宮: 집 궁)은 1873년(고종 10)에 선립된 선물도, 이 시기는 고종이 즉위한 지 10년이 되는 시점이자, 아버지 흥선대원군의 섭정을 종식하고 친정을 선언한 해다. 따라서 건청궁의 건립은 고종이 대원군의 그늘에서 벗어나, 정치가로서 스스로 서려는 의지를 상징적으로 보여주는 건물이라고 할 수 있는데, 그런 점을 한번 더 확인시켜주는 것이 이 건청궁의 건립에 국가 재

건청궁 일원

정이 아니라, 왕의 개인적인 내탕금을 사용했다는 점이다. 그만큼 주위로부터 방해받지 않고, 자신만의 환경을 구축하려고 했던 것으로 풀이된다.

고종 10년(1873) 8월 19일
좌의정 강로가 건청궁 공사 비용을 절약할 것을 청하다
시소(試所)에서 입시(入侍)하였을 때 좌의정 강로가 아뢰기를, "재상 강진규의 상소문에 대한 비답을 보고서야 비로소 건청궁을 짓고 있으며 대내(大內)에서 그 경비를 대고 유사(有司)에 맡기지 않았다는 것을 알았습니다. …(중략)… 전후하여 벌인 2, 3천 칸에 달하는 거대한 공사에 쓴 비용은 모두 백성들에게서 나왔습니다. 이때는 전날보다 곱절 더 절약을 하여야 할 시기이니, 바라건대 전하께서는 깊은 관심을 가지시어 모든 재물의 소비에 대해서 절약하기에 더욱 힘쓰소서." 하니, 하교하기를, "진달한 의견이 매우 간절하니 마땅히 마음에 새겨두도록 하겠다. 그런데 이 궁을 건설하는 데 쓸 비용을 탁지부의 재정에서 쓰지 않고 단지 내탕전(內帑錢)만 쓴 것은 또한 나의 될수록 절약하자는 뜻에서였다." 하였다. …(후략)…

그런데 건청궁이라는 이름은 북경 자금성 속에도 있다. 뿐만 아니라 건청궁 속의 곤녕합이란 이름도 자금성 내의 곤녕궁과 흡사하다. 참고로 북경의 자금성은 중심축 선을 따라서 전문(대청문), 천안문, 단문, 오문, 태화문의 5개문을 거치면 태화전, 중화전, 보화전의 외조3전이 나오고, 이어서 건청문을 통과하면 건청궁, 교태전, 곤녕궁으로 이루어진 내정의 후3궁을 만나게 된다. 조선의 조정에서는 매년 중국으로 사신을 파견하여 황제를 알현했는데, 그때 황제는 자신의 주거처인 건청궁에서 외국사신들을 접견했던 기록이 실록에도 남아 있다.

현종 12년(1671) 2월 20일
동지사 복선군 이남(李柟)과 부사 정익이 돌아오는 도중에 치계하다
동지사 복선군 이남, 부사 정익 등이 돌아오다가 산해관(山海關)에 이르러 치계하였다.
"정월 초하룻날 청나라 황제가 성황사에 가서 분향하려 할 때에 동서반이 오문(午門) 밖에 늘어 섰는데, 신들도 하반(賀班)에 참여하였습니다. 예(禮)가 끝나자 도로 들어가고, 뭇 관원들은 다 파하여 나갔습니다. 신들도 나오려고 하는데, 예부랑(禮部郎) 한 사람이 황제의 명으로 신들을 부르기에 서둘러 건청궁(乾淸宮)으로 들어갔습니다. 청나라 황제가 문의 한 중앙 평상에 앉아서 신들을 계단으로 올라오라고 명하였습니다. 평상 앞에서 누어 걸음 떨어진 곳에 나아가 꿇어앉으니, 청나라 황제가 먼저 신 이남의 나이를 묻고, 다음에 국왕과 몇 촌의 친척인지를 묻고, 다음에 길을 떠날 날짜를 묻고, 다음에 글을 읽었는지를 묻고, 다음에 이름 자를 묻고, 또 신 정익의 성명을 물었는데, 묻는 대로 대답하였습니다." …(후략)

200년 묵은 체증 '종계변무'

현종12년 실록 기사 내용 중에서 사신으로 간 이남(李柟)은 왕실의 종친이었다. 황제는 이남(李柟)이 조선국왕과 몇 촌의 친척인지를 묻고 있는데, 중국 황제가 조선왕실의 족보에는 왜 관심을 가지는 것일까? 이 문제에 대한 열쇠는 종계변무(宗系辨誣 / 宗: 마루 종, 系: 맬 계, 辨: 분별할 변, 誣: 속일 무)라는 글자 속에 들어있다.

종계변무를 한마디로 요약하자면, 조선 건국 초기부터 선조때까지 약 200년간, 명나라의 공식 국가기록물에 잘못 기록된 태조 이성계의 종계(宗系, 종가의 계통)를 시정해 달라고 주청했던 사건으로, 두 나라 사이에 심각한 외교문제로 부각되어, 태조때부터 여러 차례 사신을 보내어 고쳐줄 것을 요구하였지만, 중국 측은 시정 약속만 하고 실제로는 반영하지 않아서, 이 문제의 해결은 역대 조선왕들의 가장 큰 외교 현안문제가 되었었다.

사건의 시초는 이랬다. 고려말 이성계의 정적들은 정권다툼에서 축출되자, 명나라로 도망가서 이성계를 타도할 목적으로, 이성계는 고려의 권신 이인임의 아들인데 이인임은 공민왕을 시해했고, 아들인 이성계는 우왕, 창왕을 시해했으며, 곧 명나라를 치려고 한다는 거짓보고를 올렸는데, 고려의 내부사정을 자세히 알 리가 없었던 명에서는 그 이야기를 곧이 곧대로 믿어서, 그 내용을 명나라의 태조실록과 법전인 대명회전(大明會典)에 그대로 기록하였다.

이 사실을 알게 된 조선조정에서는 난리가 났다. 사대주의를 표방하면서 건국한 조선으로서는 종주국의 공식 기록물 오류는 단순한 오류로 그치는 것이 아니라, 왕통의 합법성이나 왕권 확립에 매우 중요한 문제였고, 뿐만 아니라 이성계가 정적이었던 이인임의 후사라는 것은 실로 엄청난 모욕이었던 것이다.

이후 조선에서는 역대 왕들마다 지속적으로 이 문제를 풀기 위해 사신을 파견했지만, 그때마다 중국 측은 말로만 시정 약속을 하거나, 어떤 때는 시간이 많이 흐른 선대의 일을 지금 와서 고칠 수는 없다는 식의 변명으로 일관했고, 그때마다 조선의 임금들은 속만 태웠다. 아마도 명나라에서는 이 문제를 쉽게 해결해 주지 않고, 이를 빌미로 조선에 대한 영향력 확대를 꾀하였던 것 같다.

이 문제가 거의 2백년이 다 되어갈 즈음인 1584년, 선조는 '종계변무 주청사'를 임명하면서 이번에야말로 일을 제대로 성사시키지 못하면, 모두 죽은 목숨이 될 것이라는 엄명을 내렸다. 이에 이미 수차례 명나라로부터 거짓 약속만 받아온 경험이 있었기에, 사신단은 모두 죽으러 가는 길이라 생각했다. 하지만 뜻밖에도 이 사신단이 200년 묵은 종계변무를 성공리에 해결하고 돌아왔다. 이때의 실록을 살펴보자.

선조 17년(1584) 11월 1일

황정욱 등이 칙서를 받아 돌아오자 죄인을 사면하고 상을 내리다

종계변무 수정사(宗系辨誣奏請使) 황정욱과 서장관 한응인 등이 칙서를 받아가지고 돌아왔는데, 황제가 대명회전 가운데 개정한 전문(全文)을 기록하여 보여 주었다. 상(上)이 모화관에 나아가 마중하고 종묘(宗廟)에 고한 뒤 하례를 받았다. 백관의 품계를 올려주고 특수한 사죄(死罪) 이하의 죄인을 사면하였다. 황정욱과 한응인 및 상통사(上通事) 홍순언 등에게는 가자(加資)하고, 노비와 전택, 잡물 등을 차등 있게 내렸다.

역관의 활약으로 풀린 종계변무

이 기사 속에 등장하는 황정욱과 한응인은 각각 정사와 부사의 역할을 맡은 양반 관료인데, 마지막에 등장하는 홍순언은 상통사(上通事) 즉 통역관 중에서 우두머리다. 실록에는 빠져있지만 숙종때의 역관들의 일화를 기록한 통문관지(通文官志)에는 홍순언이 활약한 종계변무의 해결과정이, 정사가 아닌 야사로써 자세히 기록되어 있다.

홍순언은 명종임금때부터 역관으로 활동하던 사람이었는데, 북경에 역관으로 다녀오다가 통주(通州) 부근 홍등가에서 죽은 부모의 장례를 치르기 위해 돈을 달라는 미모의 여자를 측은히 여겨서 돈을 준 적이 있었다. 그런데 문제는 그 돈이 공금이었던 것이다. 이 일로 당연히 홍순언은 공금횡령 죄목으로 투옥되었다.

그리고 얼마 후 다시 북경에 종계변무를 위한 사신단이 꾸려졌는데, 앞서 말한 것처럼 선조가 이 문제를 해결하지 못하면 죽은 목숨이 될 것이라는 엄명을 내리자, 동료 역관들은 십시일반으로 돈을 갹출해 홍순언의 빚을 갚아주는 대신, 죽을 것이 뻔한 수석통역관 자리를 맡겼다.

그런데 홍순언의 돈을 받은 미모의 여자는 '예부시랑' 석성(石星)의 애첩이 되었고, 그녀와 석성은 명나라 조정에 조선의 사신들이 올 때마다 홍순언의 안부를 수소문했다. 1584년 조선의 사신단 속에 홍순언이 끼어 있는 것을 확인한 석성은 부인과 함께 찾아가 융

숭한 대접을 했다. 그런데 석성이 맡고 있던 '예부시랑'이라는 지위는 조선이 그리도 원하던 종계변무 문제해결의 실무책임자였다. 따라서 석성의 적극적인 도움으로 200년 묵은 종계변무의 한을 속시원하게 풀 수 있었다.

한편 석성의 역할은 여기서 끝난 것이 아니었다. 임진왜란 당시 석성은 병부상서(현재의 국방부장관)였는데, 조선이 명나라에 원군을 요청하자, 명나라에서는 조선이 왜군의 앞잡이가 되어 대륙으로 쳐들어올 것이라는 유언비어가 떠돌았다. 따라서 처음에는 원군 파병에 미온적이었는데, 이때 석성이 가장 적극적으로 조선의 사정을 변호하면서, 명나라는 원군 파병을 결정하기에 이르렀다고 한다. 당시의 실록 기사를 보면 그 사실을 확인할 수 있고, 그가 자국에서 탄핵을 받아 옥중에서 사망하자, 조선에서는 평양의 사당에서 그를 위한 제사를 올리기까지 했다.

선조 25년(1592) 5월 29일
양사가 유근이 영위사로 갔을 때 중국 사신을
잘못 대한 일로 시신의 파견을 청하다

이때 변란이 창졸간에 발생하였으므로 유언비어가 전파되었다. 요좌(僚佐)에서 '조선과 일본이 서로 짜고 침략당했다고 거짓말을 한 것이다. 국왕과 본국(本國)의 용맹한 병사들은 북도(北道)로 피해서 들어가 있고, 다른 사람을 가짜왕으로 내세워서 침략을 받았다고 청탁하지만, 실은 일본을 위해서 향도(嚮導)가 된 것이다.'는 말이 일어났는데, 이 유언비어가 중국에 들어간 것이다. 중국 조정에서는 반신반의하다가 병부상서(兵部尙書) 석성(石星)이 비밀히 요동(遼東)에 유시(諭示)하여 최세신(崔世臣)과 임세록(林世祿) 등을 파견시켰다. 그들은 명분상은 왜적의 실정을 살핀다고 하였지만, 실은 평양으로 달려가서 우리의 국왕과 만나 그 사실 여부를 확인하고 돌아오려는 의도였다. 이때 우리는 중국에게 구원병을 요청하려 했었는데 …(후략)…

선조 32년(1599) 10월 20일
병부상서 석성에 대해 평양의 사당에서 제사를 올리게 하다
비망기로 이르기를,
"상서(尙書) 석성(石星)은 우리 나라에 공이 없다고 할 수 없다. 여러해 동안 감옥에 갇혀 있다가 옥중에서 죽은 것은 실로 우리나라의 일 때문이니 어찌 침통하지 않겠는가. 평양의 사당에 관원을 보내어 치제하는 것이 어떻겠는가? 중국의 입장에서는 법기(法紀)가 엄중하여 천위(天威)를 시행하지 않을 수 없으니, 그것은 천하의 계획을 그르친 때문이요. 우리 나라의 입장에서는 구원한 은혜가 깊어 사사로운 정을 갚지 않을 수 없으니, 그것은 평양을 탈환한 공이 있기 때문이다. 어떻게 하여야 옳을지 의논하여 아뢰도록 예조에 말하라." 하였다. …(후략)…

장안당과
곤녕합

명성황후
시해사건에
연루된
대원군

명성황후의 비극이 벌어진 곳

건청궁은 크게 세부분으로 나뉘는데, 고종이 거처했던 사랑채 장안당(長安堂 / 長: 길 장, 安: 편안할 안, 堂: 집 당), 명성황후가 거처했던 안채 곤녕합(坤寧閤 / 坤: 땅 곤, 寧: 편안할 녕, 閤: 쪽문 합), 그리고 상궁나인들의 거처와 기타 공간인 복수당(福綏堂 / 福: 복 복, 綏: 편안할 수, 堂: 집 당)이다. 그 중에서도 곤녕합은 을미사변 또는 명성황후 시해사건이라고 불리는, 우리나라 근대사 최대의 비극이 일어났던 곳이다.

을미사변은 을미년인 1895년(고종 32) 일본공사 미우라 고로(三浦

곤녕합

복수당

경복궁 실록으로 읽다
건청궁 일원

장안당

梧樓)가 주동이 되어서 경복궁을 습격해, 건청궁 곤녕합에 있던 명성황후를 시해하고, 조선에서의 일본세력 강화를 획책한 정변이다. 그런데 일본은 왜 남의 나라 왕비를 시해하는 위험천만한 짓을 벌였을까? 그리고 이런 엄청난 일을 벌여놓고도 어떻게 수습을 하려했을까? 당시의 역사와 국내외 상황을 잠시 정리해 보자.

한반도에서의 주도권을 놓고 1894년에 벌인 청일전쟁에서 승리한 일본은 청나라에 대해 엄청난 양의 전쟁배상금 요구와 함께 요동반도까지 차지했다. 그러나 한반도와 만주의 지배권이 일본에게 넘어갈 경우, 자신들에게도 위협이 될 수 있다고 판단한 러시아는 독일과 프랑스를 끌어들여, 일본에 외교적인 압박을 통해 요동반도를 청나라에 반환할 것을 요구했고, 이를 관철시켰다. 이를 역사적으로는 삼국간섭이라 하는데, 청일전쟁의 승리감에 취해있던 일본으로서는 서구열강의 위세에 눌려, 일단 분을 삭일 수 밖에 없었다.

그런데 이런 상황을 지켜본 중전 민씨와 조정권력을 독점했던 민씨 일족들은, 러시아의 힘을 빌려 일본을 견제할 수 있을 것이라는 생각을 하게 되었고, 이를 곧바로 정치에 반영시켜 친일세력들을 축출하고 친러세력들로 내각을 구성했다.

조선 조정에서의 이런 급격한 상황변화는 일본을 불안하게 만들었는데, 일본의 입장에서는 거의 다 잡아 놓은 조선을 러시아에게 송두리째 빼앗길 지도 모른다는 우려를 했다. 그래서 일본은 조선 조정권력의 핵심인 중전 민씨를 제거함으로써 다시 친일내각을 구성하고, 궁극적으로 조선을 일본의 식민지로 만들 계획을 수립하기 시작했다.

일본의 계획은 치밀했다. 우선 암살단의 주축은 군인이 아닌 낭인(浪人, 일본의 떠돌이 무사)들로 구성했는데, 이는 나중에 혹 일이 잘못되더라도 일본정부는 책임을 지지 않으려는 속셈이었다. 또한 이 암살사건을 국내의 권력다툼으로 보이게 하려고, 흥선대원군과 곧 해산될 예정이었던 조선인 훈련대를 교묘하게 끌어들였다. 흥선대원군은 중전 민씨와는 오랜 정적 관계였기 때문에 시해까지는 아니라 하더라도 민씨의 축출정도까지는 간절히 원했을 것이고, 훈련대는 일본인 교관이 훈련시켜서 친일성향이 크다는 이유 때문에, 친러성향의 민씨 정권으로부터 곧 해산될 운명에 처해있어서 불만이 팽배한 상태였다.

경복궁 실록으로 읽다
건청궁 일원

명성황후 시해사건에 연루된 흥선대원군

　거사 당일인 10월 8일(음력 8월 20일) 계획에 약간의 차질이 생겼다. 원래 다른 사람들의 이목을 피하기 위해 거사 완료시각을 새벽 4시로 잡았지만, 어찌된 일인지 거사의 출발점이 될 흥선대원군이 광화문 앞에 도착한 시각은 새벽 5시가 넘어서였고, 따라서 목격자들이 많이 생겨났다. 하지만 준비가 완료된 일본군과 조선인 훈련대 병력은 곧 광화문에서의 총격을 시작으로 해서 사방에서 경복궁 안으로 진격해 들어갔고, 궁궐의 수비를 맡은 궁궐시위대는 저항을 했지만, 곧 무너졌고 뿔뿔이 흩어졌다.

　더 이상의 저항이 없어지자 조선인 훈련대와 흥선대원군은 일단 강녕전에서 대기하고, 일본군과 낭인들은 건청궁으로 몰려갔다. 결국 건청궁 곤녕합에서 낭인들은 중전 민씨를 찾아냈다. 궁내부 대신 이경직이 낭인들을 가로막았지만 권총에 맞았고, 이어 낭인들의 칼에 두 팔이 잘려나가는 참극이 벌어졌다. 중전 민씨는 궁녀들 사이에 있다가 낭인들에게 끌려 나온 뒤, 낭인들이 일제히 달려들어 칼로 내리치자 절명했다.

　일본의 미우라 공사는 아침에 경복궁에 들어와서 직접 중전 민씨의 시체를 확인한 뒤, 증거를 인멸하기 위해 낭인들에게 시체를 불태워 없애라는 명령을 내렸다. 이에 따라 낭인들은 건청궁 동쪽 녹원으로 가서, 시체에 기름을 끼얹고 불태워버렸다.

고종 32년(1895) 8월 20일
묘시에 왕후가 곤녕합에서 붕서하다

묘시(卯時)에 왕후가 곤녕합(坤寧閤)에서 붕서(崩逝)하였다. 이보다 앞서 훈련대 병졸과 순검이 서로 충돌하여 양편에 다 사상자가 있었다. 19일 군부대신 안경수가 훈련대를 해산하자는 의사를 밀지로 일본 공사 미우라 고로에게 가서 알렸으며, 훈련대 2대대장 우범선도 같은 날 일본 공사를 가서 만나보고 알렸다. 이날 날이 샐 무렵에 전(前) 협판(協辦) 이주회가 일본 사람 오카모토 류노스케와 함께 공덕리에 가서 대원군을 호위해 가지고 대궐로 들어오는데 훈련대 병사들이 대궐문으로 마구 달려들고 일본 병사도 따라 들어와 갑자기 변이 터졌다. 시위대 연대장 홍계훈은 광화문 밖에서 살해당하고 궁내대신 이경직은 전각 뜰에서 해를 당했다. 난동은 점점 더 심상치 않게 되어 드디어 왕후가 거처하던 곳을 잃게 되었는데, 이날 이때 피살된 사실을 후에야 비로소 알았기 때문에 즉시 반포하지 못하였다.

중전 민씨가 살해됐다는 소식은 강녕전에 머물면서 휴식을 취하고 있던 대원군에게도 들어갔다. 대원군은 겁에 질린 고종이 그를 부르는 형식을 빌려서, 이날 아침 건청궁에서 고종과 대면하게 된다. 대원군은 그 자리에서 고종의 친형이자 자신의 장남 이재면을 궁내부대신에 앉히고 다시 정권을 잡았지만, '거사 후 대군주(고종)를 보필해 궁중을 감독하되, 정사는 내각에 맡겨 일체 간섭하지 않는다'는 일본과의 사전약조 때문에 실권은 없는 허수아비에 불과했다. 따라서 대원군은 일본에 철저히 이용만 당한 꼴이 되었다. 을미사변의 일로 인해 대원군은 고종과 사이가 벌어질 대로 벌어졌고, 따라서 고종은 대원군의 장례식에도 참여하지 않았다고 한다.

고종 32년(1895) 8월 20일

이재면 등에게 관직을 제수하다

…(전략)… 정1품 이재면(李載冕)을 궁내부 대신에 임용하고 칙임관 1등에 서임하였으며, 시종원우시강(侍從院右侍講) 김종한을 궁내부 협판에 임용하고 칙임관 2등에 서임하였다. …(후략)…

• 뱀의 발

우범선과 우장춘 박사

우범선(禹範善)은 을미사변 때 훈련대 제2대대장으로, 휘하장병을 이끌고 일본군 공사관 수비대와 함께 경복궁에 침입, 명성황후 시해에 가담했다. 하지만 1896년 고종황제의 아관파천 뒤 친일내각이 실각하자 일본으로 망명, 도쿄에 거주하였다. 일본정부의 보호와 후원을 받았고, 일본 여성과도 결혼하여 2명의 아들을 두었는데 그의 장남이 '씨없는 수박'을 개발한 유명 농학자(農學者) 우장춘(禹長春) 박사다. 이후 히로시마 인근에서 일본 정부의 후원을 받으며 거주하였다가, 1903년 고영근, 노원명에게 암살당하였다.

아버지 장례식에도 참석하지 않은 고종

미우라 공사는 사건 이후 고종을 만나 김홍집 내각을 강압적으로 구성하게 했다. 그리고 친일신문 '한성신보'는 흥선대원군이 입궐했다는 대문짝만한 기사를 내서, 간밤의 사건이 흥선대원군과 중전 민씨(민비) 사이의 권력투쟁 때문에 벌어진 것으로 유도하려 했다. 게다가 10월 10일(음력 8월 22일) 김홍집 내각은 '왕후'를 서인(庶人)으로 폐위하는 조서를 김홍집이 스스로 서명한 후, 고종 명의로 발표했는데, 그 가짜 조서에서 '옛날 임오년[임오군란] 때와 마찬가지로 짐을 떠나 피난했다[도망갔다]'라는 거짓말을 하였다.

고종 32년(1895) 8월 22일
왕후 민씨를 서인으로 강등시키다

조령을 내리기를,

"짐(朕)이 보위에 오른 지 32년에 정사와 교화가 널리 퍼지지 못하고 있는 중에 왕후 민씨가 자기의 가까운 무리들을 끌어들여 짐의 주위에 배치하고 짐의 총명을 가리며 백성을 착취하고 짐의 정령(政令)을 어지럽히며 벼슬을 팔아 탐욕과 포악이 지방에 퍼지니 도적이 사방에서 일어나서 종묘사직이 아슬아슬하게 위태로워졌다. …(중략)…

민씨가 뉘우치기를 바랐다. 그러나 민씨는 오래된 악을 고치지 않고 그 패거리와 보잘것없는 무리를 몰래 끌어들여 짐의 동정을 살피고 국무대신을 만나는 것을 방해하며 또한 짐의 나라의 군사를 해산한다고 짐의 명령을 위조하여 변란을 격발시켰다. 사변이 터지자 짐을 떠나고 그 몸을 피하여 임오년(1882)의 지나간 일을 답습하였으며 찾아도 나타나지 않았다. 이것은 왕후의 작위와 덕에 타당하지 않을 뿐만 아니라 그 죄악이 가득차 선왕(先王)들의 종묘를 받들 수 없는 것이다. 짐이 할 수 없이 짐의 가문의 고사(故事)를 삼가 본받아 왕후 민씨를 폐하여 서인(庶人)으로 삼는다." 하였다.

하지만 이 조치에 왕세자(훗날의 순종)가 크게 반발하면서 세자 자리에서 물러나겠다며 거세게 항의했고, 이에 놀란 김홍집은 폐서인 조치를 바꿔서 중전 민씨(민비)를 빈으로 승격시킨다고 발표했지만, 이미 민심은 급격하게 악화되었다.

고종 32년(1895) 8월 23일
폐서인 민씨에게 빈의 칭호를 특사하다
조령을 내리기를,
"짐(朕)은 왕태자(王太子)의 정성과 효성, 정리(情理)를 고려하여 폐서인(廢庶人) 민씨(閔氏)에게 빈(嬪)의 칭호를 특사(特賜)하노라." 하였다.

또한 러시아 공사 베베르를 중심으로 서양 각국도 중전 민씨 살해사건의 책임을 추궁하였고, 국제 여론도 일본에게 불리하게 돌아갔다. 워낙 목격자가 많았기 때문이다. 그러자 이 사건을 조선 내부의 권력투쟁으로 속이려 했던 일본은, 상황이 불리해지자 미우라 공사 등 사건 가담자 47명을 히로시마 감옥에 수감하고 재판에 회부했다. 하지만 시간이 지나면서 국제적 관심도가 낮아지고 춘생문 사건이 발생하자, 일본 법정은 증거가 불충분하다고 주장하면서 사건 가담자 전원을 무죄 석방했다.

집옥재
일　　원

집옥재

일본의 뒤집기 한판

조선침략의 최선봉장 오토리 게이스케 일본공사

집옥재(集玉齋 / 集: 모을 집, 玉: 구슬 옥, 齋: 집 재)는 고종이 서재로 사용하던 곳으로 신무문의 동쪽에 있는데, 왼쪽에는 팔우정, 오른쪽에는 협길당이 부속건물로 서 있다. 원래는 팔우정, 협길당과 함께 창덕궁 함녕전의 별당으로 지어졌지만, 1888년 고종이 거처를 창덕궁에서 경복궁으로 옮기면서 함께 이전되었다. 경복궁 내의 다른 전각들과는 달리, 당시로서는 신식인 중국풍의 양식으로 지은 것이 특징이고, 또한 정면에는 월대를 놓아서 건물의 위엄을 높였다. 고종은 이

집옥재

곳에 선대 임금들의 어진(御眞)을 봉안하고, 외국 사신들을 접견하는 장소로도 이용하였다.

고종 30년(1893) 8월 26일
집옥재에 나아가 일본공사 오토리 게이스케를 접견하다
집옥재(集玉齋)에 나아가 일본공사(日本公使) 오토리 게이스케(大鳥圭介)를 접견하였다. 국서(國書)를 바쳤기 때문이다.

1893년 8월 고종이 집옥재에서 만난 일본공사 오토리 게이스케는 일본의 서양 군사학자이자, 막부대신, 군인, 관료, 외교관이었다. 1889년 주청국 특명전권공사를 지내고, 1893년 7월 조선공사

경복궁 실록으로 읽다
집옥재 일원

도 겸임하게 되어 같은 해 6월에 조선에 부임했다.

그런데 우리가 이 사람을 주목해야 할 점은 1894년 갑오동학농민운동 당시, 일본군대를 이끌고 경복궁에 무단으로 쳐들어갔으며, 이로 인해 청일전쟁이 발생하였는데, 그 역사의 한가운데 있었다는 점이다.

청일전쟁과 관련해서 지금까지 우리가 알고 있었던 상식은 1894년 6월 동학농민운동의 진압을 위해서 조선정부는 청나라에 파병요청을 했고, 청나라가 군대를 파병하면서 텐진 조약에 의거해 일본에 파병사실을 통보하자, 일본도 따라서 조선에 파병을 했다는 것이었다. 그런데 정말 그랬을까? 날짜를 하나하나 되짚어가면서 그 당시로 돌아가보자.

청나라에 뒤집기를 시작한 일본

고종임금 당시 조선을 둘러싼 국제정세는 청나라가 일본에 우위를 보이고 있었다. 1882년 임오군란때 민씨 정권의 지원요청을 받은 청나라는 3천명의 대병력을 파견하여 사태를 진압하고, 구식군인들이 앞에 내세웠던 흥선대원군을 납치해서 청나라로 돌아가 버렸다.

게다가 1884년 김옥균이 일본을 등에 업고 일으킨 갑신정변에서도, 청나라 병력의 위세에 눌린 일본군은 김옥균에게 도움을 주겠다는 처음의 약속을 저버리고, 바로 철수해 버렸다. 이처럼 조선에서의 주도권 다툼에서 청나라에 계속해서 밀리자, 일본 내에서는 군부를 중심으로 불만이 계속 쌓여갔다.

그러던 중 1889년 2월에 공포된 대일본제국 헌법은 일본 천황의 권한과 관련해서, 수상이 이끄는 내각과는 전혀 상관없이, 독자적으로 전군의 통수권 및 전쟁관련 권한을 행사할 수 있는 것으로 되었다. 이는 내각과 국민들은 전혀 모르거나 제재를 할 수 없는 상황에서, 천황과 군부의 결정만으로도 전쟁을 수행할 수 있는 환경이 만들어진 것이었다. 그 결과 청일전쟁, 러일전쟁, 만주사변, 중일전쟁, 태평양전쟁까지 지속적으로 전쟁을 벌여, 결국 2차대전에서 패망의 길로 접어들게 되었고, 때문에 일본 천황 역시 중요 전범이라는 결론에 도달한다.

더욱이 일본 군부는 보불전쟁에서 강력한 프랑스 육군을 단숨에 격파하고 유럽 최강이라는 명성을 얻은 프러시아(프로이센)의 군사제도를 도입했는데, 이를 간단히 요약하자면 국가의 모든 기능을 군부 한 곳에 집중시킨다는 것이다. 따라서 국가가 군대를 보유하고 있는 게 아니라, 군대가 국가를 보유하는 전형적인 군국주의 국가로 재탄생했다.

프러시아의 군사제도에서는 전쟁에서 승리하기 위해, 선전포고에 의한 통상적인 전쟁수행 방법보다는 초전에 적의 허를 찌르는 선제 기습 공격을 당연시했는데, 이런 기습공격 방식은 청일전쟁, 러일전쟁, 태평양전쟁에서 공통적으로 드러났다. 또한 이런 기습공격의 성공을 위해서 평시에도 적국에 대한 첩보 수집활동에 전력을 기울였다. 그런 맥락에서 일본 군부는 조선을 집어삼키기 위해 청나라와의 전쟁을 철저히 대비하고, 연구해 왔다.

고종 31년(1894) 4월 27일

전라 감영이 동학 무리에게 함락되다

내무부에서 아뢰기를,

"연달아 들려오는 소식에 호남에서 비적들이 동에 번쩍 서에 번쩍 출몰하면서, 다시 전주부(全州府) 근처에 육박하였다고 합니다. 경군(京軍)을 출동시킨지 벌써 수십 일이 지났건만 즉시 소멸하지 못하여, 도적에게 느긋하고 대처하고 있으니 참으로 해괴한 일입니다." …(중략)… [이날 전라 감영이 함락되었는데 감사는 체차되어 성에서 나와 서울로 피하여 올라오고, 전주 판관이 두 전(殿)의 영정(影幀)을 위봉 산성에 옮겨 모셨다. 적(賊)은 먼저 전신국을 부수어 서울과의 통신을 끊고, 성첩을 나누어 지켜 관군을 막았다]

1894년 5월 31일 전봉준이 이끄는 동학농민군이 전주성에 무혈입성했다. 전라도 고부에서 첫 봉기를 일으킨 뒤 불과 4개월 만에, 무능한 조정과 부패한 관리들에 대한 민심 이반 때문에 전주성은 너무나도 손쉽게 접수되었다. 이 소식이 알려지자 조선 조정은 발칵 뒤집혔다. 전주성은 조선왕조에게는 태조 이성계의 영정을 모신 경기전과, 전주 이씨 시조 위패를 모신 조경묘가 있는 상징적인 곳이다. 더군다나 전주성의 함락은 곧 동학농민군이 서울을 향해 진격해 올 수 있다는 것을 뜻했다.

또다시 외국 군대에 손을 벌린 민씨 정권

6월 1일, 조정에서는 긴급 대신회의가 열렸으나 결국 임오군란

때와 마찬가지로 청나라에 파병을 요청하기로 결론이 났다. 이에 6월 3일, 고종은 청나라에 파병을 공식적으로 요청했고, 6월 4일, 위안스카이(원세개)로부터 파병 요청서를 전해받은 청나라의 북양대신 리훙장(이홍장)은 6월 5일, 정식으로 조선에 파병하겠다는 뜻을 전했고, 주일 청나라 공사를 통해 텐진 조약에 따라, 청나라 군의 조선 파병 사실을 일본에 통지했다. 그리고 다음날인 6월 6일, 선발대가 조선으로 출발했다. 이런 스케줄에 따르면 일본은 공식적으로 6월 5일이 되어서야 청나라의 파병사실을 알 수 있어야 한다.

그런데 일본은 1884년 갑신정변 이후, 조선에서의 주도권을 잡기 위해 10년간 치밀한 준비를 해왔으며, 조선에서의 모든 정보를 벌써 다 파악하고 있었다. 이미 일본 군부는 6월 1일, 선박을 징발했고, 6월 2일, 일본 내각은 천황의 재가를 거쳐 영사관과 교민 보호를 목적으로 조선 출병을 결정했다. 그리고 6월 5일에는 전시 최고 지휘기관인 대본영(大本營)을 설치했는데, 이는 조선에서 청나라와 전쟁에 돌입한다는 뜻이 내포되어 있었다.

즉 일본 정부는 청나라로부터 '조선에 파병한다'는 정식 통보가 오기도 전에, 조선에 일본군 출병 결정을 한 후, 6월 5일 오후 4시, 주조선 공사 오토리 게이스케가 요코스카 항을 출발할 때, 그의 귀임 보호 명목으로 대규모 전투 병력을 조선에 파병했다.

결론적으로 일본은 조선 조정이 청나라에 파병을 요청하기 하루 전에 이미 출병을 결정했고, 또한 청나라 군대가 출발하기 하루 전에 이미 조선으로 병력을 출발시켰다. 따라서 이런 일련의 조치들이 의미하는 바는, 일본군의 조선 파병이, 사실은 텐진 조약에 의한 청군 파병에 따른 피동적 행위가 아니라, 치밀하게 준비해 온 명백한 선제 도발행위였다는 것을 말해 준다.

　6월 2일, 일본 내각이 각료회의를 열어 조선 출병 방침을 정했을 때, 회의의 결론은 조선에서 청일 양국의 세력 균형을 유지하기 위해 소규모 병력을 보내는 단순 출병이었을 뿐, 전쟁을 위한 목적은 아니었다.

　그러나 일본 군부의 생각은 내각의 생각과 달랐다. 이 기회를 이용하여 임오군란, 갑신정변 때부터 조선에서 청나라 군대에게 당한 패배를 설욕하기 위해, 전력을 다해 청나라 군을 꺾어야 한다고 생각했다. 따라서 평상시에는 1개 여단이 2,000명 규모로 운용되지만, 전시에는 혼성여단(여러 병종의 부대들로 이루어진 여단)으로 편제가 확대됨을 이용해, 7,000명의 대규모 단위로 구성해서 파병을 했다. 하지만, 내각에는 단순히 '1개 여단'이라고만 보고했다.

　한편 명분없이 대규모 병력을 출동시킨 일본에 대해 국제 여론이 좋지 않게 돌아가자, 일본은 청나라에 대해 양국이 공동으로 조선의 내정을 개혁하자라고 제안을 했다. 하지만 청나라는 전통적인 사대관계를 내세우며, 조선의 종주권은 청나라에게 있기 때문에 공동 내정 개혁은 불가하다고 거절했다. 그러자 일본정부는 제1차 절교서를 보내서 조선에서 일본군은 철수하지 않을 것이며, 일본 단독으로라도 조선 내정을 개혁할 것을 선언했다.

　또한 일본은 6월 22일 오토리 게이스케 일본공사에게 '개전은 피할 수 없으니 어떤 수단을 써서라도 개전 구실을 만들라'는 극비 훈령을 내렸고, 훈령에 따라 오토리 게이스케 공사는 7월 3일, 5개조

27항의 내정개혁안을 조선 조정에 제출했다.

고종 31년(1894) 5월 23일
편전에 나아가 일본공사 오토리 게이스케를 접견하다
편전에 나가서 일본공사 오토리 게이스케를 접견하였다.
〔이때에 오토리 공사는 서주(書奏)를 올려 우리 나라 내정(內政)을 개혁하는 의견을 아뢰었는데 그 글에, "사신 오토리 게이스케는 삼가 아룁니다. 생각건대 …(후략)…"〕

그리고는 7월 14일 일본 정부는 청나라에 제2차 절교서를 보내 '양국 간에 예측할 수 없는 변이 발생하더라도 일본은 그 책임을 지지 않는다'고 선언하고, 드디어 7월 23일 새벽 4시, 영추문을 통해 경복궁을 점령한 뒤 조선군을 무장해제 시키고, 흥선대원군을 앞세워 친일 꼭두각시 정권을 출범시켰다.

태원전
일원

태원전

묘호가 바뀐 왕들

빈전으로 활용된 태원전에는 천랑이 있다

　태원전(泰元殿 / 泰: 클 태, 元: 으뜸 원, 殿: 전각 전)은 임진왜란 이전까지는 없었는데, 1867년(고종 4)에 경복궁을 중건하면서 지어진 건물로, 태조 이성계의 어진 등을 모시기도 했고, 또한 국상이 발생했을 때는 빈전(殯殿, 빈소로 쓰인 전각)으로도 쓰였는데, 1890년에는 익종(효명세자, 문조)의 왕비인 대왕대비 신정왕후 조씨, 그리고 1895년에는 명성황후 민씨의 빈전으로 쓰였다.
　대체로 빈전이나 혼전(魂殿)으로 쓰인 건물들에는 천랑(穿廊, 2개의

경복궁 실록으로 읽다
태원전 일원

태원전

건축물을 중간에서 연결하는 역할을 하는 복도로서, 비를 막기 위해 지붕을 얹은 것)이 설치된 경우가 많은데, 태원전에도 건물의 중앙부분 마당에 천랑이 설치되어 있다.

고종 27년(1890) 4월 20일
대행 대왕대비의 영상을 재궁에 안치하고 빈소를 만들다
인시(寅時)에 대행 대왕대비(大行大王大妃)의 영상(靈床)을 태원전에 이봉하고, 오시(午時)에 대렴(大斂)을 하였으며, 신시(申時)에 재궁(梓宮)에 안치하고 빈소(殯所)를 만들었다. 아울러 제사를 지냈다.

태원전 천랑

고종 32년(1895) 10월 15일
명성황후의 빈전은 태원전으로 하고 혼전은 문경전으로 하다
조령을 내리기를,
"빈전(殯殿)은 태원전(泰元殿)으로 하고 혼전(魂殿)은 문경전(文慶殿)으로 하며, 백관들이 곡하는 반열의 처소(處所)는 경유문(景維門) 밖으로 하라." 하였다.

1872년에는 조선 건국 480주년을 기념하여 태조의 존호(尊號)를 올리면서 영희전(永禧殿, 조선시대 여섯 임금인 태조, 세조, 원종, 숙종, 영조, 순조의 어진을 모셨던 전각인데 궁궐 밖에 있었다)에 있던 태조 어진을 베껴 그리기 위해서 이 곳으로 옮겼다가, 1개월 뒤에 다시 영희전으로 옮긴 일이

경복궁 실록으로 읽다
태원전 일원

영희전 터(서울 중구 서울중부경찰서 앞)

있었다. 그때의 실록 기사를 살펴 보자. 그런데 실록 기사 중에서 평소 못 들어본 왕들의 이름이 보이는데, 원종대왕과 영종대왕이다.

고종 9년(1872) 5월 8일
새 어진과 낡은 어진들을 모시고 전작례를 행하다
태조대왕의 신본 어진과 원종대왕(元宗大王)의 신본어진을 태원전에 배봉(陪奉)하였다. 선원전 제1실에 모셨던 숙종대왕의 어진 계사용 포대본(癸巳龍袍大本)을 영희전에 봉안한 다음, 작헌례를 행하였다. 이어 장녕전에 배봉하였다가 모셔온 숙종대왕의 어진과 영종대왕(英宗大王)의 어진을 선원전에 이봉한 다음, 전배(展拜)하였다. 전교하기를,

"숙종 대왕의 어진과 영종 대왕의 어진을 시임대신과 원임대신, 종친, 의빈, 종정경, 시임각신과 원임각신, 2품 이상의 유신(儒臣)들은 들어와 보도록 하라." 하였다.

인조의 억지로 인해 왕에 추증된 원종

먼저 원종대왕(元宗大王)에 대해 알아보자. 원종대왕은 인조의 생부이자 선조의 다섯번째 아들로, 인빈 김씨와의 사이에서 태어났으며, 생전의 작위는 정원군(定遠君)이었는데, 광해군의 바로 아래인 이복동생이다. 사후에 아들인 인조가 즉위하면서 대원군으로 추존되었다가, 여러 차례의 논란 끝에 다시 왕으로까지 추존되어, 원종의 묘호를 받았다. 그런데 살아생전에 정원군은 선조의 아들 중에서 가장 망나니였던 모양이다. 선조실록에 기록된 순화군(정원군의 이복형제)의 졸기에는 다음과 같은 내용이 있다.

<u>선조 40년(1607) 3월 18일</u>

<u>이보의 졸기</u>

이보(李㺚)가 졸하였다. 이보는 왕자다. 성질이 패망(悖妄)하여 술만 마시면서 행패를 부렸으며 남의 재산을 빼앗았다. <u>비록 임해군(臨海君)이나 정원군(定遠君)의 행패보다는 덜했다 하더라도</u> 무고한 사람을 살해한 것이 해마다 10여 명에 이르렀으므로, 도성의 백성들이 몹시 두려워 호환(虎患)을 피하듯이 하였다. 이에 양사(兩司)가 논계하여 관직을 삭탈하고 안치시켰는데, 이 때에 이르러 죽었다. 상(上)이 특별히 명하여 그의 직을 회복시켜 순화군(順和君)이라 하고, 익성군(益城君) 이향령의 아들 이봉경을 후사로 삼았다.

선조의 아들 중에서 순화군은 소문난 망나니였는데, 무고한 사람을 해마다 10여명씩이나 살해한 순화군보다도 정원군의 행패가 더 심했다면, 도대체 얼마나 망나니 짓을 했던 것일까? 그럼에도 실록 여기저기에는 정원군에 대해 과도한 칭송이 실려있는데, 이는 정원군의 장남인 능양군이 인조반정을 통해 왕위에 오르면서, 인조 자신의 정통성 확보를 위해 아버지 정원군을 정략적으로 미화시킨 것으로 이해될 수 있다.

정원군에게는 아들이 셋 있었는데, 장남은 훗날 인조가 되는 능양군이고, 차남이 능원군, 삼남이 능창군이었다. 그 중에서도 삼남 능창군은 어려서부터 재주와 지혜가 뛰어났고, 외모도 훤칠한데다가 궁마술에 능해 말타기와 활쏘기를 잘했고, 독서를 좋아하였기에 현공자(賢公子)란 별칭이 붙을 정도였다고 한다. 따라서 항간에는 제왕이 될 재목이라는 말이 돌았는데, 1615년에 능창군을 왕으로 추대하려 했다는 역모 고변이 있은 후에 역모로 몰려, 강화 교동(喬桐)에 위리안치된 후 스스로 목매 자진하였다. 평소에도 술을 좋아하던 정원군은 이 일로 화병을 얻어 폭음을 일삼다가, 마침내 세상을 떠나게 되었다.

아버지와 동생이 모두 광해군 때문에 죽게된 것이라고 생각한 능양군은 복수심에 불타, 반정에 적극 가담하여 스스로 왕위에 올랐다. 결과적으로 정원군은 비록 왕자신분으로 죽었어도, 왕(인조)의 아버지가 되었기 때문에 '정원대원군'으로 격상되었다. 하지만 인조는 그것에 만족하지 않고 아버지 정원군을 '추존왕'으로까지 만들고자 했다.

하지만 정원군은 왕에 추존될 자격요건이 부족했다. 태조 이성계

이후 조선왕조에서 추존된 왕은 총 5명인데, 그 중에서 정원군을 제외하고는 모두 세자신분으로 죽은 경우(의경세자, 효장세자, 사도세자, 효명세자)였다. 따라서 아무리 왕의 아버지이지만, 세자 자리에 한시도 있어본 적이 없던 정원군을 추존왕으로 만들려는 인조의 명분없는 시도에 신하들은 벌떼같이 일어나 반대했다.

그러나 인조 역시 끝까지 자기주장을 굽히지 않자, 난감해진 신하들은 중재안을 제시했다. 본래 중국의 예법에 의하면, 무덤은 '능, 원, 묘'로 격을 달리한다. 여기서 '능'은 황제와 황후만의 무덤이고, '원'은 한등급 아래인 제후의 무덤이고, '묘'는 그 이하 모든 사람들의 무덤이었다. 하지만 황제국이 아니라 제후국인 조선에서는, 그때까지 가운데 등급인 '원'은 전혀 쓰지 않았다. 대신 '능'을 왕과 왕후의 무덤에 사용했고, 그 이하는 모두 '묘'를 썼다.

그런데 정원군을 왕으로 추존함에 반대했던 조정신료들은 중국 전한시대 선제(宣帝)의 사례를 중재안으로 제시했다. 그 내용에 의하면, '선제'는 원래 황족이었음에도 불구하고, BC 91년 '무고의 옥'에 의해 할아버지와 아버지가 역모죄 누명을 쓰고 자살한 뒤, 궁궐에서 쫓겨나서 민간에서 자라났지만 우여곡절 끝에 다시 황제가 되었다. 그러나 자신은 황제가 되었건만 죄인 신분으로 죽은 자신의 생부를, 유교 예법을 내세운 신하들에 의해 황제로 추존할 수 없게 되자, 생부의 무덤을 '릉'이 아닌 한단계 아래의 '원'으로 삼아서 마음을 위로했던 고사를 빌어서, 정원군의 무덤을 '원'으로 봉하는 것이었다.

인조는 일단 이 중재안을 받아들여서 정원군의 무덤은 조선 최초로 '홍경원'으로 승격되었다. 하지만 인조는 그것에 만족하지 않고 대부분 신하들의 반대를 물리치고자 이귀, 최명길 등 인조 자신의 의견에 찬성하는 소수의 대신들을 요직에 등용시켜 끝내 자신의 뜻을 관철시켰다. 따라서 원종에 추존된 정원군의 무덤은 '홍경원'을 거쳐, 최종적으로 '장릉(章陵)'이라는 능호를 받게 되었다.

영조의 묘호는 처음에는 영종이었다

이제 영종대왕에 대해 알아볼 차례다. 조선왕 계보도를 아무리 찾아봐도 영종대왕은 없다. 왜냐하면 '영종대왕'은 우리가 알고 있는 '영조대왕'이기 때문이다. 유교문화권 왕조국가에서 선왕(先王)이 승하하면, 후사를 잇는 새 왕은 돌아가신 선왕을 위해 두 가지 새로운 이름을 준비하는데, 음양의 이치에 따라서, 돌아가신 선왕의 '혼'을 모시는 종묘에는 묘호(廟號)를, 그리고 돌아가신 선왕의 '백'을 모시는 왕릉에는 능호(陵號)를 준비한다. 예를 들어 이성계의 묘호는 '태조', 능호는 '건원릉'이다. 또한 태정태세문단세… 처럼 우리가 알고 있는 조선왕들의 이름은 모두 종묘에 모신 묘호다.

그런데 한번 정한 묘호와 능호는 특별한 경우가 아니면 좀처럼 변하지 않지만, 조선왕조에서 묘호(廟號)가 바뀐 왕이 다섯명이 있으니 선조, 인조, 영조, 정조, 순조다. 이들 중 처음에는 종(宗)으로 정해졌다가 나중에 조(祖)로 변한 왕이 선조(선종), 영조(영종), 정조(정종), 순조(순종)이고, 인조는 처음에는 열조(烈祖)로 정했다가, 8일만에 인조(仁祖)로 바뀌었다.

효종 즉위년(1649) 5월 15일
대행대왕(大行大王=돌아가신 선왕)의 시호를 올려 헌문정무인명순효(憲文定武仁明純孝)라 하고, 묘호(廟號)를 열조(烈祖)라 하고, 전호(殿號)를 영사(永思)라 하고, 능호(陵號)를 장릉(長陵)이라 하였다.

효종 즉위년(1649) 5월 23일
대행대왕의 묘호(廟號)를 개정해서 올리기를 인조(仁祖)라 하고, 시호를 헌문열무명숙(憲文烈武明肅)이라 하였다.

실록에는 묘호의 작명원리로 조공종덕(祖功宗德)이라는 말이 자주 등장한다. 이는 조유공 종유덕(祖有功宗有德)의 준말로, 묘호를 정함에 있어서 공(功)이 있는 왕은 조(祖)라 하고, 덕(德)이 있는 왕은 종(宗)이라 함을 이른다. 하지만 이것도 국법이나 예법에 규정된 내용이 아니었다. 실록에 등장하는 많은 사람들의 상소문에서 다음과 같은 내용들이 자주 등장한다.

"왕업(王業)을 창시한 임금을 조(祖)라 하고, 계통(系統)을 이은 임금을 종(宗)이라 한다."
"조(祖)와 종(宗)의 칭호에 우열(優劣)이 있는 것은 아니다."

하지만 현실적으로는 조(祖)와 종(宗)의 칭호에는 우열이 있다고 믿겨졌고, 당연히 새로운 계보를 연다는 뜻의 조(祖)를 선호했다. 그런 이유 때문에 후대 왕들은 가능하면 종(宗)에서 조(祖)로 바꿀 대의 명분을 찾았다.

태조를 제외하고 묘호에 최초로 조(祖)가 쓰인 세조의 경우, 뒤를 이은 예종이 신하들로부터 올라온 묘호 후보인 신종(神宗), 예종(睿宗), 성종(聖宗)을 모두 물리치고, 세조로 할 것을 명했다. 이는 '계유정란'이라는 권력찬탈 사건을, 새로운 왕계보를 열었다는 명분으로 포장한 것이다. 그래야만 예종 자신의 왕권계승 정통성이 확보될 수 있기 때문이었다.

묘호를 조(祖)로 바꿔 정통성을 확보하려는 노력

그런데 처음에는 종(宗)이었다가 나중에 조(祖)로 바뀐 사례에서, 공통점을 찾아보자. 선조, 영조, 정조, 순조는 모두 유교적 관점에서 보면, 직계 적자혈통이 아닌 서자 또는 방계혈족 왕들이다. 적자인 정조는 죄인(사도세자)의 아들이어서 원래 왕위계승자격도 없었지만, 효장세자에게 양자로 들어가는 편법으로 왕위를 계승했다.

철저한 유교적 신분제 사회였던 조선에서 정식 '왕후'가 아닌 사람(후궁)에게서 태어난 사람은, 비록 왕이 되었다 하더라도 평생 신분 콤플렉스에서 벗어나지 못했다. 그런 이유 때문에 서자 출신 또는 방계혈족 왕들의 묘호에는 가능한 모든 명분을 갖다붙여 조(祖)로 바꾸려는 정치적 노력이 있었다. 하지만 죽은 뒤에 붙는 묘호이기 때문에 서자 또는 방계혈족 출신 왕들은 직접 자신의 묘호를 정하지 못했다.

이런 이유 때문에 선종이었던 묘호를 선조로 바꾼 것은 역시 서자 출신이었던 아들 광해군이었고, 영종, 정종이었던 묘호를 영조, 정조를 바꾼 것도 방계혈족 왕이었던 '고종'이었으며, 순종이었던 묘호를 순조로 바꾼 것도 방계혈족으로 조카뻘인 '철종'이었다.

여기서 눈여겨 볼 만한 사실은 시기가 앞선 왕인 '영조', '정조'보다 시기가 늦은 '순조'의 묘호가 먼저 바뀐 것은, 당시 기득권 권력의 이해관계가 얽혀 있었기 때문이다. 결론적으로 묘호가 종(宗)에서 조(祖)로 바뀌는 것은 모두 왕위 계승의 정통성을 확보하려는 정치적인 결정이었다는 것을 확인할 수 있다.

집경당과
함화당

집경당과
함화당

외국
사신들과의
접견장소

**우리나라 최초의 서양식 병원설립자 알렌은
판서급인 정2품의 직첩을 받았다**

　　집경당(緝敬堂 / 緝: 모일 집, 敬: 공경 경, 堂: 집 당)과 함화당(咸和堂 / 咸: 다 함, 和: 화합할 화, 堂: 집 당)은 원래 독립적인 건물이 아니라, 흥복전(興福殿)이라는 건물의 부속건물들이었다. 그런데 일제강점기때 후원의 모든 건물들이 헐려나갈 때, 달랑 이 두 건물만 살아남았는데, 그 이유는 이 두 건물이 조선총독부 박물관의 사무실로 쓰였기 때문이다. 흥복전과 부속 건물인 집경당, 함화당은 시대별로 여러 용도로

집경당

쓰였는데, 왕의 편전으로도 쓰였고 외국사신을 접견하는 용도로도 쓰였다. 특히 고종실록에는 주로 외국 사신들과의 접견내용이 많이 기록되어 있다.

고종 29년(1892) 7월 18일
집경당에 나아가 미국 공사와 독일 공사를 접견하다
집경당(集慶堂)에 나아가 미국공사(美國公使) 알렌[安連: Allen, Horace Newton]과 독일공사[德國公使] 크린[具麟]을 접견하였다.

고종이 집경당에서 접견한 미국공사 알렌은 특히 우리나라의 서양의학 전래와 많은 관련이 있다. 1876년 조선이 문호를 개방한 이

함화당

후, 조선 정부는 총체적인 근대화 작업에 착수하였는데, 이때 의료 부문의 근대화도 계획 속에 들어 있었다. 그러던 중 1884년 갑신정변이 발생했을 때, 명성황후가 끔찍이도 아끼던 조카 민영익이 정변 현장에서 자객의 칼에 중상을 입었는데, 선교사 겸 외교관으로 와 있던 미국인 의사 알렌(Allen, Horace Newton, 安蓮)에 의해 구사일생으로 목숨을 건지게 되었다.

민영익은 원래 민태호(閔台鎬)의 아들이었고 명성황후와는 촌수가 먼 친척이었으나, 명성황후의 친오빠 민승호가 소포에 의한 폭탄테러로 일가족이 몰살당하자, 민승호의 양아들로 입적되었다. 따라서 비록 양자로 입적했지만, 명성황후에게는 유일한 혈육이어서 명성황후는 평소에 그를 애지중지 했다.

경복궁 실록으로 읽다
집경당과 함화당

한편 민태호에게는 민영익이 외아들이어서 처음에는 양자로 보내는 것을 극력 반대하였지만, 주변의 거듭된 설득에 밀려 결국 허락하였다. 하지만 민태호는 아들을 잃은 대신, 온갖 권세를 손아귀에 움켜쥐게 되었고, 외척이자 사대수구당의 대표적인 인물로 활약하였다. 따라서 갑신정변을 준비하던 김옥균 등에게는 그런 민태호가 제거대상에서 가장 우선순위가 높을 수 밖에 없었는데, 결국 거사장소에서 민태호는 친아들인 민영익과 함께 자객들의 칼을 맞았고, 아들인 민영익만 알렌의 도움으로 겨우 목숨을 부지할 수 있었다.

이 일을 계기로 알렌은 왕실 의사인 동시에 고종의 정치고문 신분이 되었고, 고종은 알렌의 서양식 병원건립 건의를 받아들여, 1885년 2월 우리나라 최초의 서양식 병원인 광혜원(House of Extended Grace)을 설치하였는데, 곧바로 이름이 제중원으로 바뀌었다. 그 뒤 미국인 실업가 세브란스의 재정지원으로 1904년에 남대문 밖에 현대식 병원을 지어 옮겼으니, 이것이 세브란스 병원의 시작이었다.

고종 22년(1885) 2월 29일 / 광혜원을 설치하도록 하다
고종 22년(1885) 3월 12일 / 광혜원을 제중원으로 개칭하다

한편 조선 조정에서는 1886년 5월 알렌에게 정3품 당상관인 통정대부(通政大夫)의 직첩을 내려 감사의 뜻을 표시하였고, 이듬해인 1887년 11월에는 판서급인 정2품 자헌대부(資憲大夫)의 직첩을 주어, 의료사업에 대한 공로를 치하했다.

그는 1887년 가을에 주 워싱턴 한국공사관 고문으로 전직(轉職)되었다가, 북장로교 선교부의 위촉을 받고 다시 선교 활동을 펴기 위해 1890년 7월 한국에 돌아와 미국 공사관 서기관이 되었고, 총영사, 대리공사 등을 역임하였다.

고종이 가장 신뢰했던 외국 공사 베베르

고종 31년(1894) 10월 15일
함화당에 나아가 러시아공사를 접견하다
함화당(咸和堂)에 나아가 러시아공사(俄國公使) 베베르(韋貝: Weber, K.)를 접견하였다.

한편 고종이 함화당에서 접견한 러시아 공사 베베르는 특이하게도 서구의 주한 외교관들 중에서 고종이 가장 신뢰했던 인물이었다. 베베르(Karl Ivanovich Weber)는 러시아의 외교관으로, 1885년부터 1897년까지 무려 12년간 주(駐)조선 러시아공사로 근무하였고, 고종의 개인적인 친구이기도 했는데, '위패(韋貝)'라는 한국어 이름도 있었고, 웨베르라고 부르기도 했다.

그의 첫 부임지는 베이징이었는데, 1884년 톈진 주재 영사로 있을 때 전권대사로 한국을 방문하여, 조러수호통상조약을 체결하였다. 또한 그는 청일전쟁에서 승리한 일본에 대해, 삼국간섭을 배후 조종해서 요동 땅을 청에 반환토록 했고, 을미사변의 주체를 흥선대원군이라며 진실을 은폐하고자 했던 일본에 외교적 항의를 하였으며, 고종에게 러시아 공사관을 피신처로 제공한 아관파천을 성공시키는 등, 구한말 중요한 사건 고비마다 결정적인 역할을 수행했다. 때문에 그는 고종으로부터 전폭적인 신뢰를 받았다.

그러나 그런 그의 역할은 일본에게는 매우 불만이었고, 1895년 러시아 외무부는 일본의 불만을 무마시키기 위해서, 10여년 동안 너무나도 적극적으로 활동한 베베르 공사를 멕시코 주재 공사로 전보키로 하고, 후임에는 스페에르 공사를 내정했다.

하지만 고종은 즉각 러시아 황제 니콜라이 2세와 러시아 외무장관에게 공문을 보내, 그 결정을 취소해줄 것을 요청했다. 베베르 역시 외무장관을 비롯한 외무부 간부들에게 잇따라 공문을 보내 서울을 떠나기 싫다는 뜻을 표시하면서, 고종의 편지를 첨부하기까지 했다. 그럼에도 불구하고 마침내 후임인 스페에르가 부임차 서울에 도착했는데, 때마침 일본주재 러시아공사가 사망함에 따라, 러시아 외무부는 돌연 스페에르를 동경으로 파견했다.

그 덕택으로 베베르는 1895년말 서울에서 계속 근무하라는 활동 지침서를 받았으나, 2년 후에도 또다시 너무나 적극적인 활동때문에 결국 본국으로 귀환되었고, 일본의 스페에르가 서울로 부임해 왔다. 최근 밝혀진 러시아측 극비보고서에 의하면 베베르가 고종에게서 매년 막대한 보상을 받았으며, 그 재산으로 상당한 부동산을 구입한 것으로 밝혀졌다.

아관파천과 우리나라 최초의 커피숍 정동구락부

한국에 머물던 러시아공사 베베르는 1895년 을미사변으로 조선 국민들의 대일 감정이 극도로 악화되면서, 전국 각지에서 단발령 등

갑오개혁조치에 반발한 의병들이 일어나는 등 정국이 매우 소란해지자, 러시아 공사관을 보호한다는 명목으로 러시아 수병(水兵) 백명을 서울로 데려왔다.

이어 을미의병을 진압하기 위해 조선군은 물론, 일본군까지 지방으로 내려가는 통에 한양이 잠시 빈 상태에서, 친러파인 이범진 등과 모의하여 고종과 세자(순종)를 경복궁으로부터 정동(貞洞)에 있는 러시아 공사관으로 옮겨왔는데, 이를 역사에서는 아관파천(俄館播遷)이라고 한다. 여기서 아관(俄館)이란 러시아 공사관을 뜻하는데, 러시아를 한자로 아라사(俄羅斯)라고 표현한 데서 유래했다.

•• 뱀의 발

춘생문(春生門) 사건

아관파천 이전에도 고종을 경복궁 외부로 탈출시키려는 시도가 한차례 있었는데, 그 사건을 춘생문 사건이라 한다. 1895년 발생한 을미사변에 대한 대응으로 11월 28일에 명성황후 계파의 친미, 친러파 관리들과 군인들에 의해 기도되었던 사건으로, 을미사변 이후 친일정권에 포위되어 불안과 공포에 떨고 있던 고종을 경복궁 밖으로 나오게 한 뒤, 친일정권을 타도하고 새 정권을 수립하려고 했었다.

사건 당일 800명의 쿠데타 군은 원래 계획대로 경복궁 건춘문을 통해 입궐하려 했지만, 사전에 협력하기로 약속했던 친위대 대대장의 배신으로 뜻대로 되지 않자, 이번에는 춘생문에 이르러 담을 넘어 입궐을 시도하였고, 이에 반격에 나선 궁성 내의 친위부대와 접전 끝에 모두 도주하였다.

이 거사에는 일부 외국인 선교사와 외교관들도 직간접으로 관련되어 있었는데, 일본측은 이 춘생문 사건에 서양인이 직간접으로 관련되어 있음을 대서특필한 후, 이를 빌미로 히로시마 감옥에 수감 중이던 을미사변 관련 주모자들을 증거불충분이라는 이유를 내세워 전원 석방하였다.

아관파천 이후 일본군은 러시아 공사관으로 찾아가서 고종의 환궁을 요구하기도 했지만 실패했고, 이후에 조선에서 일본의 영향력이 급격히 축소되었다. 따라서 9년 후 러일전쟁이 벌어지고, 개전 초기 일본군이 경복궁을 강제 점거할 때까지, 조선에서의 일본의 영향력은 극단적으로 감소하게 되었다. 고종이 러시아 공사관에 체류하고 있던 1년 동안, 모든 정치는 러시아의 수중에 있었고, 많은 이권이 러시아를 위시한 서구열강의 손에 넘어가 버렸다. 따라서 아관파천은 비록 고종이 일본세력으로부터 벗어나려 했던 의도는 달성했는지 모르지만, 자주적이지 못한 외세 지향의 행동이라는 평가에서는 자유롭지 못하다.

한편, 안토니테 존탁(Antoniette Sontag, 한국명 손탁)은 독일인으로 1885년 러시아 공사였던 베베르를 따라 조선을 방문하게 되는데, 여러 기록에 의하면 손탁은 베베르의 처형 혹은 처제 혹은 베베르 동생의 처형이라고 했다. 독일어, 불어, 러시아어 등 각종 언어에 능통했던 손탁은 한국어도 빠른 속도로 습득하면서 왕실의 신임을 얻게 되었고, 1896년 아관파천으로 고종이 러시아 공사관에 머무르게 되자, 그에게 커피를 진상하였는데, 이 일로 인해 손탁은 고종으로부터 신임을 얻음과 동시에 개인적인 친분을 쌓게 된다.

이때 커피가 고종에게 처음으로 진상되면서 이 땅에 자리잡게 된다. 고종은 손탁에게 선물로 러시아 공사관이 있던 정동에 집을 한 채 선물했는데, 이 집을 손탁은 서구풍으로 인테리어한 뒤 투숙객을 맞아 손탁빈관이라는 이름의 아주 작은 호텔로 출발하게 되었다.

그러던 중 대한제국이 성립되고 나서 세계 곳곳의 나라와 외교 관계를 넓혀감에 따라, 외교관들 및 귀빈들의 방문이 증가했고, 이들을 위한 투숙시설이 절실해지자, 대한제국은 손탁이 운영하던 작은 규모의 손탁빈관을 헐고, 대대적으로 2층짜리 양관으로 재건축한 뒤 손탁에게 경영을 맡기니, 이것이 바로 손탁호텔이다. 호텔의 1층에는 정동구락부(구락부는 클럽의 일본식 발음)라는 서울 최초의 커피숍이 있었고, 서울에 체류하던 서양인들이 자주 찾는 곳이었다.

손탁호텔 터(서울 정동 이화여고 교내)

•• 뱀의 발

김홍륙의 고종 독살 미수사건

김홍륙은 조선 말기의 역관이었다. 함경도 출생으로 천민 출신이었으나, 출신지와 가까운 블라디보스토크를 내왕하며 러시아어를 익혀서 역관으로 특채되었다. 당시에는 조선 유일의 러시아어 통역관이었기 때문에, 아관파천 때에는 고종과 러시아 공사 베베르 사이에서 통역을 맡아보았다.

그 뒤 고종의 각별한 총애를 받으며 과도한 권세를 누려서 백성들의 원성이 자자했는데, 1898년 친러파가 몰락하면서 관직에서 물러났다. 그러나 고종의 총애와 러시아 세력을 뒷배경으로 온갖 전횡을 자행했는데, 러시아와의 통상에서 거액을 착복한 사실이 드러나자, 전라남도 흑산도로 유배를 가게 되었다.

그러나 유배를 떠나기 직전에 원한을 품고, 고종이 즐겨 마시는 커피에 독약(아편)을 넣어 살해하려고 한 독살사건이 발각되자, 반역죄로 교수형에 처해졌다. 고종은 평소와 커피 맛이 다른 것을 알고 바로 뱉어냈지만, 세자(순종)는 이미 한 모금을 마셔버려서, 치아가 다 빠지는 등 심각한 후유증으로 고생을 했다고 한다.

고종 35년(1898) 10월 10일

반역 음모죄인 김홍륙 등 3명을 교형에 처하도록 하다

법부대신 신기선이 아뢰기를, "방금 고등재판소 질품서를 보니 '피고 김홍륙의 공초에 이르기를, 「음력으로 올해 7월 10일 유배 보낼 것에 대한 폐하의 조칙을 받들고 유배지로 떠나던 길에 갑자기 흉악한 반역심이 생겨 아편 담배 1냥중 가량을 공홍식에게 주면서, 섞어서 서양 요리에 올리라는 뜻으로 말하였습니다.」 하였으며, 피고 공홍식의 공초에는 이르기를, 「그 약을 받아서 김종화에게 전해주면서 이 약을 임금에게 올리는 차에 넣는다면 은전(銀錢) 1,000원(元)을 수고한 값으로 주겠다는 뜻으로 부탁하였습니다.」 하였습니다. 피고 김종화의 공초에는 이르기를, 「그 약을 받아 가지고 보현당에 들어가서 임금에게 올릴 커피차 관(罐)에 넣었습니다.」 라고 하였으며 …(후략)"

사진 협조
및
구입

•• 사진 협조 및 구입 ─────────────

국립고궁박물관
(www.gogung.go.kr)

- 앙부일구 277
- 일월오봉도병풍 198

국립문화재연구소
(www.nrich.go.kr)

- 경복궁 북궐도형 041 122
- 경복궁 전도 034 129 196

국립민속박물관
(www.nfm.go.kr)

- 일성정시의 복원품 197

국립중앙박물관
(www.museum.go.kr)

- 경국대전 069
- 구경성지도 017
- 시경의 빈풍칠월편 272
- 십장생 무늬 나침반 (패철) 038
- 연려실기술 211
- 조보 117

문화재청
(www.cha.go.kr)

- 고양공양왕릉 174
- 국조오례의 133
- 삼척공양왕릉 175
- 신숙주초상 311

서울대학교 규장각한국학연구원
(kyu.snu.ac.kr)

- 칠정산 내·외편 205

서울대학교박물관
(museum.snu.ac.kr)

- 석전 043

※ 본 책을 위하여 사진 촬영에 적극 협력해 주시고, 또한 귀한 사진 자료들을 기꺼이 제공해 주신 관계 기관에 진심으로 깊은 감사를 드립니다.